Holm Tetens

Philosophisches Argumentieren

Eine Einführung

Verlag C. H. Beck

Für Claudia

1. Auflage. 2004
2., durchgesehene Auflage. 2006

Originalausgabe

3., unveränderte Auflage. 2010

Satz: Fotosatz Reinhard Amann, Aichstetten
Druck: Druckerei C.H.Beck, Nördlingen
Umschlagentwurf: malsyteufel, Willich
Printed in Germany
ISBN 978 3 406 60935 0

www.beck.de

beck'sche reihe

PAULINE HARM

bsr

Wer philosophiert, der argumentiert. Dabei hält sich das erstaunliche Vorurteil, dass bei philosophischem Argumentieren einfach nur die formale Logik auf die Themen der Philosophie anzuwenden sei. Aber mit Logikkenntnissen allein ist es nicht getan. Das spannende und aufregende Denkabenteuer philosophischen Argumentierens beginnt jenseits des bloß Formalen. Holm Tetens legt ein Buch vor, das in die Eigenheiten philosophischen Argumentierens ganz von den inhaltlichen Themen und Problemen der Philosophie her einführt. Dabei kommt die formale Logik durchaus zu ihrem Recht, indem zu Anfang ihre Prinzipien und die Technik ihrer Anwendung vorgestellt werden. Ansonsten ist das Buch aber so untechnisch geschrieben, dass man ihm auch ohne tiefere Logikkenntnisse gut folgen kann. Für jeden, der sich für die Philosophie interessiert, sei er Anfänger, Laie oder bereits gut mit ihr vertraut, hält dieses Buch eine Fülle an Informationen und provokanten Denkanregungen bereit.

Holm Tetens ist Professor für Philosophie an der Freien Universität Berlin.

Inhalt

Teil 3: **Argumentationsmuster der Philosophie**

Vorwort

Argumente sind der Dreh- und Angelpunkt des Philosophierens. Werden Philosophen gefragt, ob man durch die Beschäftigung mit der Philosophie etwas lernen kann, was über die Philosophie hinausgeht, verweisen sie so gut wie immer auf das Argumentieren. Philosophen können besonders gut und scharfsinnig argumentieren, so lautet oft ihr stolzes Selbstlob. Nach ihren Lehrprogrammen zu schließen, nimmt die akademische Philosophie das Argumentieren in der Ausbildung ihrer Studenten auch sehr ernst. Aber sie tut das auf eine sehr problematische Weise. Die Ausbildung im philosophischen Argumentieren hält die Universitätsphilosophie nämlich durch Einführungen in die formale Logik im Wesentlichen für abgegolten.

Das Argumentieren und seine Theorie werden immer wieder gleichgesetzt mit der Kunst des deduktiven Schließens und der systematischen Theorie des deduktiven Schließens in Gestalt der formalen Logik. Seit langem opponieren einige Philosophen und viele Argumentationstheoretiker gegen diese Gleichsetzung. Inzwischen hat sich sogar eine Protestbewegung, die «Informal-Logic-Movement» formiert. Am universitären Argumentationsunterricht ist die subversive Kritik an der formalen Logik als Theorie des Argumentierens weitgehend spurlos vorübergegangen. Dabei sprechen die Ergebnisse gegen einen solchen Argumentationsunterricht.

Die meisten Philosophiestudenten lernen nämlich die formale Logik wie eine exotische Rechentechnik, und zwar anhand von primitiven Übungsbeispielen, die mit wirklich substantiellen philosophischen Argumenten nichts zu tun haben. So schnell, wie sie die formale Logik gelernt haben, verlernen die meisten Studenten sie auch wieder. Werden sie im weiteren Studium mit substantiellen philosophischen Argumenten konfrontiert, etwa einem Argument aus der «Kritik der reinen Vernunft», wie es in diesem Buch zu Beginn von Abschnitt 8 angeführt wird, stehen oft selbst diejenigen, die den obligatorischen Kurs in formaler Logik erfolgreich absolviert haben, wie der sprichwörtliche Ochs vor dem Berge. Es gelingt ihnen nicht, aus ihren formalen Logikkenntnissen nennenswert Kapital für das Verständnis und die Analyse eines philosophischen Arguments zu schlagen. Wenn man ehrlich ist, muss man zugeben, dass der Unterricht in formaler Logik als Einübung in das philosophische Argumentieren ein Fehlschlag ist.

Am Institut für Philosophie der Freien Universität Berlin haben wir in den letzten Jahren versucht, Konsequenzen aus der geschilderten Situation zu ziehen. Wir bieten regelmäßig einen zweisemestrigen Kurs unter dem schlichten Titel «Philosophisches Argumentieren» an. In diesen Kursen machen wir die Studierenden auch mit der formalen Logik vertraut. Aber sie steht nicht mehr im Mittelpunkt. Die Vermittlung elementarer Logikkenntnisse – und mehr als elementare Logikkenntnisse sind im Allgemeinen für das philosophische Argumentieren nicht vonnöten – ist eingebettet in die Auseinandersetzung mit substantiellen philosophischen Argumenten. Das philosophische Argumentieren gehorcht ganz eigenen Grundsätzen und wirft Probleme auf, die nur zu einem geringen Teil mit den Mitteln der formalen Logik gelöst werden können und müssen. Nicht Schlussregeln der formalen Logik sind ins Zentrum zu rücken, will man in das philosophische Argumentieren einüben. Herzstück sollten vielmehr die spezifischen Muster sein, denen Argumente in der Philosophie folgen. Diese typisch philosophischen Argumentationsmuster lassen sich ganz untechnisch, ohne die formalen Darstellungsmittel der Logik formulieren. In erster Linie kommt es darauf an, sie aus den speziellen Fragen und Themen der Philosophie heraus verständlich werden zu lassen. Genau um solche typisch philosophischen Argumentationsmuster und ihren Zusammenhang mit den Themen und Fragen der Philosophie geht es in diesem Buch. Insofern kann und soll dieses Buch auch als eine etwas ungewöhnliche Einführung in die Philosophie gelesen werden, nämlich als eine Einführung in die Philosophie anhand ihrer Argumente.

Das Buch wendet sich an jeden, der etwas mehr erfahren und zum Nachdenken angeregt werden möchte darüber, was es mit der Philosophie und dem philosophischen Argumentieren auf sich hat. Ich hoffe, dass es für Anfänger gut zu lesen ist und trotzdem auch für Fortgeschrittene, ja für Kenner der Philosophie Interessantes zu bieten hat.

Entstanden ist das Buch aus meiner Unterrichtsvorbereitung für die erwähnten Argumentationskurse an der Freien Universität Berlin. Studentische Tutoren haben im Laufe der Jahre wesentlich dazu beigetragen, die Argumentationskurse zu verbessern und fortzuentwickeln. Zu danken habe ich daher Axel Krommer, Markus Werning, Holger Jens Schnell, Lydia Mechtenberg, Gordon Gillespie, Johannes Münster, Sibylle Salewski, Irma Handwerker, Gregor Betz, Helen Bohse, Christoph Schamberger und Björn Brodowski für ihre Hilfe. Einige der Tutoren, Holger Jens Schnell, Helen Bohse und Christoph Schamberger, haben auch Entwürfe zu diesem Buch gründlich gelesen und mir mit ihrer Kritik und Ermutigung sehr geholfen. Zu danken für vielfältige Hinweise, Anregungen und nicht zuletzt schlichte Ermahnungen, an dem Thema des philosophischen Argumentierens dran zu bleiben und ein Buch darüber zu Ende zu bringen, habe ich Peter Bieri, Jörg Hardy, Sven Rosenkranz, Eduardo Fermandois und Jens Pape. Sehr ausgiebig hat sich Claudia Franz mit verschiedenen Versionen des Manuskripts herumgeschlagen. Für die ungezählten Verbesserungsvorschläge möchte ich ihr sehr danken. Ein besonderer Dank gebührt auch Gregor Betz. Er hat die Idee des Argumentationskurses und seine Ausgestaltung am intensivsten mit mir diskutiert und ist dabei bis heute und auch in Bezug auf das vorliegende Buch mein schärfster inhaltlicher Kritiker geblieben. Gregor Betz hat Überlegungen, die ursprünglich in unseren Argumentationskursen zur Darstellung von Argumenten und zu dialektischen Strukturen in der Philosophie entstanden sind, zusammen mit Helen Bohse und Christian Voigt produktiv verbessert und weiterentwickelt. Die aus meiner Sicht beeindruckenden Ergebnisse sind im Internet unter der Adresse *http://www.denkartist.de* zu besichtigen. Danken möchte ich dem Verleger Wolfgang Beck, der mir ganz unerwartet eines Tages angeboten hat, ein Buch über das philosophische Argumentieren in seinem Verlag erscheinen zu lassen. Nicht zuletzt gilt mein Dank meinem Lektor Raimund Bezold für die gute und verständnisvolle Betreuung.

Berlin, im Mai 2004

Teil 1:

Der Grundsatz philosophischen Argumentierens

1. Was man im Lehnstuhl wissen kann

Was tun Philosophen, wenn sie philosophieren? Nichts ist leichter zu beantworten als das: *Philosophen denken nach.*

Wer nachdenkt, stellt sich Fragen, versucht, sie zu beantworten, legt sich Gründe vor, warum eine Frage sinnvoll oder sinnlos ist, Antworten wahr oder falsch, akzeptabel oder inakzeptabel sind. Wer nachdenkt, tut etwas, was er auch mit anderen tun kann und oft genug tut: Er redet. Beim Denken redet jemand allein mit sich selbst, nur dass sich diese Denkrede zumeist lautlos in der Vorstellung des Denkenden abspielt. Für Platon spricht die Seele beim Denken mit sich selber. Natürlich denken wir auch oft zusammen mit anderen nach, wir diskutieren mit ihnen und verfertigen unsere Gedanken allererst beim lauten vernehmbaren Reden.

Beim Nachdenken fallen uns zunächst einmal Dinge ein, die wir schon wissen oder zu wissen glauben. Doch überlassen wir uns beim Denken nicht schlicht unseren Erinnerungen. Wir ziehen Schlüsse aus unserem Wissen: «Wenn X der Fall ist, dann muss doch auch Y der Fall sein.» Reden wir so, *argumentieren* wir.

Ohne etwas zu wissen, kann man nicht argumentieren. Woraus sollten wir sonst etwas folgern? Dieses vorab erworbene und nun beim Nachdenken erinnerte Wissen ist gewissermaßen der Treibstoff, ohne den jedes Nachdenken alsbald ins Stottern käme. Wie verschafft sich ein Philosoph seinen Wissensstoff zum Nachdenken?

Wir Menschen denken beileibe nicht nur nach. Vor allem nehmen wir die Welt wahr. Und wir handeln ständig und wirken dadurch auf die Welt ein. Auch das nehmen wir wahr. Durch Wahrnehmung der Welt entsteht sehr viel Wissen, allemal genug, um darüber nachzudenken.

Freilich, manch wichtiges Wahrnehmungswissen fällt uns nicht überall und jederzeit in den Schoß. Manchmal müssen wir weit in der Welt herumreisen, um gewisse Dinge zu Gesicht zu bekommen: Eine totale Sonnenfinsternis oder Elefanten beobachtet man nicht überall und jederzeit. Oftmals wird uns mehr als nur Mobilität abverlangt. Wir müssen Teile der Welt umbauen, damit bestimmte Dinge zum Vorschein kommen. Elementarteilchen laufen uns nicht einfach so über den Weg wie Katzen. Einige der spärlichen Spuren, die Elementarteilchen in der Welt hinterlassen, versuchen wir in gewaltigen Teilchenbeschleunigern zu erhaschen. Solche Teilchenbeschleuniger sind mit riesigem technischen Aufwand und mit sehr viel Geld an ganz wenigen Plätzen in der Welt gebaut worden. Viele Wissenschaftler können ein Lied von der Plackerei singen, wichtiger Dinge in der Welt ansichtig zu werden.

Diese Mühsal nehmen Philosophen nicht auf sich. Das Wissen, das die Wissenschaftler der Welt in zäher Kärrnerarbeit abgetrotzt haben, lesen sie einfach nach. So sind die Philosophen Nutznießer, manche argwöhnen: Schmarotzer der harten Arbeit, die forschende Wissenschaftler leisten, um an Beobachtungswissen über die Welt heranzukommen. Philosophen können zum Philosophieren zu Hause bleiben und je nach Temperament im eigenen Arbeitszimmer auf- und abgehen, im Lehnstuhl sitzen oder auf der Couch liegen. Nichtphilosophen spotten gerne über den Philosophen im Lehnstuhl – allerdings sollte man den darin mitschwingenden Neid über den privilegiert bequemen Arbeitsplatz der Philosophen nicht überhören.

Damit ist die Frage, was Philosophen tun, bereits beantwortet: Philosophen denken nach und schlussfolgern aus dem, was sie aus dem Alltag und aus der Lektüre wissenschaftlicher Bücher wissen.

Unsere Antwort auf die Frage nach der Tätigkeit des Philosophen ist kurz ausgefallen. Doch kann sie nicht restlos befriedigen. Wem fielen nicht die Mathematiker ein. Auch diese glänzen mit ihren Schlussfolgerungen. Und auch die Mathematiker müssen den Lehnstuhl nicht gegen ungemütliche Stehplätze im Labor eintauschen. Worin unterscheidet sich ein Philosoph von einem Mathematiker oder jedem anderen Nachdenklichen, wenn es am Ende doch nicht allein der Arbeitsplatz sein kann? Natürlich, der Unterschied muss sich den besonderen Themen der Philosophie verdanken.

2. Die ewigen großen Fragen der Philosophie

Worüber denken Philosophen nach? Eine Antwort droht viel länger als bei anderen Wissenschaften auszufallen. Fast nichts in der Welt scheint vor den Philosophen sicher. Philosophen gerieren sich als Experten für alles. Trotzdem lassen sich einige fundamentale Fragen auflisten, die in der Geschichte der Philosophie ständig wiederkehren. Sie bilden das Herz der Philosophie:

1. die Frage, ob die materielle Erfahrungswelt die eigentliche und ganze Wirklichkeit ist oder ob es über die Grenzen der erfahrbaren materiellen Welt hinaus eine nicht-materielle Wirklichkeit gibt;
2. die Möglichkeiten menschlichen Wissens und die Erkennbarkeit der Wirklichkeit;
3. die Idee der Wissenschaft und die Möglichkeiten und Grenzen wissenschaftlicher Erkenntnis;
4. die raum-zeitliche Struktur der materiellen Welt und das Wesen der Materie;
5. Kausalität, Determinismus und Willensfreiheit;
6. das Leib-Seele-Problem;
7. das Wesen und die Identität einer Person;
8. die Existenz Gottes;
9. die Grundlagen der Moral, die Ideen des Guten, der Gerechtigkeit und der Freiheit;
10. die moralischen Grundlagen von Staat und Gesellschaft;
11. das ästhetisch Schöne und die Grundlagen unserer ästhetischen Wertschätzung;
12. der Sinn des Lebens, das Glück und die Idee des guten Lebens.

Das sind die ewigen großen Themen der Philosophie.

3. Von der Welt zur Bezugnahme auf die Welt

Mit dieser Liste präsentieren sich die Philosophen als Leute, die geradezu schwindelerregend grundsätzlich und allgemein fragen. Die obige Liste mündet in die Frage: Wie schaut die Welt im Großen und Ganzen aus, und welchen besonderen Platz haben wir Menschen in ihr? Das «und» darf dabei nicht so missdeutet werden, als würde der Philosoph die Welt im Ganzen betrachten und dann zusätzlich auch noch den Platz des Menschen im Ganzen der Welt zu seinem Thema machen. Dieter Henrich zitiert aus einer Vorlesung Kants: Die Fragen der Philosophie (Metaphysik)

> sind so in der Natur der Vernunft verwebt, dass wir ihrer nicht loswerden können. Auch alle Verächter der Metaphysik, die sich dadurch ein Ansehen heiterer Köpfe haben geben wollen, hatten [...] ihre eigene Metaphysik. Denn ein jeder wird doch etwas von seiner Seele denken.

Henrich kommentiert:

> Die Rede von der «Seele» ist hier nur die Leerstelle für alle Antworten auf Fragen, welche uns die Vernunft unabweisbar in Beziehung auf uns selbst stellen lässt: Wie denkst Du zuletzt von Dir, wenn Du im Blick auf alles, was Dir bekannt ist und was Du zu unterscheiden weißt, Dir Rechenschaft darüber gibst, was und wer Du eigentlich bist?[1]

Die Philosophie zielt nie am Menschen vorbei allein auf die Welt. Die Philosophie befragt vielmehr alle Dinge in der Welt letztlich daraufhin, was sie für den Menschen und sein Leben *bedeuten.*

Dass die Philosophie alles in Beziehung zum Menschen und seinen Vorstellungen von sich und seinem Leben setzt, hinterlässt Spuren in den philosophischen Fragen. Deshalb unterscheidet sich die Philosophie in typischer Weise von den Einzelwissenschaften. Wie lässt sich dieser Unterschied genauer fassen? Wir Menschen denken über die Welt nach, nehmen Dinge in der Welt wahr, glauben an Bestimmtes, bezweifeln anderes, wissen manches, reden über vieles, schweigen über anderes, fingieren Dinge, stellen sie uns bildlich vor, wünschen uns viele Sachverhalte und wollen andere vermeiden, führen bestimmte Sachverhalte selber herbei, und ähnliches mehr. Wir werden von nun an kurz dafür sagen: Menschen nehmen auf bestimmte Dinge oder Sachverhalte Bezug.

Die Philosophie denkt darüber nach, was Sachverhalte für das Leben des Menschen und für seine Vorstellungen von sich und seiner Stellung in der Welt bedeuten. Ein Sachverhalt wird bedeutsam, indem Menschen sich in und mit ihrem Leben auf ihn beziehen. Deshalb macht die Philosophie nicht einfach Sachverhalte, sondern unsere Bezugnahme auf Sachverhalte zu ihrem eigentlichen Thema. Es ist diese ständige *Bezugnahme auf die Bezugnahme auf Sachverhalte*, durch die sich jemand als Philosoph verrät. Während die Einzelwissenschaften wissen wollen, ob ein Sachverhalt p in der Welt der Fall ist, lenkt die Philosophie ihr Augenmerk darauf, ob wir widerspruchsfrei über p reden können oder ob wir p wirklich wissen können oder wollen sollten. Ein solcher Übergang von Sachverhalten zur Bezugnahme auf sie lässt sich iterieren und immer höher schrauben: Wissen wir nur dann, dass p der Fall ist, wenn wir zugleich wissen, dass wir wissen, dass p der Fall ist? Das ist eine typische Philosophenfrage.

Dieser Unterschied zwischen der Philosophie und den Einzelwissenschaften lässt sich mit der folgenden Unterscheidung auf den Begriff bringen:

Philosophie als Disziplin höherer Ordnung: Die Wendung von den Sachverhalten zur Bezugnahme auf Sachverhalte

p ist der Fall	**Sachverhalt erster Stufe (Einzelwissenschaften)**
Als vernünftige Personen nehmen wir auf die Weise K darauf Bezug, dass p der Fall ist	**Sachverhalt zweiter Stufe (Philosophie)**
Als vernünftige Personen nehmen wir auf die Weise K' darauf Bezug, dass wir auf die Weise K darauf Bezug nehmen, dass p der Fall ist	**Sachverhalt dritter Stufe (Philosophie)**
Als vernünftige Personen nehmen wir auf die Weise K_n Bezug ...	**Sachverhalt n-ter Stufe (Philosophie)**

Fast alle Einzelwissenschaften sind Disziplinen erster Ordnung, weil sie Sachverhalte erster Stufe ans Licht bringen wollen, während im Gegensatz dazu die Philosophie eine *Disziplin höherer Ordnung*[2] ist, die Sachverhalte zweiter und höherer Stufen thematisiert. Freilich, auch empirische Einzelwissenschaften erforschen teilweise Sachverhalte höherer Ordnung, etwa die Sozialwissenschaften, die Wahrnehmungs-, Denk- und Motivationspsychologie, um nur einige zu nennen. Wie die Tabelle andeutet, denkt die Philosophie jedoch im Unterschied zu den Einzelwissenschaften über Sachverhalte zweiter und höherer Ordnung unter spezifischen Leitfragen nach, die um die Begriffe *«Vernunft»* und *«Person»* kreisen:

Leitfragen der Philosophie als Disziplin höherer Ordnung

Wie sollen und müssen wir uns auf die Welt und auf uns selbst beziehen, damit wir uns selber als vernünftige Personen verstehen können?

Welche Sachverhalte in der Welt ergeben sich bereits aus der Tatsache, wie wir uns als vernünftige Personen auf die Welt beziehen?

Mit der Unterscheidung von Disziplinen erster und höherer Ordnung scheint sich eine Arbeitsteilung anzudeuten, durch die sich Philosophie und Einzelwissenschaften nie ins Gehege kommen, frei nach dem Grundsatz: Die Einzelwissenschaftler sollen entdecken, was alles in der Welt der Fall ist, die Philosophen dürfen anschließend darüber nachdenken, wie wir uns in unserem Leben auf solche Sachverhalte beziehen und sie dadurch für uns als vernünftige Personen bedeutsam werden. Doch so einträchtig, weil beziehungslos, leben Philosophie und Einzelwissenschaften nicht nebeneinander her. Was die Einzelwissenschaften glauben in der Welt ausfindig gemacht zu haben, konfrontieren die Philosophen noch einmal mit dem folgenden Grundsatz:

Grundsatz der Philosophie als Disziplin höherer Ordnung

Jede Behauptung, dass ein Sachverhalt p der Fall ist oder der Fall sein soll, muss in kohärenter Weise in Beziehung gesetzt werden können zu den verschiedenen Weisen, wie wir Menschen in unserem Leben auf den Sachverhalt p vernünftigerweise Bezug nehmen und er dadurch eine bestimmte Bedeutung für unser Leben gewinnt.

Natürlich sind die Ausdrücke «kohärent», «vernünftig» und «Person» klärungsbedürftig. Das können wir nicht kurz im Vorfeld erledigen. Wie unterschiedlich diese Begriffe in der Philosophie ausgelegt werden, ist erst im weiteren Verlauf dieses Buches allmählich aufzuhellen. Die zentrale These dieses Buches lässt sich jedoch auch ohne weitergehende Erläuterungen der Ausdrücke «kohärent», «vernünftig» und «Person» schon formulieren: *Der Grundsatz der Philosophie als Disziplin höherer Ordnung ist das wichtigste Prinzip philosophischen Argumentierens*. Man sollte den Rest dieses Buches als eine allmähliche Entfaltung und Begründung dieser These anhand von vielen Beispielen lesen.

Teil 2:

Argumente, Schlussregeln, Argumentationsmuster

4. Der Aufbau eines Arguments

4.1 Ein erstes Beispiel für ein Argument

Zu den großen Themen der Philosophie zählt die Existenz Gottes. So oft die Existenz Gottes von bestimmten Philosophen angezweifelt wurde, so oft haben andere Philosophen versucht, sie zu beweisen.[3] Auch René Descartes will Skeptiker und Zweifler von der Existenz Gottes überzeugen. Seine Überlegungen sind ein wunderschönes Beispiel für die Philosophie als Disziplin höherer Ordnung. Descartes geht nämlich die Frage, ob Gott existiert, nicht direkt an. Vielmehr setzt er sie in Beziehung zu der Tatsache, dass nur derjenige nach der Existenz Gottes fragen kann, der zumindest schon über die Vorstellung Gottes verfügt. Unserer Idee nach ist Gott das vollkommenste Wesen. Für Descartes beweist die Tatsache, dass wir diese Idee haben, bereits Gottes Existenz. Nur wenn Gott existiere, lasse sich erklären, warum wir die Idee Gottes besitzen. Als unvollkommene und endliche Wesen seien wir außerstande, die Idee des vollkommensten Wesens selbstständig von uns aus zu entwickeln. Jemand anderes müsse uns diese Idee «eingepflanzt» haben, und der müsse im Gegensatz zu uns vollkommen und unendlich sein.[4] Mithin könne nur Gott selber uns diese Idee eingepflanzt haben. Deshalb müsse Gott existieren.

Die Überlegungen von Descartes sind nicht nur typisch für die Philosophie als Disziplin höherer Ordnung, sie sind auch typisch für ein Argument. Descartes will *begründen*, dass Gott existiert. Dazu führt er drei für ihn offenkundige Sachverhalte an: 1. Wir Menschen verfügen über die Idee Gottes als des vollkommensten Wesens. 2. Als selber unvollkommene endliche Wesen können wir diese Idee nicht selbstständig von uns aus entwickelt haben. 3. Wenn wir die Idee Gottes als des vollkommensten Wesens nicht selbstständig von uns aus entwickelt haben können, wir aber gleichwohl über diese Idee verfügen, muss das vollkommenste Wesen uns diese Idee eingepflanzt haben. Für Descartes begründen die in den drei Aussagen beschriebenen Sachverhalte die Existenz Gottes, denn er glaubt, dass die Aussage «*Gott existiert*» wahr ist, weil die eben genannten drei Aussagen wahr sind.

Damit können wir das Argumentieren in erster Annäherung funktional charakterisieren: Durch ein Argument will man andere oder sich selber von der Wahrheit einer bestimmten Aussage überzeugen, indem man *die Wahrheit dieser Aussage auf andere Aussagen zurückführt*, von deren Wahrheit man schon überzeugt ist. Die Aussagen, auf deren Wahrheit man die Wahrheit einer weiteren Aussage zurückführt, heißen die «*Prämissen des Arguments*», die Aussage, deren Wahrheit auf die Wahrheit der Prämissen zurückgeführt wird, seine «*Konklusion*».

Schreiben wir das Argument von Descartes so auf, dass Prämissen und Konklusion auf Anhieb zu erkennen sind:

1. Wir Menschen verfügen über die Idee Gottes als des vollkommensten Wesens.
2. Als selber unvollkommene, endliche Wesen können wir diese Idee nicht selbstständig von uns aus entwickelt haben.
3. Wenn wir die Idee Gottes nicht selbstständig von uns aus entwickelt haben können, wir aber gleichwohl über diese Idee verfügen, muss das vollkommenste Wesen selber uns diese Idee eingepflanzt haben.

---

4. Also muss Gott tatsächlich existieren.

Ausgehend von diesem Beispiel wollen wir den Aufbau eines Arguments genauer betrachten.

4.2 Die Schlüssigkeit von Argumenten

Wer argumentiert, behauptet im Regelfall zweierlei. Erstens behauptet er, dass die Prämissen wahr sind. Zweitens behauptet er, dass auch die Konklusion wahr sein muss, falls die Prämissen wahr sind. Sind beide Behauptungen wahr, hat der Argumentierende die Wahrheit der Konklusion gesichert. Hat man erst einmal Prämissen und Konklusion eines Arguments identifiziert, sind daher zwei Fragen zu beantworten:

Zwei grundsätzliche Fragen an ein Argument

1. *Sind die Prämissen wahr?*
2. *Und ist es wahr, dass die Konklusion wahr sein muss, falls die Prämissen wahr sind?*

Die Frage nach der Wahrheit der Prämissen ist zwar außerordentlich wichtig, doch in diesem Buch, das ein Buch über das Argumentieren, kein Buch über einzelne Themen der Philosophie ist, müssen wir die Wahrheit der Prämissen von Argumenten niemals abschließend entscheiden. Ganz anders werden wir mit der zweiten Frage verfahren. Sie werden wir für jedes Argument, mit dem wir uns auseinandersetzen, zu beantworten versuchen.

Beginnen wir gleich bei unserem Beispielargument. Muss die Behauptung, dass Gott existiert, wahr sein, falls es wahr ist, dass wir über die Idee Gottes als des vollkommensten Wesens verfügen, dass wir diese Idee nicht selbstständig von uns aus entwickelt haben können und dass das vollkommenste Wesen selber uns diese Idee eingepflanzt haben muss, falls wir diese Idee nicht von uns aus entwickelt haben? Dies ist die Frage nach der Schlüssigkeit des Arguments von Descartes. Ein Argument ist *schlüssig* genau dann, wenn die Konklusion wahr sein muss, falls die Prämissen wahr sind.[5]

Wie erkennt man, dass ein Argument schlüssig ist? Dadurch, dass man zunächst die Wahrheit der Prämissen ermittelt und anschließend unabhängig davon die Wahrheit der Konklusion? Wer das glaubt, hat den Witz des Argumentierens nicht begriffen. Denn man argumentiert gerade deshalb, weil die Konklusion fraglich erscheint, man sie aber nicht direkt, zum Beispiel durch Beobachtungen, bewahrheiten oder widerlegen kann. Stattdessen argumentiert man für die Konklusion. Man glaubt, dass die Konklusion wahr sein muss, falls die Prämissen wahr sind. Glaubt man das Letztere nur, weil man erst die Wahrheit der Prämissen und anschließend unabhängig davon die Wahrheit der Konklusion nachgeprüft hat, hat man sich in einem Zirkel verfangen: Weil man nicht weiß, ob die Konklusion wahr ist, argumentiert man; das Argument garantiert jedoch nur dann die Wahrheit der Konklusion, falls man schon weiß, dass die Konklusion wahr ist. Das Argumentieren erfüllt mithin seinen Zweck nur, falls sich *einsehen lässt, dass die Konklusion wahr sein muss, falls die Prämissen wahr sind, ohne dafür schon wissen zu müssen, ob die Konklusion wahr ist.*

Wie lässt sich dieser Forderung bei unserem Descartes-Beispiel nachkommen? Wir formulieren es erst einmal noch etwas kleinteiliger:

1. Wir Menschen verfügen über die Idee Gottes als des vollkommensten Wesens.
2. Als selber unvollkommene endliche Wesen können wir diese Idee nicht selbstständig von uns aus entwickelt haben.
3. Wenn wir die Idee Gottes nicht selbstständig von uns aus entwickelt haben können, wir aber gleichwohl über diese Idee verfügen, muss das vollkommenste Wesen selber uns diese Idee eingepflanzt haben.

---

4. Also muss das vollkommenste Wesen selber uns die Idee Gottes eingepflanzt haben.
5. Wenn das vollkommenste Wesen selber uns die Idee Gottes eingepflanzt haben muss, dann muss das vollkommenste Wesen auch tatsächlich existieren.

---

6. Also muss Gott als das vollkommenste Wesen tatsächlich existieren.

Das Argument von Descartes entpuppt sich in dieser Darstellung als komplexer: Die Konklusion 4 wird als eine der Prämissen für die weitere Folgerung 6 herangezogen. Die zusätzlich eingeführte Prämisse 5 ist sicher unproblematisch. Angesichts dieser etwas ausführlicheren Version fragen wir erneut: Wie lässt sich die Schlüssigkeit dieses Arguments erkennen?

4.3 Vom Argument zur Form eines Arguments

Wir wollen dieser Frage an einem Teilargument nachgehen, nämlich an dem Übergang von den Prämissen 4 und 5 zur Konklusion 6. Schreiben wir dazu das Teilargument noch einmal in der von uns gewählten Standardform auf (wobei wir naheliegenderweise die Nummerierung ändern):

1. Das vollkommenste Wesen muss uns die Idee Gottes eingepflanzt haben.
2. Wenn das vollkommenste Wesen uns die Idee Gottes eingepflanzt haben muss, dann muss das vollkommenste Wesen auch tatsächlich existieren.

---

3. Also muss Gott als das vollkommenste Wesen tatsächlich existieren.

Es war Aristoteles, der eine geniale und bahnbrechende Einsicht hatte, die ihn zum Vater der formalen Logik werden ließ: Für die Schlüssigkeit eines Arguments ist es unerheblich, wovon es inhaltlich im Einzelnen handelt. Unser Beispielargument befasst sich zwar mit der Idee und der Existenz Gottes, doch könnte es aus Sicht der Logiker genauso gut Fußspuren am Strand zum Thema haben. An seiner Schlüssigkeit würde das nichts ändern.

1. Eine menschliche Person muss die am Strand sichtbaren Fußspuren hinterlassen haben.
2. Wenn eine menschliche Person die Fußspuren am Strand hinterlassen haben muss, dann muss tatsächlich eine menschliche Person am Strand gewesen sein.

---

3. Also muss tatsächlich eine menschliche Person am Strand gewesen sein.

Wie begründen die Logiker ihre Behauptung? Zunächst einmal greifen sie zu einem genialen Trick. Wieder war es Aristoteles, der ihn erfunden hat. Wenn bestimmte inhaltliche Ausdrücke für die Schlüssigkeit eines Arguments irrelevant sind, dann können sie durch andere Ausdrücke (eines bestimmten Typs) ersetzt werden, sodass jedesmal wieder ein schlüssiges Argument resultiert. Deshalb ersetzte Aristoteles in einem Argument die für seine Schlüssigkeit bedeutungslosen Ausdrücke durch Buchstaben, die nur noch die Stellen markieren, an die man verschiedene inhaltliche Ausdrücke einfügen darf. Für unsere beiden Beispiele sieht das folgendermaßen aus:

1. Ein Wesen mit der Eigenschaft F muss die Tatsache, dass p, bewirkt haben.
2. Wenn ein Wesen mit der Eigenschaft F die Tatsache, dass p, bewirkt haben muss, dann muss ein Wesen mit der Eigenschaft F existieren.

---

3. Also muss ein Wesen mit der Eigenschaft F existieren.

Sobald man für den Buchstaben F den Ausdruck «das vollkommenste Wesen» und für p die Beschreibung des Sachverhalts «Wir verfügen über die Idee Gottes als des vollkommensten Wesens» grammatisch korrekt einfügt, haben wir unser cartesianisches Ausgangsargument zurückgewonnen; setzt man für F «menschliche Person» und für p «Es gibt Fußspuren am Strand» grammatisch korrekt ein, ergibt sich unser zweites Argument. Aber natürlich darf man die Buchstaben F und p noch gegen ganz andere Ausdrücke (eines grammatisch zulässigen Typs) austauschen. Immer wieder wird, so behaupten die Logiker, das dabei erzeugte Argument schlüssig sein.

Nicht nur die Ausdrücke «das vollkommenste Wesen» und «Wir verfügen über die Idee Gottes als des vollkommensten Wesens» tangieren die Schlüssigkeit des Arguments nicht. Auch dass es etwas über handelnde Personen, ihre Existenz und die Wirkungen ihrer Handlungen aussagt, beeinflusst seine Schlüssigkeit nicht. Erneut greifen wir zu dem Trick mit den Buchstaben:

1. Es ist p der Fall.
2. Wenn p der Fall ist, dann ist q der Fall.

---

3. Also ist q der Fall.

Längst haben wir kein Argument mehr vor uns, allein schon deshalb nicht, weil die Ausdrücke «Es ist p der Fall», «Wenn p der Fall ist, dann ist q der Fall» keine Aussagen sind. Die Logiker bezeichnen sie als *«Aussageformen»*. Im Gegensatz zu Aussagen kann man bei Aussageformen nicht sinnvoll fragen, ob sie wahr oder falsch sind. Diese Frage stellt sich erst, nachdem man für die Buchstaben p und q Beschreibungen von Sachverhalten eingefügt hat. Oben steht mithin nur das Schema eines Arguments, die Logiker nennen es die *«Form eines Arguments»*.

Inhaltlich ganz verschiedene Argumente können dieselbe Form

besitzen. Wenn wir von der obigen Darstellung der gemeinsamen Form unserer beiden Argumente ausgehen, können wir noch beliebig viele andere Argumente derselben Form erzeugen, einfach indem wir die Buchstaben p und q gegen Beschreibungen immer neuer Sachverhalte auswechseln. In diesem Sinne hat das Argument

1. Die Regierung Schröder enttäuscht die Erwartungen vieler Wähler.
2. Wenn die Regierung Schröder die Erwartungen vieler Wähler enttäuscht, sind selbst viele Stammwähler der SPD über die SPD-Regierung verunsichert.

---

3. Also sind selbst viele SPD-Stammwähler über die SPD-Regierung verunsichert.

wiederum dieselbe Form wie unsere beiden anderen Argumente.

Dass es, wie Aristoteles und nach ihm alle Logiker behaupten, für die Schlüssigkeit nicht auf jeden inhaltlichen Ausdruck in einem Argument ankommt, lässt sich nun auch positiv ausdrücken: Die Schlüssigkeit eines Arguments hängt nur von seiner Form ab. Die Logiker behaupten, dass alle Argumente der Form

1. Es ist p der Fall.
2. Wenn p der Fall ist, dann ist q der Fall.

---

3. Also ist q der Fall.

schlüssig sind, welche Sachverhaltsbeschreibungen auch immer für die Buchstaben p und q stehen, keines der Argumente hat wahre Prämissen, aber eine falsche Konklusion. Woher wissen die Logiker das, ohne schon die Wahrheit der jeweiligen Konklusion zu kennen?

4.4 Logisch gültige Schlussregeln

Die Logiker machen uns auf besondere Aussagen aufmerksam. Solche Aussagen muss man nur verstehen, um schon zu wissen, dass sie wahr sind. Ein besonders beliebtes Beispiel ist der Satz «Junggesellen sind unverheiratet». Angenommen, jemand zweifelte und dächte, es könne vielleicht doch irgendwo verheiratete Junggesellen geben. Was würden wir ihm antworten? Dass verheiratete Männer nun einmal nicht «Junggesellen» genannt werden, sondern ausschließlich erwachsene unverheiratete Männer. Wer von «verheirateten Junggesellen» redet, hat nicht verstanden, was das Wort «Junggeselle» im Deutschen bedeutet. Philosophen und Logiker nennen eine Aussage wie «Junggesellen sind unverheiratet» «analytisch». *Analytisch* ist eine Aussage, bei der man nur die Bedeutung in ihr vorkommender Ausdrücke verstanden haben muss, um zu wissen, dass die Aussage wahr bzw. falsch ist.

Angenommen, jemand sagt: Wenn irgendeine Person X Junggeselle ist, dann ist X unverheiratet, welche Person auch immer für X stehen mag. Jeder, der die deutschen Wörter «Junggeselle» und «unverheiratet» überhaupt beherrscht, wird sofort zustimmen. Entsteht ein Satz, indem man in der Aussageform «Wenn irgendeine Person X Junggeselle ist, dann ist X unverheiratet» für X den Namen einer Person einsetzt, ist er analytisch wahr. Zum Beispiel gehen die Sätze «Wenn Aristoteles Junggeselle ist, dann ist er unverheiratet» und «Wenn Gerhard Schröder Junggeselle ist, dann ist er unverheiratet» aus einer solchen Einsetzung hervor, und beide sind sie analytisch wahr.

Genauso verhält es sich mit der Schlüssigkeit von Argumenten der Form

1. Es ist p der Fall.
2. Wenn p der Fall ist, dann ist q der Fall.

---

3. Also ist q der Fall.

Wir müssen uns, so die Logiker, nur vergegenwärtigen, wie wir den Ausdruck «wenn-dann» verwenden. Nach Auffassung der Logiker ist eine Wenn-Dann-Aussage mit wahrer Wenn-Aussage und falscher Dann-Aussage selber falsch. Sind nun beide Prämissen eines Arguments der obigen Form wahr, ist eine Wenn-Dann-Aussage mit wahrer Wenn-Aussage wahr. Dann muss auch die Dann-Aussage, also die Konklusion wahr sein. Denn wäre sie falsch, wäre entgegen der Voraussetzung die ganze Wenn-Dann-Aussage falsch. Die Logiker behaupten mit anderen Worten: Der Ausdruck «wenn-dann» wird so verwendet, dass bei jeder Einsetzung von Aussagen für die Buchstaben p und q, bei der die Prämissen der Form «p ist der Fall» und «Wenn p der Fall ist, dann ist auch q der Fall» wahr sind, auch die Konklusion der Form «q ist der Fall» wahr wird. Allein eine Bedeutungsanalyse für den Ausdruck «wenn-dann» lässt uns einsehen, dass alle Argumente der obigen Form schlüssig sind. Kein einziges dieser Argumente ist noch daraufhin zu testen, ob möglicherweise die Prämissen wahr sind und die Konklusion doch falsch.

Wir wollen die Antwortstrategie der Logiker noch an einem weiteren Beispiel erläutern:

1. Alle Griechen sind sterblich.
2. Sokrates ist ein Grieche.

---

3. Also ist Sokrates sterblich.

Die Logiker behaupten, dass das Argument die Form

1. Alle Gegenstände, die die Eigenschaft F besitzen, besitzen auch die Eigenschaft G.
2. Der spezielle Gegenstand a besitzt die Eigenschaft F.

---

3. Also besitzt der spezielle Gegenstand a die Eigenschaft G.

hat und alle Argumente dieser Form schlüssig sind. Warum? Wenn allen Gegenständen, die irgendeine Eigenschaft F besitzen, auch irgendeine andere Eigenschaft G zukommt, dann muss der spezielle Gegenstand a mit der Eigenschaft F auch die Eigenschaft G besitzen. Was auf alle Gegenstände einer bestimmten Gesamtheit zutrifft, trifft auf jeden einzelnen Gegenstand aus dieser Gesamtheit zu. Selbst viele, die mit der Logik als Wissenschaft nicht vertraut sind, würden auf die kurze Überlegung spontan antworten: «Na klar ist das so, das ist doch logisch!» Wir sehen nicht, was es mehr dazu zu sagen gibt und wie wir jemanden, der das nicht unmittelbar begreift, noch auf andere Weise überzeugen können.

Die Schlüssigkeit des obigen Arguments liegt somit für jeden auf der Hand, der weiß, was die Ausdrücke «alle», «wenn-dann», «eine Eigenschaft besitzen» und «spezieller Gegenstand» bedeuten. Sind zwei Aussagen der Form «Alle Gegenstände mit der Eigenschaft F haben auch die Eigenschaft G» und «Der spezielle Gegenstand a hat die Eigenschaft F» durch Einsetzung passender inhaltlicher Ausdrücke für die Buchstaben F, G und a wahr, dann ist bei dieser Einsetzung auch die Aussage der Form «a hat die Eigenschaft G» wahr.

Der Übergang von den beiden Aussageformen «Alle Gegenstände mit der Eigenschaft F haben auch die Eigenschaft G» und «Der spezielle Gegenstand a hat die Eigenschaft F» zur Aussageform «a hat die Eigenschaft G» stellt eine *logisch gültige Schlussregel* dar. «Schlussregel» deshalb, weil sie regelt, wann von bestimmten Prämissen auf eine Konklusion geschlossen werden darf; «gültig» deshalb, weil garantiert ist, dass die Konklusion, auf die geschlossen wird, immer wahr ist, falls die Prämissen wahr sind. Liegt einem Argument eine logisch gültige Schlussregel zugrunde, ist das Argument schlüssig, und man sagt dann auch, dass aus den Prämissen des Arguments seine Konklusion *«logisch folgt»*.

Auch unsere Standarddarstellung eines Arguments kann man um die Schlussregel erweitern, etwa auf die folgende Weise:

1. Alle Griechen sind sterblich.
2. Sokrates ist ein Grieche.

↓

> *Alle Gegenstände mit der Eigenschaft F haben die Eigenschaft G; der spezielle Gegenstand a hat die Eigenschaft F: Also hat der spezielle Gegenstand a die Eigenschaft G.*

↓

3. Also ist Sokrates sterblich.

Man nennt die Aussageformen in der Schlussregel, die vor dem Doppelpunkt stehen, die *«Prämissen der Schlussregel»*, die letzte mit «also» beginnende Aussageform die *«Konklusion der Schlussregel»*.

Unser Descartes-Argument ist mit Schlussregel so darzustellen:

1. Es muss das vollkommenste Wesen uns die Idee Gottes eingepflanzt haben.
2. Wenn das vollkommenste Wesen uns die Idee Gottes eingepflanzt haben muss, dann muss das vollkommenste Wesen auch tatsächlich existieren.

↓

wenn p, dann q; p ist der Fall: Also ist q der Fall

↓

3. Also muss Gott als das vollkommenste Wesen tatsächlich existieren.

Wir werden in den nachfolgenden Betrachtungen Argumente nicht in dieser ausführlichen Form mit der Schlussregel der formalen Logik präsentieren. Auch werden wir die Frage nach den logisch gültigen Schlussregeln im Folgenden nicht weiter erörtern. Sie ist Gegenstand der formalen Logik, und dieses Buch soll nicht in die formale Logik einführen. Das Wichtigste, was man über die formale Logik wissen sollte, kann der Leser im Anhang nachlesen. Ansonsten haben wir alle als kompetente Sprecher unserer Muttersprache zum Glück hinreichende logische Intuitionen, mit denen wir die Überlegungen dieses Buches problemlos nachvollziehen können.

4.5 Annahmen um des Arguments willen

Manchmal weiß ein Argumentierender nicht, ob eine Aussage wirklich wahr ist. Doch interessiert er sich trotzdem dafür, was aus ihr, gegebenenfalls unter Zuhilfenahme weiterer Aussagen, logisch folgt. Er wird daher so argumentieren:

1. Nehmen wir einmal an, T wäre wahr.
2. Klar ist, dass die Aussage A wahr ist.
3. Aus A zusammen mit T folgt jedoch logisch K.
4. Wüssten wir jetzt auch noch, dass T wahr wäre, dann wäre auch K wahr, denn nach 3 folgt ja K logisch aus T zusammen mit A.

---

5. Also gilt auf jeden Fall: Wenn T wahr ist, dann ist auch K wahr.

Logiker nennen die These T eine *«Annahme um des Arguments willen»*. Und der logisch schlüssige Übergang von der hypothetisch unterstellten These zur Folgerung 5 ist unter dem Titel *«Annahmebeseitigung»* bekannt.

Bei der Annahmebeseitigung wird offen gelassen, ob T wahr oder falsch ist. In anderen Fällen jedoch will der Argumentierende T als falsch erweisen. Dieses Ziel erreicht er mit einem Argument der folgenden Form:

1. Nehmen wir einmal an, T wäre wahr.
2. Die Aussage A ist wahr.
3. Doch aus T und A folgt logisch die Aussage K.
4. Wäre nun T wahr, so müsste auch K wahr sein, da A ja wahr ist und K aus A zusammen mit T folgt.
5. Doch K ist falsch.

---

6. Also muss T falsch sein.

In der Zeile 1 ist die These T keine Prämisse, die der Argumentierende für wahr hält, sondern er nimmt die These T nur an, um aus ihr mit Hilfe einer unstrittig wahren Aussage A eine Folgerung zu ziehen, aus deren Falschheit er dann weiter folgert, dass T falsch ist. Der Argumentierende widerlegt T. Daher heißt der logisch schlüssige Übergang zur Konklusion *«Annahmewiderlegung»*. Wieder ist die These T in der Zeile 1 eine Annahme um des Arguments willen.

Mehr müssen wir über den Aufbau eines Arguments nicht wissen. Fassen wir noch einmal zusammen:

Der Aufbau eines Arguments

Ein Argument besteht aus:
- den Prämissen,
- der Konklusion,
- gegebenenfalls Annahmen um des Arguments willen,
- der zugrunde liegenden Schlussregel.

5. Zu Begriff und Funktion deskriptiver Argumente

5.1 Über Gründe und Argumente

Der Gebrauch der Ausdrücke «argumentieren» und «Argument» ist nicht einheitlich. Wer in einer Diskussion mit dem Argument eines Diskussionspartners konfrontiert wird, kann darauf mit Beobachtungen reagieren: «Ich habe beobachtet, dass die Prämisse P falsch ist.» Oder er kann Zeugen oder Experten zitieren: «X hat gesehen, dass P falsch ist» oder «Es ist anerkannte Expertenmeinung, dass P falsch ist». Auch dann reden viele von «argumentieren» und einem «Argument». Dieser Sprachgebrauch ist nicht zu kritisieren. Nur müssen wir festhalten, dass wir bisher die beiden Wörter so nicht verwendet haben. Wir haben ausschließlich das schlussfolgernde Argumentieren im Blick gehabt. Doch zieht nicht auch derjenige Schlüsse, der eine Aussage für wahr oder falsch hält, weil er es so wahrgenommen hat oder weil ihn Zeugen oder Experten entsprechend informiert haben? Nun, man kann eine Berufung auf eigene Wahrnehmungen oder auf Zeugen und Experten als Argument mit Prämissen und Konklusion formulieren:

1. Ich habe wahrgenommen, dass p der Fall ist.

---

2. Also ist p der Fall.

1. Zeuge oder Experte X behauptet, dass p der Fall ist.

---

2. Also ist p der Fall.

Damit diese «Argumente» vom Standpunkt der formalen Logik schlüssig sind, müsste man sie vervollständigen, etwa so:

1. Ich habe unter den Umständen U wahrgenommen, dass p der Fall ist.
2. Immer wenn jemand unter den Umständen U wahrnimmt, dass p, dann ist p der Fall.

---

3. Also ist p der Fall.

1. Zeuge oder Experte E behauptet, dass p der Fall ist.
2. E erfüllt die Bedingungen B.
3. Wenn jemand, der die Bedingungen B erfüllt, behauptet, dass p der Fall ist, dann ist p der Fall.

---

4. Also ist p der Fall.

So formuliert erscheint die Rede von «Schlüssen» nicht unplausibel. Vom Inhalt einer Wahrnehmung wird auf das tatsächliche Bestehen des wahrgenommenen Sachverhalts geschlossen; von der Tatsache, dass ein Experte eine bestimmte Meinung vertritt, wird auf deren Wahrheit geschlossen. Allein, unter welchen Umständen ist es gerechtfertigt, von einer Wahrnehmung auf die Richtigkeit des Wahrnehmungsinhalts zu schließen? Welche Eigenschaften eines Zeugen oder Experten genau rechtfertigen es, dessen Überzeugung für wahr zu halten? Sicher, in vielen Situationen wissen wir recht gut, wann wir uns auf die eigenen Wahrnehmungen oder auf Zeugen- und Expertenaussagen verlassen dürfen. Aber ebenso offenkundig fehlen uns präzise formulierte und verlässliche Regeln dafür. Wir begnügen uns mit ziemlich groben Faustregeln oder verlassen uns auf unsere Erfahrung. Auch den Philosophen, die sich professionell mit der so genannten «epistemischen Rechtfertigung» unserer Meinungen befassen, sind bisher keine auch nur halbwegs präzisen Regeln eingefallen. Solange jedoch brauchbare Regeln fehlen, wann aus Wahrnehmungen oder aus Expertenmeinungen verlässlich auf die Wahrheit von Aussagen geschlossen werden darf, wirkt es einigermaßen künstlich, Berufungen auf Wahrnehmungen und auf Zeugen oder Experten als schlussfolgerndes Argumentieren auszuweisen.

Terminologisch kann man dem uneinheitlichen Gebrauch der Wörter «argumentieren» und «Argument» in folgender Weise Rechnung tragen: Man unterteilt das Argumentieren im weiten Sinne des Nennens von *Gründen für oder gegen eine Meinung* in:

(a) *Berufungen auf direkte eigene Wahrnehmungen*, d.h. Begründungen der Form «p ist der Fall, weil ich es selber direkt beobachtet habe»;
(b) *Berufungen auf Zeugen oder Experten*, d.h. Begründungen der Form «p ist der Fall, weil Zeuge oder Experte X der Auffassung ist, dass p der Fall ist»;

(c) *Argumente im engeren Sinne* (im Sinne einer Schlussfolgerung), d. h. alle von (a) und (b) verschiedenen Begründungen der Form «p ist der Fall, weil P_1 und P_2 und … und P_n der Fall ist».

Berufungen auf direkte eigene Wahrnehmungen oder auf Zeugen und Experten werfen ganz spezielle Probleme auf, die außerhalb der Fragen liegen, die in diesem Buch erörtert werden sollen. Wenn Philosophen nicht als Philosophiehistoriker bloße Meinungskunde betreiben, sondern systematisch philosophieren, verschanzen sie sich nicht hinter den Meinungen von Experten oder so genannten Autoritäten. Und in den seltensten Fällen zählen in der Philosophie eigene vereinzelte Wahrnehmungen schon als hinreichender Grund für eine philosophische These. Von daher dürfen wir uns im Folgenden wie bisher schon auf das Argumentieren im engeren Sinne beschränken. Den Zusatz «im engeren Sinne» beim Ausdruck «argumentieren» können wir uns in einem Buch über das philosophische Argumentieren insofern ersparen.

5.2 Über die zwei wichtigsten Funktionen deskriptiver Argumente

Wir haben bisher eine Funktion von Argumenten genannt, wonach die Wahrheit der Konklusion auf die Wahrheit der Prämissen zurückgeführt werden soll. Ohne Zweifel ist das die grundlegende Funktion von Argumenten. Trotzdem steht sie nicht immer im Vordergrund. Die Konklusion eines Arguments kann nämlich völlig unstrittig sein, jedermann hält sie für wahr, eines Beweises scheint sie nicht zu bedürfen. Von daher wäre das Argument eigentlich überflüssig. Doch nicht dass die Konklusion wahr ist, soll durch das Argument aufgedeckt werden. Vielmehr soll das Argument demonstrieren, dass die Konklusion aus den und den Prämissen logisch folgt. Ein Satz kann ja aus ganz unterschiedlichen Sätzen logisch folgen. Oft sind wir überrascht, welche Sätze einen bestimmten anderen logisch nach sich ziehen. Man spricht von einem *«inferentiellen»*[6] Zusammenhang zwischen Aussagen. Wir werden noch sehen, wie oft gerade die Darstellung eines inferentiellen Zusammenhangs und nicht der Wahrheitsnachweis für die Konklusion die eigentlich wichtige Funktion eines Arguments in der Philosophie ist.

Noch in einer anderen Hinsicht haben wir bisher ein zu enges Bild vom Argumentieren gezeichnet. Wir haben uns bisher beschränkt auf Argumente mit deskriptiven Aussagen. *Deskriptive* Aussagen stellen fest, was in der Welt der Fall ist. Sie können wahr oder falsch sein. Doch natürlich reden wir auch darüber, dass wir bestimmte Dinge tun oder unterlassen sollen oder dass bestimmte Dinge gut oder nicht gut sind. Aussagen der Form «Es ist gut (schön, wertvoll), dass p der Fall ist» bezeichnen wir als *«Werturteile»* oder *«Wertungen»*. Sie werden zu den *normativen Aussagen im weiteren Sinne* gerechnet. *Normative Aussagen im engeren Sinne* hingegen sind Aussagen, dass es geboten (verboten, erlaubt) ist, auf eine bestimmte Weise zu handeln. Normative Aussagen sind nicht wahr oder falsch, jedenfalls nicht in demselben Sinne, in welchem eine deskriptive Aussage wahr ist. Die deskriptive Aussage «Am 26. März 2004 fiel in Berlin noch einmal Schnee» ist genau dann wahr, wenn am 26. März 2004 tatsächlich in Berlin noch einmal Schnee fiel. Dieses intuitive Verständnis von Wahrheit ist zumindest auf normative Aussagen im engeren Sinne nicht anwendbar, sodass viele Philosophen es bevorzugen, von der «Richtigkeit» normativer Aussagen zu sprechen.

Trotzdem argumentieren wir auch in moralischen Fragen. Die Konklusion eines normativen Arguments ist eine normative Aussage. Wenn aber normative Aussagen nicht in demselben Sinne wahr oder falsch sind wie deskriptive Aussagen, inwiefern können normative Argumente dann schlüssig sein? «Schlüssigkeit» meint ja, dass die Konklusion wahr sein muss, falls die Prämissen wahr sind. Der Begriff der Wahrheit lässt sich jedoch auf die Konklusion eines normativen Arguments nicht anwenden. Die Frage, inwiefern normative Argumente schlüssig sind, stellen wir zurück, bis wir im Abschnitt 14 uns explizit mit moralischen Argumentationen auseinandersetzen. Bis dahin müssen wir im Sinn behalten, dass alles, was wir über die Funktion von Argumenten gesagt haben und noch sagen werden, zunächst einmal für deskriptive Argumente gilt.

Funktionen deskriptiver Argumente

Argumente haben hauptsächlich zwei Funktionen:
der Wahrheitsnachweis für die Konklusion: die problematische Wahrheit der Konklusion wird auf die für unproblematisch gehaltene Wahrheit der Prämissen zurückgeführt;
die Darstellung eines inferentiellen Zusammenhangs: Es wird dargestellt, aus welchen Sätzen die Konklusion logisch folgt.

6. Zur logischen Rekonstruktion von Argumenten

6.1 Ein Argument wird rekonstruiert

In seinem Dialog «Phaidon» lässt Platon Sokrates und seine Gesprächspartner über die Unsterblichkeit der Seele debattieren. In einer kurzen Passage fasst Kebes, einer von Sokrates' Gesprächspartnern, ein Argument für die Unsterblichkeit der Seele prägnant zusammen.

> Und eben das auch, sprach Kebes, nach jenem Satz, o Sokrates, wenn er richtig ist, den du oft vorzutragen pflegtest, dass unser Lernen nichts anderes als Wiedererinnerung ist, und dass wir deshalb notwendig in einer früheren Zeit gelernt haben müssen, dessen wir uns wiedererinnern, und dass dies unmöglich wäre, wenn unsere Seele nicht schon da war, ehe sie in diese menschliche Gestalt kam; so dass auch hiernach die Seele etwas Unsterbliches sein muss.[7]

Zunächst gilt es, die Prämissen und die Konklusion des Arguments zu identifizieren. Über die Konklusion unseres Beispielarguments kann kein Zweifel aufkommen, es ist die These, die Seele sei unsterblich. Halten wir uns an den Wortlaut des Textes, argumentiert Kebes mit drei Prämissen: Unser Lernen ist Wiedererinnerung. Wenn wir uns an etwas erinnern, müssen wir das Wiedererinnerte zu einem früheren Zeitpunkt gelernt haben. Dies alles wäre nicht möglich, wäre unsere Seele nicht schon da gewesen, «ehe sie in menschliche Gestalt» kam.

1. Unser Lernen ist Wiedererinnern.
2. Woran wir uns wiedererinnern, müssen wir zu einem früheren Zeitpunkt gelernt haben.
3. Dies wäre nicht möglich, wäre unsere Seele nicht schon da gewesen, ehe sie in menschliche Gestalt kam.

---

4. Also ist die Seele unsterblich.

So formuliert enthält das Argument noch eine Fülle von Unklarheiten. Da ist die etwas dunkle Wendung von der Seele, die «in menschliche Gestalt kam». Platon unterscheidet unsere Seele von unserem Körper. Trotzdem glaubt auch Platon, woran wir alle glauben, nämlich dass wir von unserer Geburt an einen Leib haben und unsere Seele, was immer sie sein mag, jedenfalls in diesem irdischen Leben nicht getrennt von unserem Leib in Erscheinung tritt. Die Prämisse 3 mit ihrer Wendung «wäre unsere Seele nicht schon da gewesen, ehe sie in menschliche Gestalt kam» lässt sich daher präzisieren: Dies wäre nicht möglich, existierte unsere Seele nicht schon vor unserem irdischen, an einen Leib gebundenen Leben. Anders formuliert: Wenn dies möglich ist, dann muss unsere Seele schon vor unserem irdischen leibgebundenen Leben existiert haben. Das Wort «dies» in Prämisse 3 stellt einen Bezug zur Prämisse 2 her, indem für alle Dinge gilt: Wenn wir sie schon vor unserem irdischen, an einen Leib gebundenen Leben gelernt haben, dann muss auch unsere Seele bereits vor unserem irdischen, an einen Leib gebundenen Leben existiert haben.

Warum sollte das wahr sein? Auf Anhieb leuchtet nur ein, dass man zuvor gelernt und gewusst haben muss, woran man sich erinnert, andernfalls redet man nicht von «Erinnerung». Genau das scheint Prämisse 2 des Arguments auszudrücken. Doch warum ist alles Lernen Wiedererinnerung? Wenn wir etwas lernen, lernen wir etwas Neues, das wir vorher noch nicht gewusst haben. Wieso erinnern wir uns dann beim Lernen an etwas, das wir schon einmal gewusst haben? Das ist schwer einzusehen. Den Dialogpartnern des Sokrates ergeht es nicht anders. Deshalb verlangen sie Gründe von Sokrates, der sie auch beizubringen versucht. Sie führen allerdings tief in die berühmte Ideenlehre Platons hinein, auf die wir hier nicht eingehen wollen und müssen. Wir fragen nur, wie die Prämissen des Arguments zu verstehen sind und ob das Argument, richtig verstanden, schlüssig ist.

Ist, wenn man die Prämissen zugesteht, die Unsterblichkeit der Seele «bewiesen»? Nein, denn selbst wenn die Seele schon existiert, bevor sie sich mit dem Leib verbindet, so könnte sie zusammen mit dem Leib zugrunde gehen. Diese Lücke im Argument monieren die Teilnehmer des Gesprächs ebenfalls, und Sokrates bemüht sich durch weitere Argumente, sie zu schließen. Das Argument, soweit Kebes es referiert, endet also erst einmal mit der schwächeren Konklusion, dass die Seele bereits gelebt hat, bevor sie sich an einen physischen Leib bindet.

Tragen wir unseren Überlegungen und Präzisierungen Rechnung, können wir das Argument in folgender Form aufschreiben:

1. Was immer wir in unserem irdischen, leibgebundenen Leben lernen, ist etwas, woran wir uns erinnern.
2. Woran immer wir uns in unserem irdischen, leibgebundenen Leben lernend wiedererinnern, müssen wir vor diesem Leben gelernt haben.
3. Für alle Dinge gilt: Wenn wir sie schon vor unserem irdischen, leibgebundenen Leben gelernt haben, dann muss auch unsere Seele bereits vor diesem Leben existiert haben.

---

4. Also hat die Seele vor Beginn unseres irdischen, leibgebundenen Lebens schon existiert.

Mit dieser Darstellung sind wir vom Wortlaut des Textes zum Teil schon erheblich abgewichen. Das ist unvermeidlich, soll das Argument eindeutig nach Prämissen und Konklusion geordnet werden. Des Weiteren haben wir die dritte Prämisse verändert, indem wir explizit formuliert haben, worauf der Text nur mit dem Wort «dies» verweist. Schließlich haben wir sogar die Konklusion abgeschwächt, weil uns das Argument schon intuitiv mit der stärkeren Konklusion des Textes nicht schlüssig erscheint. Mit solchen Eingriffen haben wir das Argument gewissermaßen neu aufgebaut oder rekonstruiert.

Dabei kann auch für alle nachfolgenden Überlegungen nicht oft genug betont werden, dass es nicht die einzig richtige Rekonstruktion eines Arguments gibt. Ein und derselbe Text lässt sich unterschiedlich interpretieren, und deshalb lassen sich auch Argumente, die er enthält, unterschiedlich auffassen und lesen. Alle nachfolgenden Argumentrekonstruktionen darf der Leser immer nur als Vorschläge verstehen. Wenn sie ihm nicht einleuchten, kann und sollte er versuchen, das Argument anders oder besser zu rekonstruieren.

Doch woran sollte man sich bei der Rekonstruktion eines Arguments orientieren? Eine Faustregel liegt auf der Hand, und sie ist auch schon die wichtigste: Ein Argument sollte so rekonstruiert werden, dass es, wenn es sich in irgendeiner Weise mit dem Text vereinbaren lässt, einerseits schlüssig ist, andererseits seine Prämissen wahr sind. Wie man diese Faustregel anwendet, wollen wir gleich an unserem Beispiel illustrieren.

6.2 Fehlschlüsse und die Methode der Prämissenergänzung

Haben wir das Argument aus dem Dialog «Phaidon» so rekonstruiert, dass es schlüssig ist? Dazu müssen wir seine Schlussregel untersuchen. Sie lautet: [Auf alle Gegenstände der Art H trifft F zu; auf alle Gegenstände der Art F trifft G zu; für jeden Gegenstand x gilt: wenn G auf ihn zutrifft, ist p der Fall: Also ist p der Fall]. Ist diese Schlussregel logisch gültig?

Nehmen wir einmal an, die Schlussregel unseres Beispielarguments wäre nicht gültig. Wie könnten wir das nachweisen? Nun, eine Schlussregel ist gültig, wenn bei jeder Einsetzung passender inhaltlicher Ausdrücke für die Buchstaben, bei der aus den Prämissen der Schlussregel wahre Aussagen entstehen, auch die Konklusion zu einer wahren Aussage wird. Lässt auch nur eine einzige Einsetzung die Prämissen wahr werden, die Konklusion hingegen falsch, ist die Schlussregel bereits widerlegt. Lässt sich zum Argument von Platon ein Argument derselben Form mit wahren Prämissen und einer falschen Konklusion als Gegenbeispiel finden? Hier ist ein solches Gegenbeispiel:

1. Jedes Perpetuum mobile erzeugt mehr Energie als es verbraucht.
2. Jedes System, das mehr Energie erzeugt als es verbraucht, erzeugt Energie aus dem Nichts.
3. Für jedes System, das Energie aus dem Nichts erzeugt, ist der Energieerhaltungssatz verletzt.

---

4. Also ist der Energieerhaltungssatz verletzt.

Alle seine Prämissen sind wahr, aber seine Konklusion ist falsch. Nach Auskunft der Physik bleibt Energie bei allen Vorgängen in der Natur erhalten. Das obige Argument ist nicht schlüssig. Und ebenso wenig kann dann das Phaidon-Argument schlüssig sein, da es ein Argument derselben Form ist.

Damit haben wir etwas Wichtiges gelernt. Es ist für jede Argumentrekonstruktion so zentral, dass wir es ausdrücklich hervorheben wollen.

Fehlschlüsse

- *Eine Schlussregel stellt genau dann einen Fehlschluss dar, wenn sie nicht gültig ist, wenn es also eine Anwendung der Schlussregel mit wahren Prämissen, aber einer falschen Konklusion gibt.*
- *Man spricht auch bei Argumenten von Fehlschlüssen, wenn ihnen eine nicht gültige Schlussregel zugrunde liegt.*
- *Dass ein Argument ein Fehlschluss ist, kann durch ein einziges Argument derselben Form mit offenkundig wahren Prämissen und einer offenkundig falschen Konklusion gezeigt werden.*

Man wirft nicht gleich die Flinte ins Korn, nur weil Dinge nicht auf Anhieb funktionieren. Dinge lassen sich reparieren. Das gilt auch für Argumente, die nicht schlüssig sind. Wie lässt sich ein nichtschlüssiges Argument zu einem schlüssigen umbauen? Im Prinzip sehr einfach. Man ergänzt es um eine oder mehrere Prämissen, sodass es schlüssig wird.

Schauen wir uns dazu die vermeintliche Widerlegung des Energieerhaltungssatzes genauer an. Der Energieerhaltungssatz wäre in der Tat verletzt, gäbe es ein Perpetuum mobile. Aber keine Prämisse sagt das. Die erste Prämisse sagt nur: Wenn etwas ein Perpetuum mobile ist, dann wird mehr Energie erzeugt als verbraucht. So wird ein Perpetuum mobile definiert. Die Definition lässt offen, ob es ein Perpetuum mobile gibt. Die nächste Prämisse konstatiert nur, dass ein System, das mehr Energie erzeugt als es verbraucht, Energie aus dem Nichts schafft. Auch das erläutert nur, was es heißt, mehr Energie zu erzeugen als zu verbrauchen. Die Existenz solcher Systeme wird nicht behauptet. Nach der dritten Prämisse verletzt jedes System, das Energie aus dem Nichts erzeugt, den Energieerhaltungssatz. Damit wird ebenfalls nur der Energieerhaltungssatz inhaltlich weiter erläutert, wonach die Gesamtmenge an Energie in der Welt gleich bleibt. Die Existenz eines entsprechenden Systems impliziert auch die dritte Prämisse nicht. Schlüssig wäre das Argument, wüsste man zusätzlich, dass es ein Perpetuum mobile gibt:

1. Es gibt ein Perpetuum mobile.
2. Jedes Perpetuum mobile erzeugt mehr Energie als es verbraucht.
3. Jedes System, das mehr Energie erzeugt als es verbraucht, erzeugt Energie aus dem Nichts.
4. Für jedes System, das Energie aus dem Nichts erzeugt, ist der Energieerhaltungssatz verletzt.

---

5. Also ist der Energieerhaltungssatz verletzt.

Die Schlussregel dieses Arguments lautet: «Es gibt Gegenstände, auf die H zutrifft; auf alle Gegenstände der Art H trifft F zu; auf alle Gegenstände der Art F trifft G zu; für jeden Gegenstand x gilt, wenn G auf ihn zutrifft, ist p der Fall: Also ist p der Fall.» Sie ist nach Auskunft der Logiker logisch gültig.

Wenn diese Schlussregel gültig ist, sollte das Phaidon-Argument schlüssig werden, sobald wir es ebenfalls um die entsprechende Prämisse «Wir lernen etwas in unserem irdischen, leibgebundenen Leben» erweitert haben:

1. Wir lernen etwas in unserem irdischen, leibgebundenen Leben.
2. Was immer wir in unserem irdischen, leibgebundenen Leben lernen, ist etwas, woran wir uns erinnern.
3. Woran immer wir uns in unserem irdischen, leibgebundenen Leben lernend wiedererinnern, müssen wir vor diesem Leben gelernt haben.
4. Wenn wir alles Erinnerte vor unserem irdischen, leibgebundenen Leben gelernt haben, dann muss unsere Seele schon vor diesem Leben existiert haben.

---

5. Also hat die Seele schon vor Beginn unseres irdischen, leibgebundenen Lebens existiert.

Schön und gut, beide Argumente sind jetzt schlüssig. Aber dürfen wir denn zu einem Argument, nur weil es nicht schlüssig ist, weitere Prämissen hinzufügen, bis es schlüssig wird? Natürlich dürfen wir das, vorausgesetzt, das erweiterte Argument leistet, was das Ausgangsargument leisten soll, aber nicht zu leisten vermag, weil es nicht schlüssig ist. Fügt man zu einem nicht-schlüssigen Argument wahre Prämissen hinzu, sodass es schlüssig wird, ist so weit alles in Ordnung. Sind aber die hinzugefügten Prämissen falsch, ist nichts gewonnen. Das neue Argument ist zwar schlüssig, die Konklusion ist gleichwohl nicht als wahr nachgewiesen, da von den Prämissen eine oder mehrere falsch sind. Die Reparatur des Arguments ist fehlgeschlagen.

Beim Argument über den Energieerhaltungssatz hilft die Prämissenergänzung nicht weiter. Das Argument ist zwar schlüssig, aber es sind nicht alle Prämissen wahr, just die Prämisse, um die wir das Argument ergänzt haben, ist falsch. Jedes Physiklehrbuch bestätigt: Es gibt kein Perpetuum mobile. Beim Phaidon-Argument haben wir mehr Glück. Die ergänzte Prämisse ist ganz offensichtlich wahr. Wer wollte bestreiten, dass wir in diesem Leben ständig Dinge lernen? Das ist so offensichtlich wahr, dass Platon es anscheinend für überflüssig hielt, Kebes diese Trivialität ausdrücklich in den Mund zu legen.

Dass beim Argumentieren einfach Prämissen unter den Tisch fallen und verschwiegen werden, kommt recht häufig vor. Darüber sollte man sich nicht immer beschweren. Die um der Schlüssigkeit willen zu ergänzenden Prämissen können so evident sein, dass es dem argumentierenden Autor zu peinlich ist oder zu pedantisch vorkommt, sie auch noch auszubreiten. Manchmal ist durch den weiteren Kontext, in dem argumentiert wird, offenkundig, dass eine verschwiegene Prämisse vom Autor für wahr gehalten wird. Gleichwohl, will man sich vergewissern, dass ein Argument schlüssig ist, muss man unterdrückte Prämissen erkennen und sie zum Argument hinzufügen können.

Lässt sich ein Argument so um wahre Prämissen ergänzen, dass es schlüssig wird, mag man es dem Autor oder dem Diskussionspartner verzeihen, die Prämissen verschwiegen zu haben. Unverzeihlich aber ist es, wenn das Argument nur mit weiteren falschen Prämissen oder solchen, die der Autor an anderer Stelle erklärtermaßen für falsch hält, schlüssig wird. Argumente mit offenkundig falschen Prämissen verfehlen ihr Ziel, die Konklusion als wahr auszuweisen;

und Argumente mit Prämissen, die der Argumentierende nicht für wahr hält, sagen nur etwas über die Widersprüchlichkeit des Autors aus. Er muss im Argument eine These behaupten, die er an anderer Stelle ausdrücklich verwirft. Platon ist in dieser Hinsicht nichts vorzuwerfen. Er verschweigt zwar eine Prämisse, aber sie lässt sich im Kontext leicht identifizieren und ist klarerweise wahr.

6.3 Die formale Logik als Kontrastfolie

Wir wollen die eben an einem Beispiel illustrierte Methode der Prämissenergänzung ganz abstrakt betrachten. Man legt an ein Argument den Maßstab der formalen Logik an und fragt, ob das Argument schlüssig ist. Die Prüfung dieser Frage kann mit unterschiedlichen Ergebnissen enden. Wir diskutieren die möglichen Ergebnisse der Reihe nach.

Fall 1: Aus den Prämissen folgt nach den Regeln der formalen Logik die Konklusion. Dann ist das Argument jedenfalls schlüssig und wird im Allgemeinen in dieser Hinsicht auch akzeptiert. Doch der Regelfall ist das nicht.

Fall 2: Sehr oft lässt sich aus den explizit formulierten Prämissen die Konklusion nicht logisch deduzieren. Man muss Prämissen hinzufügen, um das Argument schlüssig werden zu lassen.

Hier gilt es, zunächst einen billigen Ausweg zu versperren. Jedes Argument lässt sich um eine Prämisse erweitern, sodass es trivialerweise schlüssig wird. Angenommen, wir haben ein nicht-schlüssiges Argument mit den Prämissen $P_1, \ldots, P_n$ und der Konklusion K. Fügen wir die Prämisse «Wenn P_1 und ... und P_n, dann K» hinzu, ist das Argument nach den Schlussregeln der formalen Logik schlüssig. Diese zusätzliche Prämisse ist freilich nichts anderes als ein logischer Taschenspielertrick. Denn sie muss auch wahr sein. Wann wäre sie wahr? Da nach Voraussetzung die Prämissen $P_1, \ldots, P_n$ wahr sind, ist die zusätzliche Prämisse «Wenn P_1 und ... und P_n, dann K» nach der logischen Deutung des Ausdrucks «wenn-dann» genau dann wahr, wenn K wahr ist. Aber es sollte durch das Argument mit den Prämissen $P_1, \ldots, P_n$ ja erst gesichert werden, dass K wahr ist. Wieder entsteht der schon oft konstatierte Zirkel. Im Folgenden nehmen wir daher immer an, dass ein Argument nicht um die triviale Prämisse «Wenn die Prämissen, dann die Konklusion» erweitert wird.

Nehmen wir zusätzlich an, dass das um bestimmte nicht-triviale Prämissen erweiterte Argument schlüssig ist. Für sich besagt das noch nicht viel. Entscheidend ist, ob die neu hinzugekommenen Prämissen wahr sind und auch auf nicht-zirkuläre Weise als wahr erkannt werden können. Wir unterscheiden zwei Unterfälle.

Fall 2.1: Die neuen Prämissen sind unstrittig wahr. Dann war das ursprüngliche Argument lediglich nicht explizit ausformuliert. Mit dem Argument von Platon haben wir einen solchen Fall gerade eingehender betrachtet.

Besonders interessant ist es, wenn die ergänzten Prämissen nicht nur einfach wahr sind, sondern sich sogar als definitorische Bestimmungen auffassen lassen. Angenommen, jemand argumentiert, dass ein bestimmtes Ereignis E_1 ein anderes Ereignis E_2 nicht verursacht haben könne, weil E_2 früher stattgefunden habe als E_1. Erst wenn man die nachfolgende Prämisse 2 hinzufügt, ist die Beweisführung zwingend:

1. Das Ereignis E_1 hat später stattgefunden als das Ereignis E_2.
2. Ein Ereignis verursacht nur dann ein anderes Ereignis, wenn das verursachende Ereignis nicht später stattfindet als das verursachte Ereignis.

---

3. Das Ereignis E_1 hat das Ereignis E_2 nicht verursacht.

Nun hält eine Reihe von Theoretikern es für eine definitorische Bestimmung, dass die Ursache stets der Wirkung zeitlich vorausgehen müsse. Ereignet sich E_1 zeitlich später als E_2, so sei es von der Bedeutung der Begriffe «Ursache» und «Wirkung» her falsch, E_1 eine «Ursache» von E_2 zu nennen. Ob diese Verwendungsregel für die Begriffe «Ursache» und «Wirkung» sinnvoll ist oder nicht, steht hier nicht zur Diskussion. Aber nehmen wir einmal an, es sei so. Dann kann man sich immer auf diesen analytisch wahren Satz berufen, um von einem Satz der Form «Das Ereignis X findet später statt als das Ereignis Y» auf den entsprechenden Satz der Form «Das Ereignis X verursacht das Ereignis Y nicht» zu schließen. Im Rahmen kausaler Überlegungen funktioniert die Aussage als gültige Schlussregel: «Das Ereignis X findet später statt als das Ereignis Y: Also verursacht das Ereignis X nicht das Ereignis Y.» Diese Schlussregel wird als Teil einer so genannten «*Kausallogik*» aufgefasst. Das obige Argument lässt sich daher auch so darstellen:

1. Das Ereignis E_1 findet später statt als das Ereignis E_2.

↓

Schlussregel der Kausallogik: *Das Ereignis X findet später statt als das Ereignis Y: Also verursacht X nicht Y.*

↓

2. Das Ereignis E_1 verursacht das Ereignis E_2 nicht.

Solche bereichsspezifischen analytisch wahren Sätze, die den logisch korrekten Übergang von bestimmten Sätzen zu bestimmten Konklusionen erst ermöglichen, kommen in der Philosophie häufig vor. Manche Philosophen versuchen, alle analytisch wahren Sätze für ein bestimmtes Themengebiet systematisch aufzufinden und sie als Schlussregeln darzustellen. Alle analytisch wahren Sätze über Ursache-Wirkungsbeziehungen bilden etwa die «Kausallogik». In der gleichen Weise gibt es eine Wissenslogik, eine Zeitlogik, eine Logik der Möglichkeiten (Modallogik) und Ähnliches mehr.[8] Wir kommen in Teil 3 und 4 mehrmals darauf zurück.

Fall 2.2: Das Argument lässt sich nicht um Prämissen ergänzen, die offenkundig wahr oder gar analytisch wahr sind. Trotzdem werden manche dieser Argumente akzeptiert. Dieser Fall ist so wichtig, dass wir ihn gleich im nächsten Unterabschnitt an einem Beispiel ausführlich erläutern werden.

In den folgenden Teilen des Buches werden wir sehr oft von der eben geschilderten Methode der Prämissenergänzung vor dem Hintergrund der formalen Logik Gebrauch machen. Sie ist ein wichtiges Werkzeug, fremde oder eigene Argumente kritisch zu prüfen.

6.4 Deduktive und nicht-deduktive Argumente

Betrachten wir folgendes Argument von John Locke:

> Das mag uns zeigen, worin die Identität einer Person besteht. Sie besteht nämlich [...] in der Identität des Bewusstseins. Wenn Sokrates und der gegenwärtige Bürgermeister von Queinborough hierin übereinstimmen, so sind sie dieselbe Person. Wenn derselbe Sokrates im

> Wachen und im Schlafen nicht an demselben Bewusstsein teilhat, dann sind der wachende und der schlafende Sokrates nicht dieselbe Person. Es wäre ebenso ungerecht, den wachenden Sokrates für das, was der schlafende dachte und was dem wachenden nie bewusst wurde, zu bestrafen, wie einen von zwei Zwillingen für die ihm unbekannten Taten des anderen zur Rechenschaft zu ziehen, weil ihre äußere Erscheinung sich so ähnelt, dass man sie nicht unterscheiden kann.[9]

John Locke argumentiert für die These, dass die Identität einer Person in der Identität ihres Bewusstseins besteht. Trotz seiner Kürze ist der Text nicht ganz leicht zu durchschauen. Wir kommen hinter das Geheimnis des Arguments, erinnern wir uns an die Tatsache, dass wir eine Person für eine Tat nur dann zur Rechenschaft ziehen dürfen, wenn diese Person die Tat auch begangen hat. Wir fänden es ungerecht, einen Zwilling der Tat seines Zwillingsgeschwisters, an der er selber gar nicht beteiligt war, zu beschuldigen. Vor diesem Hintergrund wird das Argument verständlich.

Wir klagen eine Person nicht für ihre Träume an. Wir hielten es zum Beispiel für ungerecht, dem wachen Sokrates vorzuwerfen, was der schlafende denkt. Wie können wir am besten erklären, warum wir das für ungerecht halten? Nun, sehr einfach könnten wir unser Urteil begründen, wenn der schlafende Sokrates nicht dieselbe Person wäre wie der wache Sokrates. In diesem Falle reichte das allgemeine Prinzip, wonach die für eine Tat zur Verantwortung gezogene Person mit dem tatsächlichen Täter identisch sein muss. Aber wodurch unterscheiden sich der schlafende und der wache Sokrates voneinander? Für Locke klarerweise durch das Bewusstsein. Der wachende Sokrates weiß oft gar nicht, was der schlafende Sokrates träumend gedacht hat; der Bewusstseinsstrom ist unterbrochen. Am besten, so behauptet John Locke, erklärt die Annahme, dass die Identität einer Person in der Identität des Bewusstseins besteht, warum eine wache Person nicht ihre Gedanken während des Schlafes zu verantworten hat. Das scheint für Locke hinreichend zu begründen, warum die Identität des Bewusstseins die Identität der Person stiftet. Unsere Überlegungen ergeben das folgende Argument:

1. Wir machen den wachen Sokrates nicht für die Gedanken des schlafenden verantwortlich.
2. Die Annahme, dass die Identität einer Person in der Identität ihres Bewusstseins besteht, erklärt am besten, warum wir den wachen Sokrates nicht für die Gedanken des schlafenden Sokrates verantwortlich machen.

---

3. Also besteht die Identität einer Person in der Identität ihres Bewusstseins.

Vom logischen Standpunkt ist das Argument erst mit folgender Ergänzung schlüssig:

1. Wir machen den wachen Sokrates nicht für die Gedanken des schlafenden verantwortlich.
2. Die Annahme, dass die Identität einer Person in der Identität ihres Bewusstseins besteht, erklärt am besten, warum wir den wachen Sokrates nicht für die Gedanken des schlafenden verantwortlich machen.
3. Wenn eine Tatsache p am besten durch die Annahme, dass q der Fall ist, erklärt werden kann, dann ist q der Fall.

---

4. Also besteht die Identität einer Person in der Identität ihres Bewusstseins.

Was ist mit dem ergänzten Satz 3? Wir nennen in der Tat einen Sachverhalt q allein dann eine «Erklärung» für einen Sachverhalt p, wenn q selber eine Tatsache ist. Erklären auf den ersten Blick sowohl q als auch r beide die Tatsache p, so würden wir die Erklärung mit q der Erklärung mit r vorziehen, sollte sich herausstellen, dass q eine Tatsache ist, r hingegen nicht. Denn im letzteren Falle würden wir p mit etwas Falschem erklären, und das akzeptieren wir gar nicht als Erklärung. Mit anderen Worten: Der Satz 3 ist analytisch wahr. So weit, so gut. Nur hilft uns diese Überlegung keinen Schritt weiter. Denn um in Argumenten wie dem obigen auf Satz 3 als Prämisse zurückgreifen zu können, muss man schon wissen, dass q eine Tatsache ist, man muss also schon wissen, was durch das entsprechende Argument erst nachgewiesen werden soll.

Natürlich drängt sich angesichts dieser Fehlschläge mit der nichtzirkulären Anwendung von Satz 3 eine Frage auf. Müssten wir nicht Argumente dieser Art verwerfen? Vom Standpunkt der formalen Logik erscheint diese Konsequenz unausweichlich. Leider liegt sie quer zur faktischen Praxis des Argumentierens: Nicht nur in der Philosophie sind Überlegungen von der Art des Arguments von John Locke gang und gäbe. Doch was rechtfertigt die Anwendung einer so offensichtlich problematischen Prämisse? Dies ist eine heikle und überaus komplizierte Frage. Erst im Abschnitt 15 über Analogieargumente werden wir versuchen, sie zu beantworten.

Man kann Satz 3 «Wenn eine Tatsache p am besten durch die Annahme, dass q der Fall ist, erklärt werden kann, dann ist q der Fall» als Schlussregel umformulieren und spricht dann bei Argumenten wie dem von John Locke von *«Schlüssen auf die beste Erklärung»*:

1. Wir machen den wachen Sokrates nicht für die Gedanken des schlafenden verantwortlich.
2. Die Annahme, dass die Identität einer Person in der Identität ihres Bewusstseins besteht, erklärt am besten, warum wir den wachen Sokrates nicht für die Gedanken des schlafenden Sokrates verantwortlich machen.
3. Denn nach dieser Annahme ist der wache Sokrates nicht dieselbe Person wie der schlafende Sokrates, und eine allgemein akzeptierte Regel besagt, eine Person nicht für die Taten und Gedanken einer anderen zur Verantwortung zu ziehen.

↓

Schluss auf die beste Erklärung: *Eine Tatsache p wird am besten durch die Annahme, dass q der Fall ist, erklärt: Also ist q der Fall.*

↓

4. Also besteht die Identität einer Person in der Identität ihres Bewusstseins.

Argumente, die, falls die Prämissen wahr sind, akzeptiert werden, obwohl sie nicht schlüssig sind, werden auch als *«induktive»* Argumente bezeichnet. In der hier entwickelten Perspektive sind induktive Argumente schlüssige Argumente mit einer prinzipiell problematischen Prämisse bzw. mit einer Prämisse, deren Begründung sich zirkulär zur Begründung der Konklusion verhält. Wie sich induktive Argumente rechtfertigen lassen, ist ein sehr kompliziertes Thema, das wir hier ebenso wenig erörtern können wie die Frage, welche Arten von induktiven Argumenten in der Philosophie vorkommen.[10] Wir behandeln hier nur zwei Arten induktiver Argumente in der Philosophie, Schlüsse auf die beste Erklärung, für die wir eben ein Beispiel kennengelernt haben, und Analogieargumente. Beide Arten von Argumenten hängen systematisch miteinander zusammen. Das erörtern wir in Abschnitt 15, wo wir auch das Rechtfertigungsproblem aufgreifen.

7. Argumentationsmuster

7.1 Von der formalen Logik zur Topik

Die formale Logik untersucht die Schlüssigkeit von Argumenten. Schlüssigkeit ist aber nicht alles. Ob ein Argument überzeugt oder nicht, ob es ein gutes und raffiniertes Argument ist oder nicht, das hängt noch von ganz anderen Dingen ab und ist nicht mehr Thema der formalen Logik. Selbst wer die formale Logik sehr gut beherrscht, vermag deshalb noch lange nicht überzeugend zu argumentieren. Sonst wären die besten formalen Logiker die besten Philosophen, und das sind sie im Allgemeinen nicht. Im dritten und vierten Teil werden wir es ständig mit der Frage zu tun haben, welche Eigenschaften ein Argument zu einem guten philosophischen Argument werden lassen. Hier bereiten wir unsere Untersuchungen durch eine einfache Beobachtung und eine wichtige Unterscheidung vor.

Zunächst die einfache Beobachtung. In gewisser Weise wiederholen sich Argumente. Jemand erzählt uns, dass Albrecht Mayer Solooboist der Berliner Philharmoniker ist. Da wir gehört haben, dass die Berliner Philharmoniker eines der besten Orchester der Welt sind, schließen wir: «Oh, dann muss Albrecht Mayer ein großer Könner auf seinem Instrument sein.» Oder wir wollen jemandem den Philosophen Simon Blackburn anpreisen. Wir teilen ihm mit, dass Simon Blackburn Philosophieprofessor an der Universität Cambridge ist. Unser Gesprächspartner weiß, welch guten Ruf die

Universität Cambridge weltweit genießt. So vertrauen wir darauf, dass er die richtige Schlussfolgerung schon selber zieht. In unserer Standarddarstellung sehen die beiden Argumente folgendermaßen aus:

1. Albrecht Mayer ist Solooboist der Berliner Philharmoniker.
2. Die Berliner Philharmoniker sind eines der besten Orchester der Welt.

---

3. Also muss Albrecht Mayer ein hervorragender Oboist sein.

1. Simon Blackburn lehrt Philosophie an der Universität Cambridge.
2. Die Universität Cambridge ist eine Spitzenuniversität.

---

3. Also muss Simon Blackburn ein ausgezeichneter Philosoph sein.

In der gewählten Formulierung erscheinen sie nicht schlüssig. Aber dieser Mangel lässt sich durch eine etwas andere Formulierung leicht beheben:

1. Albrecht Mayer ist Solooboist der Berliner Philharmoniker.
2. Als Mitglieder eines der besten Orchester der Welt sind die Musiker der Berliner Philharmoniker hervorragende Instrumentalisten.

---

3. Also muss Albrecht Mayer ein hervorragender Oboist sein.

1. Simon Blackburn lehrt Philosophie an der Universität Cambridge.
2. Die Lehrenden an der Spitzenuniversität Cambridge sind ausgezeichnete Wissenschaftler.

---

3. Also muss Simon Blackburn ein ausgezeichneter Philosoph sein.

Konzentrieren wir uns auf die Ausdrücke, die allein für die Schlüssigkeit der beiden Argumente verantwortlich sind, kommen wir auf folgendes Muster:

1. Alle Gegenstände der Art G haben die Eigenschaft F.
2. X ist ein Gegenstand der Art G.

---

3. Also hat X die Eigenschaft F.

Obwohl Argumente dieser Form schlüssig sind, können sie ihre Tücken haben. Woher weiß man, dass Gegenstände der Art G die Eigenschaft F besitzen? Oftmals hat man das nicht für jeden Einzelfall vorher geprüft. Hätte man es untersucht, wüsste man unabhängig von dem Argument, ob der Gegenstand X die Eigenschaften G und F beide besitzt. Das Argument könnte man sich getrost sparen. Ganz heikel wird es, wenn man einerseits durch ein Argument der obigen Form begründen will, dass ein spezieller G-Gegenstand X die Eigenschaft F besitzt, man andererseits aber unter anderem das Wissen über X schon benötigt, um sich auf die Prämisse 1 stützen zu können. Hier droht wieder der fatale Zirkel, der uns schon mehrere Male begegnet ist. Die logisch nicht zu beanstandende Form garantiert also keineswegs, dass unter den Argumenten dieser Form nicht unzählige Nieten sind. Doch unsere beiden Argumente haben mehr gemeinsam. Sie stimmen auch darin überein, dass die hervorragenden Leistungen einer Person aus ihrer Mitgliedschaft in einer für ihre herausragende Qualität bekannten Institution erschlossen werden. Dafür haben wir mehr Gründe als die, die in der logischen Form sichtbar werden. Denn Orchester wie die Berliner Philharmoniker oder Universitäten wie Cambridge achten streng auf höchste Qualität. In das Orchester der Berliner Philharmoniker oder an die Universität Cambridge wird jemand nach strengen Aufnahmeverfahren berufen. Wer diese Aufnahmeverfahren erfolgreich durchläuft, gehört in aller Regel zu den Besten. Seltene Ausnahmen bestätigen hier die Regel. Allein, mit dem Wissen über die Exzellenz der Institution im Hintergrund scheint der Schluss auf die Exzellenz ihrer einzelnen Mitglieder gut gerechtfertigt. Jedenfalls zögert niemand, selbst der gestrengste formale Logiker nicht, in vergleichbaren Fällen ständig so zu argumentieren.

Will man die Gemeinsamkeit solcher Argumente in einem Schema darstellen, sind die Ausdrücke «Person», «Institution», «herausragende Qualität der Institution», obwohl für die Schlüssigkeit der Argumente unerheblich, für die Güte und allgemeine Akzeptanz entsprechender Argumente gerade wesentlich. Man kommt auf folgendes Argumentationsmuster:

Argumentationsmuster für den Schluss von der Exzellenz einer Institution auf die Exzellenz ihrer einzelnen Mitglieder

1. Person a gehört der Institution I an.
2. Die Institution I ist für ihre herausragende Qualität aufgrund strenger Aufnahmeverfahren bekannt.

---

3. Also muss Person a hinsichtlich der Kompetenzen, die Mitglieder der Institution I besitzen müssen, Hervorragendes leisten.

Damit sind wir bei der angekündigten Unterscheidung. Argumenten kann mehr als nur die Form gemeinsam sein, die ihre Schlüssigkeit sichert. Sie können sich auf denselben Gegenstandsbereich beziehen oder von demselben allgemeinen Thema handeln. Solche inhaltlichen, für die Schlüssigkeit irrelevanten Gemeinsamkeiten werden durch *Argumentationsmuster* dargestellt. Es sind diese Gemeinsamkeiten, die jenseits der logischen Form den Ausschlag geben, ob Argumente wirklich gut und überzeugend sind.

Wir lernen, überzeugend und einer Sache angemessen zu argumentieren, zunächst anhand von Beispielen. Die Beispiele, an denen wir das Argumentieren lernen, sind Muster für gutes Argumentieren. Normalerweise beschreiben wir diese Muster nicht explizit. Aber sobald wir Argumente analysieren, kommen wir gar nicht umhin, gelungene Beispiele zusammenzustellen und sie zu Argumentationsmustern zu verallgemeinern. Den Teil einer Theorie des Argumentierens, der sich dieser Aufgabe widmet, kann man mit dem traditionellen Begriff «*Topik*» bezeichnen. Topik ist ein Teil der allgemeinen Argumentationslehre. Sie ist die Lehre von den «topoi», den «Orten», also den Gegenstandsbereichen und Themenfeldern, wo sich gute Argumente finden lassen, an denen man beispielhaft das Argumentieren erlernen und die Probleme des Argumentierens studieren kann. Topik ist, mit anderen Worten, die Theorie der bereichs- und themenbezogenen Probleme des Argumentierens und der für bestimmte Themenfelder einschlägigen Muster guter und allseits akzeptierter Argumente.

Die spezielle Topik des philosophischen Argumentierens analysiert die Stärken und Schwächen typisch philosophischer Argumente und versucht, aus gelungenen Beispielen allgemeinere Muster herauszudestillieren. Für einen Philosophen ist die Kenntnis philosophiespezifischer Argumentationsmuster hilfreich, will er selber überzeugend argumentieren. Sie werden daher den Hauptinhalt der Teile 3 und 4 dieses Buches ausmachen. An einem berühmten Beispiel wollen wir einen ersten Einblick in ein solches philosophiespezifisches Argumentationsmuster gewinnen.

7.2 Descartes' «Cogito ergo sum»

In seinen «Meditationen» fragt sich Descartes, ob es etwas gibt, was wirklich von jedem Zweifel, und sei er auch noch so schwach, ausgenommen ist. Der Reihe nach durchmustert er die Inhalte seiner Wahrnehmungen und seines Denkens und stößt dabei zunächst auf nichts, das sich nicht doch noch in Zweifel ziehen ließe. Könnte nicht ein böser Dämon uns über alles täuschen, was wir sicher zu erkennen und zu wissen glauben? Mit der Figur des bösen Dämons treibt Descartes seinen Zweifel auf die Spitze. Dann nehmen seine Überlegungen auf einmal eine unerwartete Wendung:

> Indessen, ich habe mir eingeredet, dass es schlechterdings nichts in der Welt gibt: keinen Himmel, keine Erde, keine denkenden Wesen, keine Körper, also wohl doch auch mich selbst nicht? Keineswegs; sicherlich war ich, wenn ich mir etwas eingeredet habe. – Aber es gibt einen, ich weiß nicht welchen, allmächtigen und höchst verschlagenen Betrüger, der mich geflissentlich stets täuscht. – Nun, wenn er mich täuscht, so ist es also unzweifelhaft, dass ich bin. Er täusche mich, soviel er kann, niemals wird er doch fertigbringen, dass ich nichts bin, solange ich denke, dass ich etwas sei. Und so komme ich, nachdem ich nun alles mehr als genug hin und her erwogen habe, schließlich zu der Feststellung, dass dieser Satz «Ich bin, ich existiere», sooft ich ihn ausspreche oder in Gedanken fasse, notwendig wahr ist.[11]

Will man Descartes' Überlegungen in die Form eines Arguments kleiden, liegt erst einmal folgende Rekonstruktion nahe:

1. Ich zweifele an allem.

---

2. Also existiere ich, der an allem zweifelt.

Vom Standpunkt der Logik ist gegen diesen Schluss nichts einzuwenden. Das Argument scheint dem schlichten und logisch einwandfreien Muster zu gehorchen:

1. Auf den Einzelgegenstand a trifft F zu.

---

2. Also existiert jemand, der «a» genannt wird und auf den F zutrifft.

Fasst man Descartes' Überlegungen allerdings in dieser Weise auf, geht das an der Sache vollkommen vorbei. Das sieht man sofort an dem folgenden Argument derselben Form wie die als Argument rekonstruierte Cogito-Überlegung von Descartes:

1. Horst Mayer zweifelt an allem.

---

2. Also existiert jemand, der «Horst Mayer» genannt wird und an allem zweifelt.

Natürlich kann man daran zweifeln, dass es einen Horst Mayer gibt, der an allem zweifelt, und Descartes müsste angesichts seines radikalen methodischen Zweifels auf jeden Fall daran zweifeln. Er sucht ja etwas, woran er nie und nimmer zweifeln kann. Dass er, Descartes, das selber ist, insoweit er gerade jeweils zweifelt, wird verschleiert, setzt man die Cogito-Überlegungen mit dem Argument über Horst Mayer gleich, obwohl die beiden Argumente vom Standpunkt der Logik von derselben Form sind.

Nein, Descartes hält offensichtlich Sätze wie die folgenden für unbezweifelbar wahr:

- Solange ich zweifele, kann ich nicht daran zweifeln, dass ich zweifele.
- Solange ich denke, kann ich nicht zweifeln, dass ich denke.
- Wenn ich an etwas denke, kann ich nicht zweifeln, dass ich gerade als derjenige existiere, der gerade an etwas denkt.
- Wenn ich an etwas denke, kann ich nicht sinnvoll daran zweifeln, dass ich als derjenige existiere, der gerade an etwas denkt.

Descartes argumentiert in dem zitierten Text eigentlich nicht für diese Sätze. Er ruft sie uns lediglich in Erinnerung, wohl in der Erwartung, dass jeder sie sofort unterschreibt. Und in der Tat, sollten wir nicht Descartes sofort beipflichten, dass eine Äußerung wie «Ich denke zwar gerade, dass Descartes ein großer Philosoph ist, aber leider existiere ich gar nicht» widersinnig ist? Es gibt offensichtlich Sätze, die zu äußern den Inhalt des Satzes just in dem Augenblick wahr werden lassen, in dem man diesen Satz äußert:

- Ich rede jetzt.
- Ich denke jetzt, dass Aristoteles den Satz vom Widerspruch raffiniert begründet hat.
- Ich lebe noch.
- Ich existiere jetzt.

Sätze, die als Behauptung zu äußern den Inhalt der Behauptung gerade wahr machen, sind sich selbst erfüllende oder *sich selbst bewahrheitende* Aussagen. Man kann mit ihnen nie etwas Falsches sagen. Umgekehrt gibt es auch Sätze, die als Behauptung zu äußern den Inhalt der Behauptung falsch werden lässt. Das sind *sich selbst widerlegende* Aussagen:

- Ich rede nie.
- Ich lebe schon nicht mehr.
- Ich existiere jetzt nicht.
- Ich denke zwar gerade, dass Descartes ein großer Philosoph ist, aber leider existiere ich gar nicht.

Descartes' Überlegungen heben darauf ab, dass der Satz «Ich existiere gerade als derjenige, der darüber nachdenkt, woran man alles mit Gründen zweifeln kann» sich selbst bewahrheitet und daher niemals sinnvoll bezweifelt werden kann. Will man Descartes' Überlegungen zum Cogito als einen Schluss rekonstruieren, dann in folgender Weise:

1. Der Satz *«Ich existiere gerade als derjenige, der darüber nachdenkt, woran man alles mit Gründen zweifeln kann»* ist ein sich selbst bewahrheitender Satz.
2. Den Inhalt eines sich selbst bewahrheitenden Satzes kann niemand sinnvoll bezweifeln.

---

3. Also kann ich, der gerade darüber nachdenkt, woran man alles mit Gründen zweifeln kann, nicht sinnvoll an meiner Existenz als gerade Denkender zweifeln.

Wir müssen und können an dieser Stelle nicht weiter verfolgen, welche Konsequenzen die Einsicht Descartes' nach sich zieht. Nur so viel sollten unsere Überlegungen illustrieren: Wer schematisch nach den logischen Schlussregeln hinter einem Argument fahndet, bringt damit nicht unbedingt ans Licht, ob und warum es ein gutes Argument ist. Wie bei unseren obigen Beispielargumenten über den Oboisten Albrecht Mayer und den Philosophen Simon Blackburn müssen wir auch bei Descartes' Cogito-Überlegungen neben den Schlussregeln das über die formale Logik hinausgehende Argumentationsmuster aufdecken, andernfalls verfehlen wir das «Cogito ergo sum».

Wie wir noch sehen werden, spielen sich selbst bewahrheitende oder sich selbst widerlegende Aussagen in philosophischen Argumenten eine große Rolle. Man kann mit ihnen ganz unterschiedliche Dinge philosophisch begründen oder widerlegen. Entsprechend gibt es verschiedene Argumentationsmuster mit sich selbst bewahrheitenden oder sich selbst widerlegenden Aussagen. Wir führen an dieser Stelle nur das Argumentationsmuster an, das Descartes in seinen Cogito-Überlegungen benutzt hat.

Argumentationsmuster für Schlüsse aus sich selbst bewahrheitenden Aussagen

1. Die Aussage «p» ist ein sich selbst bewahrheitender Satz.
2. Der Inhalt eines sich selbst bewahrheitenden Satzes kann nicht sinnvoll bezweifelt werden.
3. Was nicht sinnvoll bezweifelt werden kann, ist notwendigerweise der Fall.

---

4. Also ist p notwendigerweise der Fall und kann nicht sinnvoll mit Gründen bezweifelt werden.

8. Über die Darstellung von Argumenten

Wir haben für die Darstellung von Argumenten eine Standardform vorgeschlagen, die den Vorteil hat, übersichtlich zu sein. Prämissen und Konklusion lassen sich auf Anhieb erkennen, und die Schlussregel lässt sich, wenn erwünscht, ebenfalls übersichtlich in die Darstellung integrieren. Doch wie anders treten uns Argumente in den Texten selbst der größten Philosophen entgegen. Etwa so:

> Der Raum ist kein diskursiver, oder wie man sagt, allgemeiner Begriff von Verhältnissen der Dinge überhaupt, sondern eine reine Anschauung. Denn ersichtlich kann man sich nur einen einigen Raum vorstellen, und wenn man von vielen Räumen redet, so verstehet man darunter nur Teile eines und desselben alleinigen Raumes. Diese Teile können auch nicht vor dem einigen allbefassenden Raume gleichsam als dessen Bestandteile (daraus seine Zusammensetzung möglich sei) vorhergehen, sondern nur in ihm gedacht werden. Er ist wesentlich einig, das Mannigfaltige in ihm, mithin auch der allgemeine Begriff von Räumen überhaupt, beruht lediglich auf Einschränkungen. Hieraus folgt, dass in Ansehung seiner eine Anschauung a priori (die nicht empirisch ist) allen Begriffen von demselben zum Grunde liegt. So werden auch alle geometrischen Grundsätze, z. E. dass in einem Triangel zwei Seiten zusammen größer sein, als die dritte, niemals aus allgemeinen Begriffen von Linie und Triangel, sondern aus der Anschauung und zwar a priori mit apodiktischer Gewissheit abgeleitet.[12]

Vieles an Kants Text macht es schwer, sein Argument zu durchschauen. Schon die Konklusion ist nicht ganz leicht zu erkennen, eine wichtige Prämisse lässt er einfach unter den Tisch fallen. Das wäre noch entschuldbar, wäre sie wenigstens im Textumfeld, aus dem das Zitat stammt, auffindbar. Dem ist leider nicht so. Man muss logisch pfiffig sein oder größere Streifzüge durch Kants übrige Schriften unternehmen, um sie zu finden. Argumentative Texte sollten eigentlich für sich stehen und sprechen. Das mag man Kants Argumentdarstellung nicht bescheinigen. Im Folgenden sei versucht, Kants Argument zu rekonstruieren und so darzustellen, wie zuvor schon einige andere Argumente. Wir sprechen wie bisher auch schon von der *«Standardform»* der Darstellung:

1. Es gibt nur einen einzigen Raum, er ist ein individueller Einzelgegenstand.
2. Individuelle Gegenstände lassen sich nicht rein begrifflich oder durch bloße Schlüsse aus Begriffen erkennen, sondern verlangen Anschauung, um sie zu erkennen.

---

3. Also lässt sich der Raum nur unter Zuhilfenahme von Anschauung erkennen.
4. Durch Anschauung des Raumes werden wahre synthetische Aussagen a priori verifiziert, etwa die Aussagen der Geometrie.
5. Werden Aussagen durch Anschauungen eines Gegenstandes verifiziert und sind sie a priori wahr, so ist die Anschauung des Gegenstandes eine apriorische Anschauung.

---

6. Also ist die Anschauung des Raumes eine apriorische Anschauung.

Zwei Bemerkungen zur Standardform: Erstens tauchen im Folgenden in der Standarddarstellung unter den Prämissen manchmal Aussagen auf, die für den Schluss auf die Konklusion eigentlich entbehrlich sind. Es handelt sich um Aussagen, die eine der Prämissen ein wenig näher erläutern und plausibilisieren, sei es durch Beispiele, sei es durch Explikation bestimmter Begriffe aus der zu erläuternden Prämisse. Eine solche Erläuterung zu den Prämissen hinzuzunehmen, richtet logisch keinen Schaden an, kann aber die Plausibilität und Verständlichkeit eines Arguments wesentlich erhöhen.

Zweitens darf man in der Standardform unter Umständen Prämissen als logisch unabhängig voneinander darstellen, obwohl sie inferentiell voneinander abhängig sind. Betrachten wir folgendes Schema eines Arguments:

1. A
2. B
3. C

---

4. D (folgt aus A, B und C)
5. E

---

6. F (folgt aus A, D, E)

Man kann das Argument selbstverständlich auch so darstellen:

1. A
2. B
3. C
4. E

---

5. F

Möglicherweise ist diese Darstellung trotzdem in manchen Fällen ungeschickt, weil der direkte logische Schritt von A, B, C und E zu F weniger einsichtig ist als mit dem Zwischenschritt D.

Wenn es jedoch zum Beispiel nur auf die Begründung für die Konklusion F ankommt, aber nicht darauf, dass die für den Schluss auf F notwendige Prämisse D ihrerseits aus A, B und C hergeleitet werden kann, darf man das Argument in folgender Weise abgekürzt darstellen:

1. A
2. D
3. E

---

4. F

Es ist unproblematisch, dass die obige Darstellung ignoriert, dass D vermittelt über B und C von A logisch abhängt, und stattdessen A und D unter Weglassung von B und C wie logisch unabhängige Thesen aufführt. Trotzdem werden in der Darstellung Prämissen und Schlussfolgerungen nicht durcheinander geworfen.

Ein Argument hat nur verstanden, wer es prinzipiell in der Standardform reformulieren kann. Diese These lässt sich einfach begründen. Wer argumentiert, führt die problematische Wahrheit einer Aussage auf die unproblematische oder schon gesicherte Wahrheit anderer Aussagen zurück. Diese Rückführung gelingt, falls das Argument schlüssig ist. Schlüssigkeit ist zwar nicht die einzige Eigenschaft, die ein gutes Argument aufweisen muss, aber sie ist wiederum nicht irgendeine Eigenschaft von Argumenten unter «ferner liefen». Wer die Schlüssigkeit eines Arguments nicht zu beurteilen vermag, dem entgeht etwas Wesentliches an ihm. So wie Argumente normalerweise vorgetragen werden, gerät man leicht in Zweifel, ob sie schlüssig sind. Wer sich dessen vergewissern will, muss Argumente nach Prämissen und Konklusion ordnen können. Außerdem ist die Folgerungsbeziehung zwischen Prämissen und Konklusion möglichst transparent zu formulieren. Für beides, für die Ordnung der Sätze nach Prämissen und Konklusion und für eine durchsichtige Formulierung des inferentiellen Zusammenhangs zwischen den Sätzen, empfiehlt sich die Standardform.

Warum hat sich keine normierte Darstellung von Argumenten durchgesetzt, die uns mühsame Analysen und viele Missverständnisse von vornherein ersparen könnte?

Ein erster und alles andere als unwichtiger Grund ist in den stilistischen Ambitionen vieler Philosophen zu suchen. Zum Glück. Manch Philosoph schreibt zwar leider einen barbarischen Stil. Doch dafür sind andere Philosophen umso glänzendere Stilisten. Es würde die sprachästhetischen Qualitäten eines Textes empfindlich in Mitleidenschaft ziehen, schlüge ein Philosoph seine Argumente alle über denselben Leisten der pedantisch trockenen Standarddarstellung. Das Hören und Lesen philosophischer Texte wird erst zu einem literarischen Genuss, werden die Argumente stilistisch vielfältig und sprachlich anspruchsvoll dargeboten.

Nicht nur die sprachliche Ästhetik spricht gegen eine Standarddarstellung. In der Standarddarstellung steht jeder Satz nur für eine Prämisse oder eine Konklusion, nichts wird wiederholt, das Ganze ist maximal komprimiert, und genau das schafft den gewünschten Überblick. Gewöhnlich jedoch wiederholen wir uns in Wort und Schrift ständig. Nicht wortwörtlich, das wissen wir in der Regel zu vermeiden, wir wiederholen uns auf etwas subtilere Weise, indem wir dasselbe noch einmal etwas anders, gewissermaßen aus einer anderen Richtung kommend sagen. Für den Inhalt dessen, was gesagt wird, sind diese Wiederholungen überflüssig. Die Linguisten sprechen von «Redundanz». Aber ohne Redundanzen würde der Inhalt einer Rede oder eines Textes unverstanden an uns vorbeirauschen. Auch in die Darstellung eines Arguments sollte genügend Redundanz eingebaut sein, und das ist mit unserer standardisierten Darstellungsform nicht zu bewerkstelligen.

Freilich hat Redundanz eine Kehrseite. Sie macht eine Rede oder einen Text notgedrungen länger. Am Ende können sie so lang werden, dass man alle kleineren Abschnitte zwar nacheinander gut mitvollzogen und trotzdem schon nicht mehr gegenwärtig hat, was am Anfang gesagt wurde. Jeder ist dann froh, wird das Gesagte noch einmal prägnant und im Überblick zusammengefasst. Hilfreich ist das nicht zuletzt für Argumente, für die der Zusammenhang zwischen Sätzen sowieso grundlegend ist. In der Standardform lässt sich ein Argument besonders gut im Ganzen überblicken.

Manchmal leiden Darstellungen eines Arguments in einem fortlaufenden Text allerdings eher darunter, dass sie zu kurz sind, dass zu viele Prämissen einfach weggelassen sind und jeder Hinweis auf die benutzten Schlussregeln fehlt. Die Standarddarstellung ist dann zwar länger als der Fließtext, aber eine solche längere und ausführlichere Formulierung kommt dem Nachvollzug des Arguments zugute.

Redundanz ist also notwendig, um eine Rede oder einen Text zu verstehen. Redundanz entsteht aber auch, weil wir unsere Gedanken, wie Kleist in einer berühmten Formulierung gesagt hat, beim Reden und, wie wir hinzusetzen wollen, beim Schreiben erst «verfertigen». Keineswegs müssen wir Gedanken, die vorher bereits fix und fertig erdacht worden sind, nur noch nachträglich versprachlichen. Vielmehr finden und klären wir unsere Gedanken erst redend und schreibend. Pausenlos produzieren wir bei der Verfertigung unserer Gedanken Sätze und mit ihnen zwangsläufig viel Redundanz. Aber sie war nötig, um uns am Ende einigermaßen klar sehen zu lassen. Ordnung wird hinterher geschaffen und die Spreu vom Weizen getrennt. Mit der Standardform lassen sich Argumente nachträglich ordnen.

Zu den Gründen, warum sich Philosophen nicht stets der Standardform unterwerfen, gesellt sich ein weiterer. Wir sind zu Überzeugungen, eigenen wie denen anderer Personen, unterschiedlich emotional eingestellt. Sie können uns erfreuen, ärgern, empören, erleichtern, langweilen, interessieren. Und diese emotionalen Einstellungen bestimmen durchaus, wie wir etwas sprachlich zum Ausdruck bringen. Wem eine Meinung trivial erscheint, ruft vielleicht aus «Wer wollte bezweifeln, dass ...!» oder greift zu Wendungen wie «Es bedarf keines Scharfsinns um einzusehen, dass ...». Die Bandbreite der Möglichkeiten, Überzeugungen in Einklang mit unseren emotionalen Einstellungen zu artikulieren, kann ein einzelner Autor niemals ausschöpfen. Doch gerade die angemessene sprachliche Artikulation unserer emotionalen Einstellungen zu Meinungen würde dem Telegrammstil der Standardform fast völlig zum Opfer fallen.

Zwar glauben manche Philosophen, «die Vernunft» verlange von uns einen emotionslosen, distanzierten, ganz der Wahrheit und Stringenz verpflichteten Umgang mit Meinungen. In Wahrheit jedoch wären wir ohne Emotionen blind. Schon die Antike wusste nur allzu gut, dass Argumente, sollen sie wirklich überzeugen, auch unsere Gefühle ansprechen müssen. Wir lassen uns nicht überzeugen, wenn uns der emotionale Gestus einer Rede oder eines Textes nicht ergreift oder er uns sogar zuwider ist. Von dieser Einsicht lebt die Disziplin der *Rhetorik* seit der Antike.[13]

Selbstverständlich soll die Rede oder ein Text nicht nur Gefühle aufputschen. Es geht immer auch um Wahrheit und unsere Fähigkeit, sie zu erkennen und zu akzeptieren, mag sie uns noch so wenig schmecken. Ein Demagoge appelliert hemmungslos an die Gefühle seiner Adressaten, setzt sich über alle Regeln kritischer Prüfung und über elementare logische Prinzipien hinweg, wohlwissend, dass das, was er sagt, gar nicht wahr oder schlüssig ist. Reden dieser Art kritisiert man als «bloß rhetorisch». Trotzdem sind Logik und Rhetorik keine Gegensätze. Wahrhaftigkeit des Redners, Orientierung an Wahrheit und Schlüssigkeit und zugleich angemessene Erzeugung und Artikulation emotionaler Einstellungen zu Überzeugungen müssen in guter argumentativer Rede Hand in Hand gehen. Deshalb ist das Argumentieren und seine richtige sprachliche Verfertigung eine so hohe Kunst.

Wir haben jetzt eine Reihe von Gründen durchdacht, warum Argumente nicht ausschließlich und von vornherein auf immer dieselbe standardisierte Weise vorgetragen werden sollten, warum aber für bestimmte Zwecke eine solche Standardform von unschätzbarem Vorteil ist. Nicht immer freilich verzichten Philosophen auf eine übersichtliche standardisierte Darstellung ihrer Argumente aus guten Gründen. Viele Philosophen argumentieren nur intuitiv. Sie bringen dabei oftmals gute, ja manchmal geniale Argumente zustande. Zugleich scheitern sie bei der Darstellung ihrer Argumente kläglich, was die Lektüre dieser Philosophen mühsam und ärgerlich macht. Ihre Texte folgen der logisch eher chaotischen und bizarren Chronologie des ersten Auftretens von Gedanken bei ihrer schriftlichen Verfertigung. Solche Texte sind wie Werkstätten, in denen schöne Dinge hergestellt wurden, die leider unter Spänen und anderen Abfallprodukten der Herstellung verschüttet sind. In diesen Werkstätten hat man vergessen aufzuräumen. Konfrontiert mit Texten dieser Art, wünscht sich der Leser irgendwann sehnlichst, der Philosoph wäre expliziter im Argumentieren unterrichtet worden und hätte gelernt, wie man Argumente am Ende mit Hilfe einer Standarddarstellung für den Leser in Ordnung bringt.

Teil 3:

Argumentationsmuster der Philosophie

9. Transzendentale Argumente

Die Philosophie ist eine Disziplin höherer Ordnung. Eine ihrer Leitfragen lautet: Welche Sachverhalte in der Welt folgen bereits aus den verschiedenen Arten und Weisen, wie wir uns als vernünftige Personen auf die Welt beziehen? Aus dieser genuin philosophischen Fragestellung heraus wartet die Philosophie mit einem besonderen Typus von Argumenten auf, den transzendentalen Argumenten. Mit ihnen soll unser Rundgang durch die Topik des philosophischen Argumentierens beginnen.

9.1 «Bedingungen der Möglichkeit» der Bezugnahme

Etwas wahrzunehmen, etwas zu messen, über etwas zu reden, an etwas zu denken, etwas zu fingieren, sich etwas vorzustellen, sich etwas zu wünschen, etwas herbeizuführen und dergleichen mehr ist ein Handeln. Nun ist es unter bestimmten Bedingungen sinnlos, eine bestimmte Handlung auszuführen oder ausführen zu wollen. Weiß jemand definitiv, dass sein Schlüssel nicht in seinem Büro liegt, ist es sinnlos, wenn er ihn dort sucht oder suchen will. Auf eine bestimmte Weise zu handeln oder handeln zu wollen, schließt bestimmte Unterstellungen auf Seiten des Handelnden ein.

Betrachten wir gleich ein Beispiel. In der Physik wird gemessen. Längenmessungen sind für die Physik basal. Wenn Physiker Längen messen, müssen sie unterstellen, dass die Längenmessgeräte nicht defekt sind. «Der Radiergummi hat eine Länge von 11,3 cm, das hat eine Messung mit einem defekten Längenmessgerät ergeben» ist keine sinnvolle Äußerung. Wer misst, muss davon ausgehen, dass sein Messgerät nicht defekt ist, und er muss bereit sein, das im Zweifelsfall auf der Grundlage einsichtiger Kriterien nachzuweisen. Nun behaupten einige Philosophen,[14] die euklidische Geometrie fungiere als Kriterium dafür, ob ein Längenmessgerät ungestört ist. Wir wollen die Richtigkeit dieser These hier nicht erörtern.[15] Uns interessiert nur, dass diese Philosophen in folgender Weise argumentieren:

Wir machen in der Physik keine objektiven Erfahrungen ohne Längenmessungen mit funktionierenden Längenmessgeräten. Längenmessungen mit funktionierenden Längenmessgeräten unterstellen die euklidische Geometrie. Also gilt die euklidische Geometrie von allen Gegenständen objektiver Erfahrung in der Physik. Noch ist das Argument nicht schlüssig, weil eine Prämisse fehlt. In der folgenden Version ist dieser Mangel behoben:

1. Wir machen in der Physik keine objektiven Erfahrungen ohne Längenmessungen mit funktionierenden Längenmessgeräten.
2. Längenmessungen mit funktionierenden Längenmessgeräten unterstellen die Geltung der euklidischen Geometrie.
3. Was wir unterstellen müssen, um objektive Erfahrungen von Gegenständen in der Physik machen zu können, gilt von allen Gegenständen objektiver Erfahrung in der Physik.

---

4. Also gilt die euklidische Geometrie von allen Gegenständen objektiver Erfahrung in der Physik.

Ein entscheidender Begriff in diesem Argument ist der Begriff der Unterstellung. Wir dürfen ihn nicht zu weit auslegen. Eine Handlung soll einen bestimmten Zweck erreichen. Der lässt sich oft nur erreichen, wenn bestimmte Bedingungen erfüllt sind. Heute wissen wir zwar, dass niemand ohne funktionierendes Gehirn seinen Schlüssel vermissen, suchen oder wiederfinden kann. Trotzdem muss niemand, der seinen Schlüssel in seinem Büro sucht, ausdrücklich unterstellen, dass sein Gehirn funktioniert. Was unterscheidet die Annahme des Suchenden, er verfüge über ein funktionierendes Gehirn, von seiner Unterstellung, dass sich der Schlüssel in seinem Büro befinden könnte?

Es gehört zum *Begriff einer rationalen Suche* nach dem eigenen Schlüssel im Büro, dass der Suchende glaubt, sein Schlüssel könnte im Büro liegen. Weiß er, dass der Schlüssel sich unmöglich im Büro befinden kann, würden wir bestreiten, dass er sich sinnvoll verhält, er dort wirklich nach seinem Schlüssel sucht, und dergleichen mehr. Anders beim Gehirn. Wir müssen jemandem, von dem wir sinnvoll behaupten wollen, dass er seinen Schlüssel im Büro sucht, nicht aus begrifflichen Gründen die Überzeugung zuschreiben, er habe ein Gehirn.

Wir verallgemeinern das obige Argument nun zu einem Argumentationsmuster, wobei wir unsere eben angestellte Überlegung einarbeiten:

1. Man kann (muss) auf Gegenstände der Art H sinnvoll in der Weise K Bezug nehmen.
2. Wer sinnvoll in der Weise K auf Gegenstände Bezug nimmt, muss aus begrifflichen Gründen unterstellen, dass p der Fall ist.
3. Was aus begrifflichen Gründen bei der sinnvollen Bezugnahme auf Gegenstände unterstellt werden muss, ist auch der Fall.

---

4. Also ist p der Fall.

Die Prämisse 3 ist entscheidend. Sie verdankt sich direkt dem Grundsatz der Philosophie als einer Disziplin höherer Ordnung. Er lautet ja: Jede Behauptung, dass ein Sachverhalt p der Fall ist, muss kohärent zu den verschiedenen Weisen passen, wie wir Menschen uns vernünftigerweise auf p beziehen. Angenommen, für die Bezugnahme K auf den Gegenstand a muss aus begrifflichen Gründen p unterstellt werden. Behauptet jemand, dass p nicht der Fall ist, so wäre dies nicht vereinbar mit der Tatsache, dass auch er sich auf a in der Weise K beziehen kann oder es sogar gerade tut. Somit bestreitet der Betreffende einerseits p und muss es andererseits zugleich unterstellen. Genau eine solche Inkonsistenz verbietet der Grundsatz der Philosophie als Disziplin höherer Ordnung und verlangt daher, dass der Fall ist, was aus begrifflichen Gründen bei der sinnvollen Bezugnahme auf gewisse Gegenstände unterstellt werden muss.

Die Argumente, die dem obigen Argumentationsmuster gehorchen, kann man im Anschluss an Kant *«transzendentale Argumente»* nennen. Kant fragt in der «Kritik der reinen Vernunft» nach den «Bedingungen der Möglichkeit menschlicher Erfahrungen». Die Sätze über solche Bedingungen gelten nach Kant ausnahmslos von allen Gegenständen menschlicher Erfahrung, und sie gelten mit Notwendigkeit. Was hier mit «Notwendigkeit» gemeint ist, wird uns in Abschnitt 11.4 noch ausführlich beschäftigen. Untersuchungen zur Möglichkeit solcher Sätze nennt Kant *«transzendental»*. Er formuliert einen Grundsatz transzendentaler Untersuchungen, wonach die Bedingungen der Möglichkeit der Erfahrung von Gegenständen zugleich Bedingungen der Möglichkeit der Gegenstände selber sind. Hinter diesem Grundsatz verbirgt sich die Prämisse 3 aus dem obigen Argumentationsmuster. Nur haben wir erstens Kants Grundsatz verallgemeinert, statt nur von «menschlicher Erfahrung» reden wir viel allgemeiner von «Bezugnahme». Zweitens haben wir die kantische Wendung «Bedingungen der Möglichkeit» präzisiert. Diejenigen Aussagen beinhalten «Bedingungen der Möglichkeit für eine bestimmte Bezugnahme K», die jemand aus begrifflichen Gründen für eine sinnvolle und rationale Bezugnahme K unterstellen muss. In Teil 11 kommen wir, wie gesagt, darauf zurück.

Betrachten wir ein weiteres transzendentales Argument. Der Philosoph Peter Strawson beschäftigt sich mit gewissen Eigenheiten menschlicher Erfahrung. Wir machen, so stellt er fest, immer auch Erfahrungen mit Einzeldingen, mit meinem Exemplar der «Kritik der reinen Vernunft», dem Mülleimer auf dem eigenen Hinterhof, dem Schlachtensee in Berlin, dem gerade geborenen Elefantenbaby im Berliner Zoo und natürlich erst recht mit Einzelpersonen. Um Erfahrungen von Einzeldingen und Einzelpersonen haben zu können, müssen wir diese Dinge und Personen identifizieren und wiedererkennen können. Viele Dinge und Personen identifizieren wir problemlos, sobald wir sie direkt wahrnehmen oder ein Bild von ihnen sehen: «Da drüben steigt doch Gerhard Schröder gerade ins Auto!». Bei anderen ist die Identifikation komplizierter. Der Verfasser des Romans «Der Zauberberg» ist derselbe, der auch den Roman «Doktor Faustus» geschrieben hat. Wie auch immer, begrifflich wird die Identität von Einzeldingen jedenfalls von einigen grundlegenden Kriterien beherrscht. Drei seien hier angeführt:

- Ein und dasselbe Einzelding kann nicht gleichzeitig in ein und derselben Hinsicht eine Eigenschaft F besitzen und zugleich nicht besitzen.
- Ein und dasselbe materielle Einzelding kann nicht gleichzeitig an verschiedenen Orten sein.
- Zwei Einzeldinge sind verschieden, solange sie gleichzeitig verschiedene Raumgebiete einnehmen.

Es ist für die Identität und Abgrenzung von Einzeldingen grundlegend, dass wir sie in einem Raum-Zeit-System gemeinsam verorten können. Vor diesem Hintergrund fragt Strawson:

Gibt es aufgrund des allgemeinen Charakters, den das beschriebene Begriffssystem hat, irgendeine ausgezeichnete Klasse oder Kategorie von Einzeldingen, die vom Gesichtspunkt der Einzelding-Identifikation her grundlegend ist? [...] Es scheint, als könnten wir, ausgehend von der Prämisse, dass Identifikation letztlich auf der Einordnung in einen einheitlichen vierdimensionalen Raum-Zeit-Rahmen beruht, ein Argument mit dem Resultat konstruieren, dass eine gewisse Klasse von Einzeldingen in dem dargelegten Sinn grundlegend ist. Denn dieser Rahmen ist nichts Äußerliches für die realen Objekte, über die wir sprechen. [...] Aber nicht jede Kategorie von einzelnen Objekten, die wir kennen, ist geeignet, einen solchen Rahmen zu konstituieren. Die einzigen Objekte, die ihn konstituieren können, sind jene, die ihre eigenen grundlegenden Eigenschaften auf den Rahmen übertragen können. Das bedeutet, es müssen dreidimensionale Objekte mit einer gewissen raum-zeitlichen Dauer sein. Ferner müssen sie solchen Beobachtungsmitteln zugänglich sein, wie sie uns zur Verfügung stehen; und da die Leistungsfähigkeit dieser Mittel streng begrenzt ist, müssen sie zusammen eine hinreichende Unterschiedlichkeit, Reichhaltigkeit, Stabilität und Dauer aufweisen, um gerade den Begriff eines einheitlichen Rahmens möglich und plausibel zu machen, den wir besitzen. Von den Kategorien von Objekten, die wir kennen, erfüllen nur jene diese Forderung, die entweder selbst materielle Körper sind [...]. Materielle Körper konstituieren den Rahmen. Nimmt man also eine bestimmte allgemeine Beschaffenheit unseres Begriffssystems und außerdem den Charakter der uns zur Verfügung stehenden Hauptkategorien als gegeben an, so müssen die grundlegenden Einzeldinge materielle Körper oder Dinge mit materiellen Körpern sein.[16]

Man kann das Argument von Strawson so rekonstruieren:

1. Wir haben Erfahrungen von Einzeldingen.
2. Aus begrifflichen Gründen sind Erfahrungen von Einzeldingen ohne die Möglichkeit, sie zu identifizieren und wiederzuerkennen, unmöglich.
3. Aufgrund begrifflicher Kriterien für die Identität von Einzeldingen bedeutet, Einzeldinge der Erfahrung zu identifizieren, letzten Endes, ein gemeinsames Raum-Zeit-System zu unterstellen, in das alle Einzeldinge gemeinsam einzuordnen sind.
4. Was bei der sinnvollen Bezugnahme auf Gegenstände begrifflich unterstellt werden muss, ist der Fall.

5. Also gibt es für die Erfahrung von Einzeldingen jeweils ein gemeinsames Raum-Zeit-System, in das sie eingeordnet werden können.
6. Ein solches Raum-Zeit-System gibt es nur, wenn es gewisse dauerhafte und leicht wiedererkennbare materielle Körper gibt, die als Ursprung eines Koordinatensystems und zur Auszeichnung von Koordinatenachsen und Richtungen dienen und daher das Raum-Zeit-System konstituieren.

---

7. Also sind für eine Erfahrung von Einzeldingen materielle Körper grundlegend und unersetzlich. In unserer Erfahrungswelt müssen materielle Körper vorkommen.

Bis zur ersten Konklusion 5 handelt es sich unstrittig um ein transzendentales Argument. Seine Fortsetzung bis zur Konklusion 7 ist zwar schlüssig, aber ist es auch transzendental? Problematisch erscheint Prämisse 6. Sicher, wir müssen uns auf relativ beständige und leicht wiederzuerkennende materielle Körper beziehen, um überhaupt ein Raum-Zeit-System etablieren zu können. Aber das hat keine begrifflichen Gründe. Es ist ein empirisches Faktum, dass angesichts unserer sensorischen Ausstattung nur gewisse materielle Körper die Voraussetzungen mitbringen, um mit ihnen ein Raum-Zeit-System einzurichten. Warum ist es bedenklich, so wie Strawson transzendentale Argumente auf alle möglichen empirisch notwendigen Bedingungen der Bezugnahme auszuweiten? Man erkennt das leicht daran, dass man dann auch das folgende Argument präsentieren könnte, welches auch Strawson nicht mehr als transzendentalen Gedanken akzeptieren würde.

1. Wir haben Erfahrungen von Einzeldingen.
2. Aus begrifflichen Gründen sind Erfahrungen von Einzeldingen ohne die Möglichkeit, sie zu identifizieren und wiederzuerkennen, unmöglich.
3. Aufgrund begrifflicher Kriterien für die Identität von Einzeldingen bedeutet, Einzeldinge der Erfahrung zu identifizieren, letzten Endes, sie in ein gemeinsames Raum-Zeit-System einzuordnen.
4. Was bei der sinnvollen Bezugnahme auf Gegenstände begrifflich unterstellt werden muss, ist der Fall.

---

5. Also sind Einzeldinge, insofern wir sie erfahren, jeweils in ein gemeinsames Raum-Zeit-System eingeordnet.

6. Eine solche Einordnung ist nur durch Personen möglich, die über ein funktionierendes Gehirn verfügen.

---

7. Also sind für eine Erfahrung von Einzeldingen funktionierende Gehirne grundlegend und unersetzlich. In unserer Erfahrungswelt müssen notwendigerweise funktionierende Gehirne vorkommen.

Wir tun gut daran, transzendentale Argumente zu beschränken auf begrifflich notwendige Unterstellungen und Kriterien für die sinnvolle Bezugnahme auf Gegenstände. Sonst lässt sich am Ende noch alles transzendental begründen, und dann hätten transzendentale Überlegungen ihren Witz eingebüßt.

Wir wollen das Argumentationsmuster für transzendentale Argumente jetzt so hinschreiben, wie wir von nun an viele andere typisch philosophische Argumentationsmuster hinschreiben werden. Da die Prämisse 3 eine generelle Prämisse ist, die jedem konkreten transzendentalen Argument hinzugefügt werden muss, damit es schlüssig ist, kann man Prämisse 3 wie eine allgemeine Schlussregel auffassen:

Argumentationsmuster für transzendentale Argumente

1. Man kann auf Gegenstände der Art H sinnvoll auf die Weise K Bezug nehmen.
2. Wer sinnvoll auf die Weise K auf Gegenstände der Art Bezug nimmt, muss aus begrifflichen Gründen unterstellen, dass p der Fall ist.

↓

Schlussprinzip transzendentaler Argumente: Was man aus begrifflichen Gründen bei der vernünftigen Bezugnahme auf Gegenstände unterstellen muss, ist der Fall.

↓

3. Also ist p der Fall.

9.2 Topik und Urteilskraft

Es ist nur sinnvoll, etwas für uns auch tatsächlich Erreichbares anzustreben. Streben wir etwas an, müssen wir daher unterstellen, dass es erreichbar ist. Daraus folgt mit dem Schlussprinzip transzendentaler Argumente sofort der Satz: «Also ist das erreichbar, was wir sinnvollerweise (vernünftigerweise) anstreben.» Ohne den Zusatz «sinnvollerweise» bzw. «vernünftigerweise» wäre der Satz offensichtlich falsch. Etwas ist ja nicht deshalb schon erreichbar, weil wir es anstreben. Ist etwas für jemanden nicht erreichbar, nennt man es eben «sinnlos» oder «unvernünftig», es trotzdem anzustreben. So einleuchtend das klingt, so sehr entsteht allerdings zugleich der Verdacht, dass das Schlussprinzip transzendentaler Argumente damit jeden informativen Gehalt einbüßt. Kann man mit Hilfe der vagen Ausdrücke «sinnvolle Bezugnahme» bzw. «vernünftige Bezugnahme» das Prinzip nicht vor jedem Einwand in Schutz nehmen?

Dieser Verdacht ließe sich entkräften, gäbe es halbwegs präzise Definitionen für Ausdrücke wie «sinnvolle Bezugnahme» oder «vernünftige Bezugnahme». Leider wird man trotz über zweitausendjähriger Bemühungen der Philosophen keine über jeden Zweifel erhabene Definitionen für diese Ausdrücke finden. Sie werden wie andere philosophische Großwörter auch niemals anhand abstrakter Definitionen gelernt, sondern letztlich nur an Beispielen. Und es bedarf der Übung und vieler Urteilskraft, die mehr oder weniger unstrittigen Ausgangsbeispiele auf neue Fälle sinngemäß zu übertragen.[17] Das Argumentationsmuster für transzendentale Argumente ist daher auch kein exakt definiertes Schema, dessen korrekte Anwendungsfälle in unstrittiger Weise ein für allemal festgelegt wären. Es hat den typischen Status einer Faustregel, deren Anwendung viel Urteilskraft verlangt. Es hilft uns trotz seiner vagen Formulierung, transzendentale Argumente bei anderen zu erkennen oder eigene zu konstruieren, und sensibilisiert uns für die Stärken, aber auch die heiklen Aspekte transzendentaler Argumente. Von daher muss man dem Schlussprinzip transzendentaler Argumente nicht vorwerfen, es sei zu vage und könne dank des beliebig dehnbaren Ausdrucks «sinnvolle Bezugnahme» trivialisiert werden. Jede Faustregel ist vage und lässt sich deswegen schnell ad absurdum führen, aber das spricht in vielen Fällen nicht gegen die

Faustregel und den Sinn, sie ausdrücklich zu formulieren, sondern für die mangelnde Urteilskraft desjenigen, der Sinn und Geist der Faustregel so missversteht.

In der Philosophie wie auch anderswo überzeugend zu argumentieren ist niemals die Sache eines schematischen Operierens nach einfachen exakten Regeln. Der gegenteilige Eindruck wird allein durch die formale Logik erweckt und durch das Missverständnis, die formale Logik sei *das* Regelwerk und *die* Theorie des guten Argumentierens. Tatsächlich hilft uns die formale Logik nur dabei, die Schlüssigkeit von Argumenten zu prüfen. Doch selbst in dieser Frage muss man von seiner Urteilskraft Gebrauch machen. Andernfalls lassen sich mit der formalen Logik witzlose, triviale und philosophisch abwegige Argumente zu Hauf produzieren. Für die Kunst des Argumentierens ist der Schritt von der formalen Logik zur Topik des Argumentierens unerlässlich.

9.3 Fehlschlüsse im Kontext transzendentaler Argumente

Gilt das, was man aus begrifflichen Gründen von Gegenständen unterstellen muss, wenn man sinnvoll auf sie Bezug nimmt, nur von Gegenständen, insofern wir uns auf sie beziehen? Was ist mit den Gegenständen an sich, wenn niemand sich in der einen oder anderen Weise mit ihnen geistig abgibt? Und sind wir nicht eigentlich an den objektiven Eigenschaften der Gegenstände interessiert und nicht an denjenigen Eigenschaften, die Gegenstände nur in der Perspektive einer bestimmten Bezugnahme auf sie besitzen? Ist nicht ein Transzendentalist sogar auf irgendeine Spielart des Idealismus verpflichtet, wonach es Gegenstände nur als Inhalte geistiger Bezugnahme gibt? Oder müssen wir zumindest wie Kant unterscheiden zwischen uns unzugänglichen Dingen an sich und den uns zugänglichen Erscheinungen? Bei Kant nehmen transzendentale Argumente tatsächlich folgende Gestalt an:

1. Man kann auf Gegenstände der Art H sinnvoll in der Weise K Bezug nehmen.
2. Wer sinnvoll in der Weise K auf Gegenstände Bezug nimmt, muss aus begrifflichen Gründen unterstellen, dass p der Fall ist.

3. Was aus begrifflichen Gründen bei der sinnvollen Bezugnahme auf Gegenstände unterstellt werden muss, ist der Fall.

---

4. Also gilt p für Gegenstände der Art H nur insoweit, als auf sie in der Weise K Bezug genommen wird, nicht aber für Gegenstände an sich. Ob p für Dinge an sich gilt, können wir nicht wissen.

Ein Argument dieser Gestalt ist ein Fehlschluss. Es ist keineswegs inkonsistent zu behaupten, dass eine Eigenschaft einerseits Gegenständen zugeschrieben werden muss, insofern wir auf sie in einer bestimmten Weise Bezug nehmen, diese Eigenschaft aber andererseits den Gegenständen auch außerhalb der Bezugnahme «an sich» zukommt. Der Clou eines transzendentalen Arguments ist kein ontologischer, er betrifft nicht die Existenz und Existenzweise von Gegenständen, er ist epistemischer oder erkenntnistheoretischer Natur, er betrifft unser Wissen von den Gegenständen. Transzendentale Überlegungen nehmen ihren Ausgang von der in 1.3 formulierten Leitfrage: Welche Eigenschaften von Dingen in der Welt ergeben sich allein aus unserer vernünftigen Bezugnahme auf sie? Entsprechend bescheren uns transzendentale Überlegungen epistemische Einsichten der Art: Man kann sich bestimmter Sachverhalte bereits dadurch vergewissern, dass man begrifflich analysiert, wie man auf gewisse Gegenstände in der Welt vernünftig Bezug nimmt.

Manchmal weiß man zunächst um einen Sachverhalt p aufgrund ganz gewöhnlicher Erfahrung. Erst später entdeckt man philosophierend, dass wir p bei einer sinnvollen Bezugnahme unterstellen müssen. Es ist daher ein Fehlschluss, aus der Aussage «Man weiß um p aus einer transzendentalen Analyse» auf die Aussage «Man weiß um p *auch nur* aus einer transzendentalen Analyse» zu schließen. Das philosophisch Aufregende an einem transzendentalen Argument muss nicht die Konklusion sein, die man längst kennen und für offenkundig wahr halten kann. Dass es in unserer Erfahrungswelt materielle Körper gibt, wussten und wissen wir auch ohne Strawson. Philosophisch neuartig und folgenreich an Strawsons Argument ist vielmehr die Einsicht, dass materielle Körper einen unverzichtbaren und fundamentalen Bestandteil unserer Erfahrung von Einzeldingen bilden. Transzendentale Argumente sollen uns nicht die Wahrheit einer Konklusion andemonstrieren, sondern den interessanten inferentiellen Zusammenhang zwischen bestimmten Sachverhalten und begrifflichen Unterstellungen einer Bezugnahme sichtbar werden lassen.

Fehlschlüsse im Kontext transzendentaler Argumente

Transzendentale Argumente implizieren nicht,

- *dass es keine Gegenstände unabhängig von der kognitiven Bezugnahme auf sie gibt;*
- *dass man wie Kant unterscheiden muss zwischen Dingen an sich und Erscheinungen;*
- *dass die transzendental begründeten Sachverhalte nur von Dingen gelten, insofern auf diese Dinge kognitiv Bezug genommen wird;*
- *dass wir von transzendental begründeten Sachverhalten auch nur aufgrund transzendentaler Überlegungen wissen.*

9.4 «Bedingungen der Möglichkeit» des Argumentierens

Zu argumentieren ist selber eine Form der Bezugnahme. Was sind Bedingungen der Möglichkeit des Argumentierens? Betrachten wir ein Argument des Aristoteles. Er begründet in seiner «Metaphysik» den Satz vom ausgeschlossenen Widerspruch: Eine Aussage und ihre Negation können niemals zugleich wahr sein. In der «Metaphysik» legt Aristoteles mit großer Klarheit dar, dass sich der Satz vom ausgeschlossenen Widerspruch nicht direkt beweisen lässt, weil er bereits jedem zwingenden Beweis zugrunde liegt. Aber

> ein widerlegender Beweis für die Unmöglichkeit der Behauptung lässt sich führen, sobald der dagegen Streitende nur überhaupt redet; wo aber nicht, so wäre es ja lächerlich, gegen den reden zu wollen, der über nichts Rede steht, gerade insofern er nicht Rede steht; denn ein solcher ist als solcher einer Pflanze gleich.[18]

Man kann jeden widerlegen, der sich anheischig macht, gegen den Satz vom ausgeschlossenen Widerspruch zu argumentieren, weil der Kritiker dem Satz vom ausgeschlossenen Widerspruch ja nur redend widersprechen kann. Wer aber redet, der produziert nur dann keine sinnlosen Laute, wenn er etwas Bestimmtes sagt. Allein, so führt Aristoteles weiter aus, etwas Bestimmtes sagt man nur, wenn man behauptet, etwas sei so und so, und dabei implizit immer mitsagt, es sei nicht das logische Gegenteil der Fall:

> Ferner ist offenbar gegen diesen (der Widersprüchliches sagt, H. T.) gar kein Streit möglich, denn er sagt nichts. Denn er sagt weder, dass sich etwas so, noch, dass es sich nicht so verhalte, sondern sowohl so als auch nicht so; und wiederum verneint er beides, dass es sich weder so noch nicht so verhalte; denn sonst wäre ja schon etwas bestimmt. [...] Nimmt er aber überhaupt gar nichts an, sondern meint eben nur und meint auch ebenso gut nicht, wie unterschiede er sich denn dann von den Pflanzen?[19]

Dass wir niemals ernsthaft gleichzeitig von einem Sachverhalt und seinem logischen Gegenteil überzeugt sind, offenbart nach Aristoteles vor allem unser Handeln:

> Hieraus erhellt am deutlichsten, dass niemand wirklich dieser Ansicht ist, selbst nicht unter denen, welche diese Lehre bekennen. Denn warum geht denn der Anhänger dieser Lehre nach Megara und bleibt nicht lieber in Ruhe, während er meint zu gehen? Warum stürzt er sich nicht gleich frühmorgens in einen Brunnen oder in einen Abgrund, wenn es sich eben trifft, sondern nimmt sich offenbar in Acht, indem er also das Hineinstürzen nicht in gleicher Weise für nicht gut und für gut hält? Offenbar also hält er das eine für besser, das andere nicht.[20]

Inzwischen dürfte das Argument von Aristoteles klar geworden sein:

1. Bei dem Versuch einer Widerlegung des Satzes vom ausgeschlossenen Widerspruch müssen Sätze der Form «p ist der Fall und zugleich nicht der Fall» behauptet werden.
2. Sätze der Form «p ist der Fall und zugleich nicht der Fall» sind sinnlos.
3. Wenn Sätze der Form X sinnlos sind, kann man nicht zu Recht unterstellen, mit Behauptung von Sätzen der Form X etwas Sinnvolles zu sagen.

4. Wenn wir bei der Widerlegung eines Satzes etwas behaupten müssen, das sich nicht sinnvoll sagen lässt, dann lässt sich der betreffende Satz nicht widerlegen.

---

5. Also lässt sich der Satz vom ausgeschlossenen Widerspruch nicht widerlegen.

In der Philosophie sind Argumente wie das von Aristoteles zum Satz vom ausgeschlossenen Widerspruch sehr beliebt. Sie laufen darauf hinaus, dass sich etwas deshalb nicht widerlegen lässt, weil es aus begrifflichen Gründen für jedes Argumentieren unterstellt werden muss.

Argumentationsmuster für die Nichtwiderlegbarkeit transzendentaler Bedingungen des Argumentierens

1. Wer für oder gegen eine These argumentiert, muss aus begrifflichen Gründen unterstellen, dass p der Fall ist.
2. Wer p sinnvoll widerlegen will, glaubt, dass p nicht der Fall ist.

---

3. Wer p sinnvoll widerlegen will, glaubt, dass p nicht der Fall ist, und muss doch zugleich glauben, dass p der Fall ist.

↓

Prinzip kohärenter Bezugnahme: Zwingt eine Bezugnahme K auf einen Sachverhalt dazu, etwas Widersprüchliches anzunehmen, so ist die Bezugnahme K auf diesen Sachverhalt nicht möglich.

↓

4. Also ist es nicht sinnvoll möglich, die These, dass p, zu widerlegen.

Mit Aristoteles' Argument zum Satz vom Widerspruch haben wir nicht nur ein transzendentales Argument kennen gelernt, sondern auch schon ein Selbstanwendungsargument.

10. Selbstanwendungsargumente

Der Grundsatz der Philosophie als einer Disziplin höherer Ordnung verlangt, dass der Inhalt einer Behauptung, dass p der Fall ist, und die Tatsache, dass wir behaupten, dass p der Fall ist, zusammenpassen müssen. Diese Verschränkung zwischen dem Inhalt einer Behauptung und der Tatsache zweiter Stufe, dass dieser Inhalt behauptet wird, gestaltet sich besonders delikat bei Aussagen, die über sich selbst reden. Solche Aussagen sind selbstbezüglich. Viele Philosophen lieben sie in besonderer Weise.

10.1 Selbstbezügliche Aussagen

Das in der Philosophie mit Abstand berühmteste Beispiel für einen selbstbezüglichen Satz ist der Lügnersatz. Man kann ihn auf verschiedene Weise darstellen, zum Beispiel so:

Lügnersatz

Der einzige in dem Kasten mit der Überschrift «Lügnersatz» stehende Satz ist falsch.

Der Lügnersatz führt zu einem Widerspruch. Wenn er wahr ist, ist er falsch, wenn er falsch ist, ist er wahr. Um das einzusehen, muss man nur eine grundlegende Eigenschaft von wahren Aussagen heranziehen. Eine Aussage ist, nach gängigem Verständnis, genau dann wahr, wenn tatsächlich der Fall ist, was die Aussage aussagt. Die Aussage, dass jetzt gerade in Berlin die Filmfestspiele stattfinden, ist wahr genau dann, wenn jetzt gerade in Berlin die Filmfestspiele stattfinden. Ganz allgemein lässt sich diese Feststellung über wahre Aussagen in der folgenden Weise ausdrücken: Die Aussage «p» ist genau dann wahr, wenn p. Dieses Aussageschema heißt nach dem polnischen Logiker Alfred Tarski, der eine bedeutende Untersuchung zum Wahrheitsbegriff und zum Lügnersatz geschrieben hat, «Tarskis Wahrheitskonvention». Sie wenden wir auf den Lügnersatz an. Da der einzige in dem Kasten mit der Überschrift «Lügnersatz» stehende Satz der Satz ist, dass der einzige in dem Kasten mit der Überschrift «Lügnersatz» stehende Satz falsch ist, sagt der Lügnersatz von sich selbst, dass er falsch ist. Also ist der einzige in dem Kasten mit der Überschrift «Lügnersatz» stehende Satz wahr genau dann, wenn der einzige in dem Kasten mit der Überschrift «Lügnersatz» stehende Satz falsch ist. Das ist der oben schon behauptete Widerspruch. Man spricht von der «Lügnerparadoxie» oder «Lügnerantinomie». Für die Debatte der Logiker und Philosophen um das Wahrheitsprädikat ist dieser Widerspruch bedeutsam. Doch sind sich Logiker und Philosophen alles andere als einig, welche Konsequenzen aus der Lügnerparadoxie zu ziehen sind.

Diese Tatsache kann man nicht ignorieren, wenn man selbstbezügliche Sätze Beweislasten tragen lässt. Hierzu gleich ein Beispiel mit der Lügnerantinomie. Im Zusammenhang mit seinen Überlegungen zum Leib-Seele-Problem bringt Franz von Kutschera ein Argument vor, mit dem er beweisen will, dass der Materialismus aus einem prinzipiellen Grund scheitern muss. Er behauptet, dass

> es für uns keine zugleich konsistente und vollständige Theorie von uns selbst geben kann. [...] Ein Grund für die Unvollständigkeit jeder Theorie über uns selbst ist nun, dass eine vollständige Theorie auch unseren Umgang mit ihr beschreiben müßte. Mit ihr müßten wir auch erklären können, warum wir sie akzeptieren oder, je nachdem, verwerfen. Das ist aber offenbar unmöglich, denn um mit der Theorie etwas erklären zu können, muss ich sie bereits akzeptieren. Exakter lässt sich die Unvollständigkeit jeder Theorie über uns begründen, wenn man beachtet, dass sie speziell eine Theorie unseres Sprachverstehens umfassen müßte. Eine solche Theorie müßte in einer Sprache – nennen wir sie S – formuliert werden, mit der man auch über S selber reden kann, insbesondere über die Semantik von S, d.h. die Deutung der Ausdrücke von S. [...] Dann müßte S auch ein Wahrheitsprädikat enthalten, das sich auf alle Sätze von S anwenden lässt und für das die Tarskische Wahrheitskonvention gilt, nach der ein Satz genau dann wahr ist, wenn der Sachverhalt besteht, den er ausdrückt. Nun hat Tarski aber gezeigt, dass daraus ein Widerspruch folgt. [...] Das ist die semantische Antinomie des Lügners. Es gibt keine vollständige Theorie des Sprachverstehens, weil in jeder Sprache, in der sich eine solche Theorie formulieren ließe, Widersprüche auftreten.[21]

Das Argument ist in folgender Weise zu rekonstruieren:

1. Annahme um des Arguments willen: *Es gibt eine in der Sprache S formulierte vollständige und konsistente Theorie T über uns selbst.*

---

2. Also beschreibt und erklärt T dann auch unser Sprachverstehen, insbesondere unser Verstehen der Sprache S, in der T selber formuliert ist, und muss daher eine Semantik von S enthalten, die selber in der Sprache S formuliert ist.
3. Die Semantik muss ein Wahrheitsprädikat enthalten, das sich auf alle Sätze in S anwenden lässt, sodass insbesondere gilt: Ein Satz in S ist genau dann wahr, wenn der Sachverhalt besteht, den er ausdrückt.

---

4. Also lässt sich in S der selbstbezügliche Lügnersatz konstruieren, der genau dann wahr ist, wenn er falsch ist.

---

5. Also ist T widersprüchlich.

---

6. Also gibt es keine konsistente und vollständige Theorie über uns: Jede Theorie über uns ist entweder inkonsistent oder unvollständig.

Das Argument ist längst nicht so zwingend, wie es scheint. Die Prämisse 3 ist umstritten unter Philosophen. Wie muss eine Theorie unseres Sprachverhaltens aussehen? Längst nicht alle Philosophen glauben, dass eine solche Theorie das Wahrheitsprädikat notwendigerweise zusammen mit der Tarskischen Wahrheitskonvention enthalten muss. Andere setzen dagegen, dass die in T herleitbare Lügnerantinomie der Theorie nicht weiter schade, weil man sowieso vom Prinzip der klassischen Logik abrücken müsse, wonach in einer inkonsistenten Theorie alles beweisbar sei. Das sind wie gesagt nur zwei unter sehr vielen Stimmen, die das Argument nicht mittragen. Aber lassen wir solche Bedenken einmal beiseite und wenden uns einem besonders radikalen Einwand zu.

Ist der Satz «Der einzige in dem Kasten mit der Überschrift ‹Lügnersatz› stehende Satz ist falsch» überhaupt ein sinnvoller Satz? Wir lernen die Prädikate «wahr» und «falsch» exemplarisch, und zwar im Zusammenhang damit, Sachverhalte richtig zu beschreiben. An Sätzen wie «Der einzige in dem Kasten mit der Überschrift ‹Lügnersatz› stehende Satz ist wahr (falsch)» könnte niemand den sinnvollen Gebrauch der Prädikate «wahr» und «falsch» erlernen. Wer den beiden Wörtern nur im Zusammenhang mit diesen Sätzen begegnete, hätte buchstäblich nichts von ihnen verstanden. Tatsächlich treten solche Sätze ja auch ziemlich spät in Erscheinung, nachdem die Spracherziehung schon weit fortgeschritten ist. Natürlich, die Syntaxregeln der Sprache lassen die Bildung von Sätzen wie unserem Lügnersatz zu. Aber was sollen wir daraus schließen? Die Syntax einer Sprache ist für bestimmte Zwecke gemacht, hat sich jedoch naturwüchsig entwickelt. Niemand hat je im Voraus einen Überblick über alle Konsequenzen der impliziten und expliziten Syntaxregeln gehabt. Da kann es leicht passieren, dass die Syntaxregeln Sätze zu bilden erlauben, denen man im Ernst keinen Sinn verleihen kann. Es gibt viele solcher Sätze: «Primzahlen überfressen sich an ihrem Geburtstag regelmäßig mit Dr. Oetkers Götterspeise.» Auch mit einem solchen Satz wissen wir im Ernst nichts anzufangen. Philosophische Beweislasten bürden wir ihnen mit guten Gründen nicht auf. Kurz: Warum fassen wir Sätze wie «Der einzige in dem Kasten mit der Überschrift ‹Lügnersatz› stehende Satz ist falsch» nicht als zwar syntaktisch erlaubte, aber semantisch verunglückte Sätze auf, aus denen nichts weiter zu folgern ist?

Selbst wenn man nicht bereit ist, den Lügnersatz als semantischen Betriebsunfall der Syntax abzuhaken, sollte ein Befürworter des Arguments von Franz von Kutschera doch Folgendes bedenken. Angenommen, Sätze wie «Der einzige in dem Kasten mit der Überschrift ‹Lügnersatz› stehende Satz ist falsch» sind die einzigen Sätze, mit denen es zum Beispiel in einer physikalistischen Theorie des Menschen Probleme gibt. Die Theorie könnte trotzdem alles an uns und unserem Verhalten beschreiben und erklären, was uns philosophisch wichtig ist, etwa wie und warum unsere Gefühle entstehen, dass alles, was wir tun, durch neuronale Mechanismen festgelegt und daher Willensfreiheit im traditionellen Verständnis eine Illusion sei und Ähnliches mehr. Dass die Theorie mit dem Lügnersatz und unserem Umgang mit ihm nicht gut zurechtkommt, kann uns gleichgültig sein und schafft die philosophisch gravierende Beunruhigung, die vom Physikalismus ausgeht, nicht aus der Welt. Wer einer physikalistischen Theorie des Menschen lediglich die Lügnerantinomie entgegenhalten kann, der hat in Wahrheit gar keinen Einwand gegen sie. Zu Recht lassen sich Hirnforscher durch solche Einwände in ihrem Optimismus, den Geist im Prinzip bald vollständig erklären zu können, nicht erkennbar irritieren. Nein, wer glaubt, den Physikalismus in die Schranken verweisen zu sollen, muss zentrale Elemente unseres Selbstverständnisses wie unser Gefühl, frei entscheiden und handeln zu können, identifizieren und dann inhaltlich begründen, warum sie physikalistisch nicht beschrieben und erklärt werden können.

Die Reichweite von Argumenten mit selbstbezüglichen Aussagen sei an einem weiteren Beispiel problematisiert. Zu Recht sind wir damit unzufrieden, wie wenig wir unterm Strich wissen. Allwissenheit wäre uns höchst willkommen, doch, wenn überhaupt, wird sie allein Gott nachgesagt. In diesem Zusammenhang ist ein Argument aufgetaucht, wonach es überhaupt kein allwissendes Wesen geben könne:

1. Annahme um des Arguments willen: *P ist ein allwissendes Wesen.*
2. Ein Wesen P ist genau dann allwissend, wenn gilt: Für jeden Satz S gilt: S ist genau dann wahr, wenn P S weiß.
3. Sei (a) der selbstbezügliche Satz: *«Die allwissende Person P weiß, dass (a) falsch ist.»*
4. (a) ist (wie jeder Satz) entweder wahr oder falsch.
5. Ein Satz, dass p, ist wahr genau dann, wenn p der Fall ist.
6. Annahme um des Arguments willen: *(a) ist wahr.*

---

7. Die allwissende Person P weiß, dass (a) falsch ist.

---

8. Dann ist (a) falsch. (Widerspruch zur Annahme (6))
9. Annahme um des Arguments willen: *(a) ist falsch.*

---

10. Die allwissende Person weiß nicht, dass (a) falsch ist.

---

11. P ist nicht allwissend. (Widerspruch zur Annahme (1))

---

12. Also gibt es kein allwissendes Wesen.

Jemand könnte mit Recht gegen das Argument einwenden: «Wenn wir nach einer allwissenden Person fragen, haben wir uns selbst vor Augen, die wir offensichtlich nicht alles wissen. Eine allwissende Person sollte jemand sein, der im Gegensatz zu uns alle Naturgesetze, alle Gefahrenzonen für Erdbeben, die Gründe für die Auslöschung der Dinosaurier, den Ursprung des Universums und vieles andere von dem kennt, was uns interessiert, über das wir jedoch leider nicht Bescheid wissen. Gut, das Argument belehrt uns darüber, dass die Annahme der Allwissenheit in Schwierigkeiten führt bei bestimmten selbstbezüglichen Sätzen. Doch wenn Sätze von der Machart des Satzes (1) ‹Eine allwissende Person P weiß, dass Satz (1) falsch ist› die einzigen Sätze sein sollten, die die Allwissenheit einer Person einschränken, dann wäre P praktisch doch allwissend. Die Art von Unwissenheit, die uns selbst so plagt und für die wir den Gegenbegriff der ‹Allwissenheit› geprägt haben, kommt bei einer allwissenden Person nicht vor. Sie weiß alles, worauf es uns ankommt, und noch vieles mehr. Aus dem Argument folgt nicht, dass es inkohärent wäre anzunehmen, dass eine Person alles weiß, außer höchstens eben solche merkwürdigen selbstbezüglichen Sätze am äußersten Rande möglichen Wissens und Nichtwissens. Deshalb beeindruckt mich das Argument nicht. Ich bleibe dabei, es könnte eine Person P geben, vielleicht Gott, die allwissend ist, die jeden Satz genau dann glaubt, wenn er wahr ist, außer vielleicht Sätze wie den Satz (1).»

10.2 Zwei weitere Beispiele für Selbstanwendungsargumente

Relativisten bezweifeln, dass irgendeine unserer Überzeugungen objektive Wahrheit für sich beanspruchen darf. Sie behaupten, Sätze erschienen nur jeweils einer mehr oder weniger großen Gruppe von Personen als wahr. Gegner des Relativismus protestieren, das sei selbstwidersprüchlich:

1. Annahme um des Arguments willen: *Keine Aussage ist objektiv wahr; sie wird nur von einer mehr oder weniger großen Gruppe von Personen für wahr gehalten.*

---

2. Also ist die Aussage «Keine Aussage ist objektiv wahr; sie wird nur von einer mehr oder weniger großen Gruppe von Personen für wahr gehalten» nicht objektiv wahr, sie wird nur von einer mehr oder weniger großen Gruppe von Personen für wahr gehalten.
3. Die Relativisten müssen jedoch die Aussage «Keine Aussage ist objektiv wahr; sie wird nur von einer mehr oder weniger großen Gruppe von Personen für wahr gehalten» für objektiv wahr halten, andernfalls muss man ihre Auffassung gar nicht ernst nehmen.

---

4. Die Behauptung der Relativisten: «Keine Aussage ist objektiv wahr; sie wird nur von einer mehr oder weniger großen Gruppe von Personen für wahr gehalten» widerlegt sich selbst.
5. Sich selbst widerlegende Aussagen sind falsch.

---

6. Also ist es falsch, dass keine Aussage objektiv wahr ist und sie lediglich von einer mehr oder weniger großen Gruppe von Personen für wahr gehalten wird.

Das Argument genügt dem folgenden Muster:

1. Annahme um des Arguments willen: *Auf alle Gegenstände der Art H trifft F zu.*
2. Wer sinnvoll behauptet, dass für alle x der Art H F gilt, erzeugt dadurch selber einen Gegenstand a der Art H.

---

3. Also trifft auf a F zu.
4. Auf a trifft aber F gerade nicht zu.

---

5. Also trifft nicht auf alle x der Art H die Eigenschaft F zu. Man kann nicht stabil und kohärent behaupten, dass auf alle Gegenstände der Art H F zutrifft.

Der Inhalt der Aussage «Auf alle Gegenstände der Art H trifft F zu» kann auf die behauptende Äußerung dieser Aussage selber bezogen werden. Die Behauptung «Auf alle Gegenstände der Art H trifft F zu» widerlegt sich selbst. Deshalb nennen wir diese Argumente *«Selbstanwendungsargumente»*.

Betrachten wir gleich noch ein Beispiel. Menschen schreiben sich wechselseitig Wahrnehmungen, Gefühle, Gedanken, Wünsche, Absichten, Träume, Vorstellungen und dergleichen mehr zu. Die Philosophen reden von «mentalen Zuständen». Zugleich kommen uns auch physische Eigenschaften wie eine bestimmte Haarfarbe, eine Körpergröße und dergleichen mehr zu. Wie hängen die mentalen und die physischen Eigenschaften einer Person eigentlich miteinander zusammen? Fragen nach diesem Zusammenhang machen das so genannte Leib-Seele-Problem aus. Einige Philosophen beantworten das Leib-Seele-Problem besonders radikal. Sie behaupten: Streng genommen gibt es keine mentalen Zustände. Wir schreiben uns mentale Zustände zu, weil sich das für die Voraussage unseres Verhaltens als nützlich erwiesen hat. Gegen diese typisch philosophische, weil ziemlich radikale Auskunft argumentieren Philosophen manchmal in folgender Weise:

1. Annahme um des Arguments willen: *Es gibt keine mentalen Zustände, sondern sie werden nur instrumentalistisch zugeschrieben, weil und insofern sich dies bei der Voraussage von Verhalten bewährt.*
2. Wer 1 als wahr behauptet, glaubt, dass es keine mentalen Zustände gibt, sondern sie nur instrumentalistisch zugeschrieben werden, weil und insofern sich dies bei der Voraussage von Verhalten bewährt.
3. Dies zu glauben ist selber ein mentaler Zustand.

---

4. Also muss derjenige, der 1 als wahr behauptet, glauben, dass er nicht wirklich glaubt, dass 1 wahr ist, sondern er sich diesen Glauben nur zuschreibt, weil sich dies bei der Prognose seines Verhaltens bewährt.
5. Derjenige, der p als wahr behauptet, kann nicht kohärent von sich behaupten, dass er gar nicht wirklich p glaubt, sondern sich diesen Glauben nur instrumentalistisch zuschreibt, weil sich dies bei der Voraussage von Verhalten bewährt.

---

6. Also ist die These «Es gibt keine mentalen Zustände, sondern sie werden nur instrumentalistisch zugeschrieben, weil und insofern sich dies bei der Voraussage von Verhalten bewährt» falsch.

10.3 Zur Problematik der Selbstanwendungsargumente

Formallogisch sind Selbstanwendungsargumente in Ordnung. Die Kritik muss an der Prämisse «Wer sinnvoll behauptet, dass für alle x der Art H F gilt, erzeugt dadurch selber einen Gegenstand a der Art H, auf den F jedoch gerade nicht zutrifft» ansetzen. Damit haben wir bei der Kritik des Arguments von Franz von Kutschera und dem Argument gegen Allwissenheit schon begonnen. Wir haben festgestellt: Wenn der durch Behauptung der These «Auf alle Gegenstände der Art H trifft F zu» erzeugte H-Gegenstand a der einzige ist, auf den F nicht zutrifft, dann ist die Widerlegung in der Regel sehr schwach. Rein logisch betrachtet, lässt sich die durch das Argument zu Fall gebrachte generelle Konklusion durch Einschränkung retten. Man muss die Ausgangsprämisse nur modifizieren: «Auf alle Gegenstände der Art H trifft F zu, außer für solche H-Gegenstände, die im Zusammenhang mit Behauptungen über die F-Eigenschaft von H-Gegenständen auftreten.» Diese Einschränkung ist möglicherweise harmlos und nimmt dem ursprünglichen Argument fast nichts von seiner Beweiskraft. Sie erhellt, wann ein Selbstanwendungsargument wirklich Beweiskraft bekäme. Es müsste um eine weitere Prämisse ergänzt werden.

1. Annahme um des Arguments willen: *Auf alle Gegenstände der Art H trifft F zu.*
2. Wer sinnvoll behauptet, dass für alle x der Art H F gilt, erzeugt dadurch selber einen Gegenstand a der Art H.
3. Auf diesen Gegenstand a trifft aber F gerade nicht zu.
4. Wenn aber auf solche H-Gegenstände, die im Zusammenhang mit der Behauptung, dass für alle H-Gegenstände F gilt, erzeugt werden, F nicht zutrifft, so trifft F auf alle (auf die meisten, noch auf viele andere relevante) H-Gegenstände nicht zu.

---

5. Also trifft F auf kein x der Art H (auf relevante, sehr viele x der Art H nicht) zu.

Bei vielen Selbstanwendungsargumenten fehlt eine solche Prämisse. Wie steht es in dieser Hinsicht mit dem vierten Beispiel? Die Überzeugung eines Instrumentalisten, dass mentale Zustände nur zum Zwecke von Prognosen zugeschrieben werden, ist zweifellos ein mentaler Zustand, er scheint geradezu paradigmatisch für einen mentalen Zustand zu sein. Man könnte holistisch argumentieren. Alle mentalen Zustände hängen mit Blick auf die Eigenschaft, einen wahrheitsfähigen Inhalt zu besitzen (Wissen, Wünschen, Wahrnehmen, dass p), miteinander zusammen. Schließlich stiften ja die logisch-semantischen Beziehungen zwischen den Inhalten einschlägige Beziehungen der mentalen Zustände untereinander, sodass es unmöglich ist, Glaubensakte über mentale Zustände und ihren ontologischen Status von den übrigen mentalen Zuständen zu isolieren. Beim vierten Beispiel würde sich die Reichweite des Arguments mit folgender Reformulierung drastisch erhöhen:

1. Annahme um des Arguments willen: *Es gibt keine mentalen Zustände, sondern sie werden nur instrumentalistisch zugeschrieben, weil und insofern sich dies bei der Voraussage von Verhalten bewährt.*
2. Wer 1 als wahr behauptet, glaubt, dass es keine mentalen Zustände gibt, sondern sie nur instrumentalistisch zugeschrieben werden, weil und insofern sich dies bei der Voraussage von Verhalten bewährt.
3. Dies zu glauben ist selber ein mentaler Zustand.

---

5. Also muss derjenige, der 1 als wahr behauptet, glauben, dass er nicht wirklich glaubt, dass 1 wahr ist, sondern er sich diesen Glauben nur zuschreibt, weil sich dies bei der Prognose seines Verhaltens bewährt.
6. Der in 3 erwähnte Glaubensakt ist ein mentaler Zustand mit einem wahrheitsfähigen Inhalt.
7. Was in Bezug auf die Eigenschaft eines mentalen Zustands, einen wahrheitsfähigen Inhalt zu besitzen, zutrifft, trifft auf alle mentalen Zustände zu.
8. Derjenige, der p als wahr behauptet, kann nicht kohärent von sich behaupten, dass er gar nicht wirklich p glaubt, sondern sich diesen Glauben nur zuschreibt, weil sich dies bei der Voraussage von Verhalten bewährt.
9. Die Behauptung 8 über mentale Zustände hängt wesentlich an ihrer Eigenschaft, einen wahrheitsfähigen Inhalt zu haben.

---

10. Also können mentale Zustände nicht einfach nur Fiktionen sein, die lediglich um der Voraussage von Verhalten willen instrumentalistisch zugeschrieben werden.

Es geht nicht darum, ob das anti-instrumentalistische Selbstanwendungsargument in dieser erweiterten und verstärkten Version am Ende durchgeht. Es sollte nur illustriert werden, wie man von Selbstanwendungsargumenten den Vorwurf mangelnder Reichweite abwenden kann.

Mit Selbstanwendungsargumenten ist ein weiteres Problem verbunden. Einige Anhänger der Instrumentalismusthese sehen voraus, dass Erklärungen menschlichen Verhaltens durch mentale Zustände eines Tages Erklärungen durch Gehirnzustände werden weichen müssen. Eliminative Materialisten begrüßen diese mögliche Zukunft ohne Alltagspsychologie. Gegen eliminative Materialisten werden Selbstanwendungsargumente aufgefahren:

1. Annahme um des Arguments willen: *Es gibt keine mentalen Zustände. Es gibt nur Gehirnzustände. Die Alltagspsychologie ist eine falsche und prognostisch völlig unzuverlässige Theorie.*
2. Glaubenszustände sind mentale Zustände.
3. Das Wahrheitsprädikat kann nur auf die Inhalte von Glaubenszuständen angewendet werden, nicht jedoch auf Gehirnzustände.

---

4. Also kann das Wahrheitsprädikat nicht mehr sinnvoll angewendet werden.
5. Mit These 1 beansprucht der eliminative Materialist aber, etwas Wahres zu sagen, und muss daher das Wahrheitsprädikat anwenden.

---

6. Also ist die Annahme falsch, es gebe keine mentalen Zustände, sondern nur Gehirnzustände.

Der eliminative Materialismus will die Alltagspsychologie eines Tages als falsche und veraltete Theorie über Bord werfen. Damit, so befürchten viele Philosophen, drohe er Lebensformen zu zerstören, die ohne Gebrauch der Alltagspsychologie schwer vorstellbar seien. Deshalb ist vielen der eliminative Materialismus ein Gräuel, und seine definitive Widerlegung ist manchen Philosophen geradezu moralisch gebotene Herzensangelegenheit. Doch ob Argumente des obigen Typs wirklich Wasser auf die Mühlen der Kritiker des eliminativen Materialismus leiten, ist zweifelhaft. Aus dem obigen Argument folgt keineswegs, dass es praktisch undurchführbar wäre, alltagspsychologische Beschreibungen und Erklärungen menschlichen Verhaltens durch neurowissenschaftliche zu ersetzen. Um das durch ein Selbstanwendungsargument zu widerlegen, müsste man anders argumentieren, etwa so:

1. Annahme um des Arguments willen: *Die Alltagspsychologie soll ersetzt werden durch die Sprache der Neurowissenschaften.*
2. Um diesen Vorschlag befolgen zu können, müssen die Sprache der Neurowissenschaften und ihre Ergebnisse verfügbar sein.
3. Die Neurowissenschaften können ihre Sprache und Ergebnisse aber nur gewinnen und an die nächste Forschergeneration weitergeben, wenn die Wissenschaftler selber immer auch in der Sprache der Alltagspsychologie miteinander verkehren, die selber nicht durch die Sprache und Ergebnisse der Neurowissenschaften ersetzt werden kann.

4. Soll p durchgeführt werden, verlangt die Realisierung von p aber q, so muss auch q durchgeführt werden.

---

5. Um den Vorschlag, die Alltagspsychologie durch die Sprache der Neurowissenschaften zu ersetzen, in die Tat umsetzen zu können, muss man die Sprache der Alltagspsychologie sprechen.
6. Verlangt die Realisierung von p etwas zu tun, was p widerspricht, ist die Forderung, p zu realisieren, selbstwidersprüchlich und daher undurchführbar.

---

7. Also ist der Vorschlag, die Alltagspsychologie durch die Sprache der Neurowissenschaften zu ersetzen, selbstwidersprüchlich und daher nicht durchführbar.

Entscheidend ist die Prämisse 3. Auf den ersten Blick spricht natürlich einiges für sie, schließlich hat jeder Neurowissenschaftler längst die Sprache der Alltagspsychologie gelernt, bevor er Neurowissenschaft betreibt. Und wenn die Neurowissenschaftler miteinander kooperieren, tun sie das natürlich in der Sprache der Alltagspsychologie. Trotzdem, ist damit schon erwiesen, dass sich Neurowissenschaftler niemals ohne Alltagspsychologie untereinander verständigen könnten?

Will man sich vergewissern, dass man den eliminativen Materialismus nicht fürchten muss, weil dieser sich praktisch sowieso nicht realisieren lässt, könnte selbst das obige Argument noch zu schwach sein. Es schließt noch nicht definitiv aus, dass zwar Wissenschaftler untereinander nicht ganz auf die Alltagspsychologie verzichten können, diese aber überall anderswo außer Gebrauch kommt. Um selbst dieses Bedenken noch mit dem Selbstanwendungsargument ausräumen zu können, müsste Prämisse 3 noch einmal verstärkt werden:

1. Annahme um des Arguments willen: *Die Alltagspsychologie sollte ersetzt werden durch die Sprache der Neurowissenschaften.*
2. Um diesen Vorschlag befolgen zu können, müssen die Sprache der Neurowissenschaften und ihre Ergebnisse verfügbar sein.
3. Die Neurowissenschaften können ihre Sprache und ihre Ergebnisse aber nur gewinnen und an die nächste Forschergeneration weitergeben, wenn Wissenschaftler und Nichtwissenschaftler innerhalb und

außerhalb der Wissenschaften selber immer auch in der Sprache der Alltagspsychologie miteinander verkehren, die selber dann nicht durch die Sprache und die Ergebnisse der Neurowissenschaften ersetzt werden kann.

4. Soll p durchgeführt werden, verlangt die Realisierung von p aber q, so muss q durchgeführt werden.

---

5. Um den Vorschlag, die Alltagspsychologie durch die Sprache der Neurowissenschaften zu ersetzen, in die Tat umsetzen zu können, muss sowohl innerhalb als auch außerhalb der Wissenschaften immer auch die Sprache der Alltagspsychologie gesprochen werden.
6. Verlangt die Realisierung von p etwas zu tun, was p widerspricht, ist die Forderung, p zu realisieren, selbstwidersprüchlich und undurchführbar.

---

7. Also ist der Vorschlag, die Alltagspsychologie durch die Sprache der Neurowissenschaften zu ersetzen, selbstwidersprüchlich und daher weder für die Alltagswelt noch für den Wissenschaftsbetrieb durchführbar.

Es soll an dieser Stelle nicht behauptet werden, die neue Prämisse 3 sei viel zu stark, um sie aussichtsreich verteidigen zu können. Vielleicht lassen sich keine Sprachprovinzen so gegeneinander abgrenzen, dass die alltagspsychologische Sprache nur für begrenzte Zwecke innerhalb des Wissenschaftsbetriebs noch beibehalten werden kann.

Unsere Beispiele haben hoffentlich deutlich werden lassen, dass in Selbstanwendungsargumente ein Vielfaches mehr an Behauptungen hineingesteckt werden muss, als oftmals investiert wird, bevor sie beweiskräftig werden. Am Ende dieser kleinen argumentationstheoretischen Analyse soll das allgemeine Argumentationsmuster, dem beweiskräftige Selbstanwendungsargumente genügen müssen, formuliert werden.

Argumentationsmuster für Selbstanwendungsargumente

1. Wer sinnvoll behauptet, dass für alle x der Art H F gilt, erzeugt dadurch selber einen echten Gegenstand a der Art H, der geradezu paradigmatisch für Gegenstände der Art H ist.
2. Auf diesen Gegenstand a trifft aber wegen der Eigenschaft G die Eigenschaft F nicht zu.
3. G ist jedoch eine paradigmatische Eigenschaft für H-Gegenstände.

↓

Schlussprinzip paradigmatischer Fälle: Was auf paradigmatische Fälle einer Klasse K wegen paradigmatischer Eigenschaften zutrifft, trifft auf alle Fälle aus der Klasse K zu.

↓

4. Also trifft auf keinen H-Gegenstand F zu.

Die Moral unserer Überlegungen ist klar: Substantielle Selbstanwendungsargumente sind in Wahrheit in der Philosophie äußerst selten. Ihre philosophische Fließbandproduktion steht dazu in bedenklichem Gegensatz.

11. Modale Argumente

Von den anderen Wissenschaften wird die Philosophie gerne belächelt, weil Philosophen am Ende ihrer Überlegungen oft zu Ergebnissen kommen wie: Die Erfahrungswelt besteht aus Einzeldingen und Einzelereignissen, die alle untereinander in räumlichen und zeitlichen Beziehungen stehen. Ist es nicht wirklich ein wenig lächerlich, diesen Satz als großartiges philosophisches Forschungsergebnis verkaufen zu wollen? Natürlich. Aber Philosophen behaupten in der Regel mehr: Jedes einzelne Ding oder Ereignis in der Welt könnte auch nicht sein oder könnte anders beschaffen sein, unmöglich hingegen ist es, dass die für uns wahrnehmbare Welt von gar keinen Einzeldingen und Einzelereignissen bevölkert wird oder sie nicht zueinander räumlich und zeitlich angeordnet sind. Es ist *notwendig*, dass eine von uns wahrnehmbare Welt aus räumlich und zeitlich untereinander verbundenen Einzeldingen und Einzelereignissen besteht. Es ist dieser Übergang von einer Aussage der Form «p ist der Fall» zu der Aussage «Es ist notwendig, dass p der Fall ist», der aus der Sicht vieler Philosophen eine Behauptung erst zu einer wirklich philosophischen macht. Allein, was genau meinen die Philosophen mit dem Zusatz «Es ist notwendig, dass ...»?

11.1 Modale Aussagen

Die beiden Ausdrücke «es ist notwendig» und «es ist möglich» und ihre Verneinungen heißen *«Modalausdrücke»*, die mit ihnen gebildeten Aussagen *«Modalaussagen»*. Modalaussagen lassen sich sehr unterschiedlich ausdrücken. Unser Beispielsatz kann auch so lauten: Die von uns wahrnehmbare Welt muss aus räumlich und zeitlich untereinander verbundenen Einzeldingen und Einzelereignissen bestehen. Oder auch so: Mit Notwendigkeit besteht die von uns wahrnehmbare Welt aus räumlich und zeitlich untereinander verbundenen Einzeldingen und Einzelereignissen. Außerdem kennt die Sprache nicht nur die Modalwörter «notwendig» und «möglich». «Es ist kontingent, dass ...» wird ebenfalls zu den Modalausdrücken gerechnet.

Folgende Definitionsbeziehungen zwischen den modalen Ausdrücken werden allgemein akzeptiert:

(1) Es ist möglich, dass p, genau dann, wenn es nicht notwendig ist, dass nicht p.
(2) Es ist unmöglich, dass p, genau dann, wenn es notwendig ist, dass nicht p.
(3) Es ist kontingent, dass p, genau dann, wenn es weder notwendig ist, dass nicht p, noch notwendig ist, dass p.

Ohne dass der modale Grundbegriff «notwendig» geklärt wird, hängen diese Definitionen allerdings in der Luft. Über die richtige Begriffserläuterung für Notwendigkeit streiten die Philosophen, und darunter leiden, wie wir noch sehen werden, viele Argumente in der Philosophie.

Eine weitere Unterscheidung ist wichtig. In den oben betrachteten Sätzen und Definitionen bezieht sich das Notwendig- oder Möglichsein auf das Wahrsein ganzer Sätze. «Es ist notwendigerweise (möglicherweise) wahr, dass p» sollte es unmissverständlicher heißen. Da sich das Notwendig- oder Möglichsein auf die Wahrheit von Sätzen, mithin auf die Rede bezieht, sprechen die Philosophen von Modalitäten *«de dictu»*. Manchmal wird direkt von einer Sache behauptet, sie sei notwendig. In diesem Falle handelt es sich um eine Modalität *«de re»*.

Wir werden uns im Folgenden hauptsächlich mit Modalitäten de dictu beschäftigen. Eine de-re-Verwendung des Ausdrucks «notwendig» ist jedoch wichtig. Dass Gehirnareale auf eine bestimmte Weise funktionieren müssen, ist eine *notwendige Bedingung* dafür, dass jemand etwas wahrnimmt. Dass jemand etwas wahrnimmt, ist umgekehrt *hinreichend* dafür, dass Gehirnareale auf eine bestimmte Weise funktionieren. Generell ist bei einem wahren Satz der Form «Wenn p, dann q» p hinreichende Bedingung für q und q notwendige Bedingung für p. Würden Philosophen sich auf die Rede von «hinreichenden» und «notwendigen Bedingungen» beschränken, würden die modalen Ausdrücke kaum für Zündstoff in der philosophischen Debatte sorgen.

11.2 Mögliche Welten

Viele Philosophen haben eine grundlegende Intuition, wenn sie von der «notwendigen Wahrheit» einer Aussage reden. Was wir uns nicht anders vorstellen oder denken können, ist notwendigerweise wahr. Um zu prüfen, ob etwas notwendig wahr ist, versuchen wir uns vorzustellen, ob die Welt auch anders hätte sein können, und dazu nehmen wir etwas an, von dem wir schon wissen, dass es in der Welt, in der wir tatsächlich leben, nicht der Fall ist. Wir nehmen etwas entgegen den Tatsachen an. Deshalb redet man gerne von *«kontrafaktischen»* Annahmen. Philosophen lieben noch eine andere Ausdrucksweise: Mit kontrafaktischen Annahmen beziehen wir uns nicht auf die Welt, in der wir leben, sondern auf eine *mögliche Welt*.

Unter Philosophen ist es inzwischen sehr populär, die modalen Ausdrücke mit Hilfe des Ausdrucks «mögliche Welt» zu definieren. Hier der etwas vereinfachte Grundgedanke dieser «Definition»:[22]

(i) Es ist möglich, dass p, genau dann, wenn es eine mögliche Welt gibt, in der p der Fall ist.

(ii) Es ist notwendig, dass p, genau dann, wenn p in jeder möglichen Welt der Fall ist.

(iii) Es ist kontingent, dass p, genau dann, wenn es mindestens eine mögliche Welt gibt, in der p der Fall ist, und mindestens eine andere mögliche Welt, in der p nicht der Fall ist.

Freilich ist mit diesen «Definitionen» nichts gewonnen, solange der Begriff der möglichen Welt nicht geklärt ist. Leider ist keine Definition des Begriffs der möglichen Welt in Sicht, auf die sich alle Philosophen einigen könnten.[23] Versuchen wir trotzdem, etwas Licht ins Dunkel zu bringen.

Wahrnehmen können wir nur die real existierende Welt, mögliche Welten können wir uns dagegen nur vorstellen oder denken. Was tun wir, wenn wir uns eine mögliche Welt vorstellen oder denken? Wir sagen dann zum Beispiel laut oder auch nur lautlos im Geiste: Stellen wir uns einmal vor, die Welt bestünde nicht aus Einzeldingen und Einzelereignissen. Wir charakterisieren eine mögliche Welt mithin zunächst einmal durch eine Menge W von Sätzen, von denen mindestens einige in der von uns bewohnten Welt nicht wahr sind. Was können wir über diese mögliche Welt wissen? Da wir die mögliche Welt nicht wahrnehmen und niemand als Berichterstatter aus einer möglichen Welt bisher zurückgekehrt ist, müssen wir alles erschließen, was es über sie zu sagen gibt. Um zu schließen, braucht man schon Sätze. Auf jeden Fall gelten die Sätze aus W in der möglichen Welt. So stellen wir sie uns ja gerade vor. Was wir über sie noch wissen wollen, müssen wir aus W folgern. Dass einige oder alle Sätze aus W in unserer Welt faktisch falsch sind, steht dem nicht entgegen. Folgt ein Satz logisch aus W, so gilt er auch in W. Denn dass der Satz aus W logisch folgt, heißt ja gar nichts anderes, als dass dieser Satz immer dann wahr ist, wenn die Sätze aus W es sind. Da die Sätze aus W in der «möglichen Welt wahr» sind, wie die Philosophen sagen, ist in ihr auch jeder aus diesen Sätzen logisch folgende Satz wahr. Und noch etwas wissen wir über die mögliche Welt. Ein Satz, der einem der Sätze aus W logisch widerspricht, kann nicht in der durch W charakterisierten möglichen Welt wahr sein. Widersprüche können selbst in einer möglichen Welt nicht wahr sein, jedenfalls nach der Auffassung der allermeisten Philosophen (vgl. auch Abschnitt 18).

Betrachten wir ein Beispiel. Ich nehme ein Streichholz und ziehe es schnell unter Druck über den Anreißstreifen der Streichholzschachtel. Es entzündet sich nicht. Ich bemerke, dass der Streichholzkopf feucht ist. Wäre der Streichholzkopf trocken gewesen, hätte sich das Streichholz beim Anreißen entzündet. Solche Sätze heißen *«kontrafaktische Konditionalaussagen»*. In der Redeweise von den möglichen Welten ausgedrückt, sage ich mit der kontrafaktischen Konditionalaussage etwas über eine mögliche Welt aus, die sich von der Welt, in der wir alle leben, mindestens darin unterscheidet, dass in ihr das Streichholz trocken ist. Ich behaupte von dieser möglichen Welt, dass sich in ihr das Streichholz nach dem Anreißen entzündet.

Wie überzeugt man sich von der Wahrheit der irrealen Konditionalaussage über das Streichholz? Der Satz gibt uns kaum Rätsel auf. Wir wissen aus eigener Erfahrung, dass sich trockene Streichhölzer beim Reiben an einer geeignet rauen Fläche entzünden. Physiker und Chemiker können uns sogar genau erklären, warum das so ist. Wir haben es mit Naturgesetzen zu tun, die sich im Umgang mit Streichhölzern immer wieder bewähren. Aus ihnen und dem kontrafaktisch unterstellten Satz, dass das Streichholz trocken ist, folgt logisch, dass sich das Streichholz entzündet. Deshalb halten wir die kontrafaktische Konditionalaussage für wahr. Drücken wir uns wiederum in der Redeweise von möglichen Welten aus, so reden wir über eine mögliche Welt, in der nicht nur das Streichholz trocken ist, sondern auch die für diesen Vorgang einschlägigen Naturgesetze aus unserer Welt in Kraft sind. Aus beiden folgt, dass sich in der möglichen Welt das Streichholz entzündet.

Dürfen wir die Überlegungen unseres Beispielsatzes auf beliebige andere kontrafaktische Konditionalaussagen übertragen? Das ergäbe folgende Regel: Einen kontrafaktischen Konditionalsatz der Form «Wenn p der Fall wäre, wäre auch q der Fall» verifizieren wir, indem wir prüfen, ob aus dem Satz p und weiterem einschlägigen Wissen W folgt, dass q der Fall ist. Oder in der Terminologie von den möglichen Welten gesagt: Wir charakterisieren eine mögliche Welt durch den Satz, dass p der Fall ist, und die Sätze W und folgern den Satz, dass q der Fall ist, aus der Satzmenge W und dem Satz, dass p.

Diese Erläuterung erscheint auf den ersten Blick durchaus annehmbar. Doch drängt sich die Frage auf, welches Wissen einschlägig ist? Bei unserem Beispiel liegt das auf der Hand. Aber gibt es dafür ein generelles Kriterium? Wohl kaum, denn man muss sich nur klarmachen, wie wir kontrafaktische Konditionalaussagen handhaben. Wir formulieren die dazu erforderliche Betrachtung in der Redeweise über mögliche Welten. Wir stellen uns eine mögliche Welt vor, indem wir sie zunächst mit Hilfe einer Satzmenge W charakterisieren. Anschließend ziehen wir logische Konsequenzen aus W. Dabei nehmen wir weiteres Hintergrundwissen W' in Anspruch. Wann ist dieses Hintergrundwissen W' für die mögliche Welt einschlägig? Natürlich, ein Satz, der mit Sätzen aus W logisch unverträglich ist, scheidet als Hintergrundwissen aus. Angenommen, W und W' widersprechen sich logisch nicht. Nehmen wir weiter an, jemand behauptet, dass in der durch W charakterisierten möglichen Welt p der Fall sei. Er begründet das damit, dass sich p aus W unter Zuhilfenahme von W' ergibt. Dagegen könnte jemand protestieren: «Woher weißt du, dass W' in der durch W charakterisierten möglichen Welt der Fall ist?» Hierauf gibt es nur eine richtige Antwort: «Das weiß ich nicht, sondern ich stelle mir die Welt eben so vor, dass in ihr W' gilt.» Das nasse Streichholz entzündet sich nicht beim Reiben an der Anreißleiste der Streichholzschachtel. Das aber wäre passiert, wäre das Streichholz trocken gewesen. Jemand behauptet: «Na ja, vielleicht hätte es sich selbst dann nicht entzündet.» Darauf ist zu antworten: «Klar, es können noch andere Bedingungen fehlen, die nach unserem naturwissenschaftlichen Wissen zusammenkommen müssen, damit sich ein Streichholz beim schnellen, druckvollen Anreißen an der Reibefläche entzündet. Natürlich, man könnte sich sogar die Naturgesetze außer Kraft gesetzt denken, die ich selbstverständlich weiter unterstellt habe. Ich wollte ja nur sagen, dass unter den faktischen Umständen allein eine einzige Bedingung fehlte, damit das Streichholz sich entzündet hätte: Es war nicht trocken.»

Wir können unsere Überlegungen, wie sich kontrafaktische Konditionalaussagen begründen lassen, in einem Argumentationsmuster zusammenfassen:

Argumentationsmuster für kontrafaktische Überlegungen

1. p ist nicht der Fall.
2. Im Kontext, in dem gefragt wird, was wäre der Fall, wenn p der Fall wäre, ist das Wissen W einschlägig.
3. Aus p und W folgt logisch, dass q der Fall ist.

---

4. Also wäre q der Fall gewesen, wenn p der Fall gewesen wäre.

Dieses Argumentationsmuster unterstreicht auch, dass man zur Not auf die Rede von «möglichen Welten» im Kontext kontrafaktischer Konditionalaussagen verzichten kann. Das ist angesichts der Unklarheiten mit dem Begriff der möglichen Welt kein Nachteil.

11.3 Bedingte Notwendigkeit

Von Anfang an haben die Logiker über logische Folgerungsbeziehungen in modalen Ausdrücken geredet; auch wir haben das im zweiten Teil getan, indem wir gesagt haben: Wenn die Aussage q logisch aus der wahren Aussage p folgt, *muss* q wahr sein. Andere modale Formulierungen sind: q ist notwendigerweise wahr, falls p wahr ist. Oder: Relativ zu p ist q notwendigerweise wahr. Hier ist die Wahrheit einer Aussage für die Wahrheit einer anderen Aussage notwendig. Diese Rede von *«bedingter Notwendigkeit»* ist unproblematisch:

(a) Relativ zu W ist es notwendig, dass p, genau dann, wenn p aus W logisch folgt.
(b) Relativ zu W ist es möglich, dass p, genau dann, wenn es relativ zu W nicht notwendig ist, dass nicht-p, d. h. wenn p mit W logisch verträglich ist.
(c) Relativ zu W ist es unmöglich, dass p, genau dann, wenn nicht-p aus W logisch folgt, also p mit W nicht logisch verträglich ist.
(d) Relativ zu W ist es kontingent, dass p, wenn sowohl p als auch nicht-p logisch mit W verträglich ist, oder, mit anderen Worten, wenn p logisch unabhängig von W ist.

In vielen Fällen lässt sich die modale Rede von Philosophen als Rede über bedingte Modalitäten verstehen. Zum Beispiel sprechen Philosophen von «naturgesetzlicher Notwendigkeit». Das kann einfach nur bedeuten, dass etwas logisch aus den anerkannten Naturgesetzen folgt. Entsprechend ist etwas naturgesetzlich möglich genau dann, wenn es mit den anerkannten Naturgesetzen logisch verträglich ist.

Philosophen reden viel von «begrifflicher Notwendigkeit», etwa wenn sie sagen: Es ist begrifflich notwendig, dass ein Handelnder aus Gründen handelt. Wir sind solchen Sätzen schon im Zusammenhang mit transzendentalen Argumenten begegnet und werden das Thema gleich wieder aufgreifen. Begriffliche Notwendigkeit lässt sich problemlos als bedingte Notwendigkeit rekonstruieren. Bleiben wir bei unserem Beispiel. Wir sprechen überhaupt nur dann von einer Handlung, wenn die Person Gründe für das nennen kann, was sie tut, zum Beispiel Ziele, die sie mit ihrer Handlung erreichen will. Dass es begrifflich notwendig ist, dass Handelnde aus Gründen handeln, besagt: Der Satz «Handelnde haben Gründe für ihr Handeln» folgt logisch aus einer definitorischen Bestimmung des Ausdrucks «Handlung». Generell gilt: Es ist *begrifflich notwendig*, dass p, falls p aus definitorischen Bestimmungen logisch folgt.

Es mag durchaus schwierig sein, im Einzelfall eine Tatsachenfeststellung strikt von einer definitorischen Bestimmung abzugrenzen. Trotzdem sollte man nicht das Kind mit dem Bade ausschütten. Versteht jemand den Ausdruck «Junggeselle» nicht, so wird jeder kompetente Sprecher der deutschen Sprache ihm erläutern, dass als Junggesellen unverheiratete Männer im heiratsfähigen Alter bezeichnet werden. Der Satz «Junggesellen sind unverheiratet» ist eine begriffliche Bestimmung des Ausdrucks «Junggeselle». Unzählige andere Beispiele ließen sich anführen. Daher spricht nichts gegen folgende operationale Arbeitsdefinition für den Ausdruck «begriffliche Bestimmung»: Jemand versteht einen Ausdruck A nicht. Daraufhin erklärt ihm ein kompetenter Sprecher der betreffenden Sprache den Ausdruck A. Bei dieser Worterklärung werden unter anderem bestimmte Feststellungen F getroffen darüber, was der Fall sein muss, soll der Ausdruck A richtig verwendet werden. Jeder kompetente Sprecher der Sprache würde eine Erläuterung des Ausdrucks A ohne diese Feststellungen F als falsch, unvollständig oder irreführend beurteilen. Solche Feststellungen F gehören dann zu den *begrifflichen Bestimmungen* des Ausdrucks A.

11.4 Die Notwendigkeit transzendentaler Aussagen

Wir haben den Abschnitt über Notwendigkeit mit dem Beispielsatz eingeleitet «Es ist notwendig, dass die von uns wahrnehmbare Welt aus räumlich und zeitlich untereinander verbundenen Einzeldingen und Einzelereignissen besteht». Kant hat in der «Kritik der reinen Vernunft» diese Behauptung transzendental begründet. Freilich benutzte Kant eine völlig andere Terminologie: Notwendigerweise sind die Gegenstände unserer Anschauung in Raum und Zeit angesiedelt und fallen unter die Kategorie von Substanz und Akzidenz. Diese Terminologie müssen wir nicht unbedingt übernehmen. Uns interessiert momentan nur der Ausdruck «notwendig» im Kontext transzendentalen Philosophierens.

Wie lässt sich transzendental begründen, dass die von uns wahrnehmbare Welt aus räumlich und zeitlich untereinander verbundenen Einzeldingen und Einzelereignissen besteht? Ich glaube, etwas wahrzunehmen. Kommt es mir nur so vor, oder ist es tatsächlich der Fall? Wenn ich so frage, möchte ich meine zunächst bloß subjektive Wahrnehmung objektivieren. Wie stelle ich das an? Nun, wenn tatsächlich der Fall ist, was ich wahrzunehmen glaube, dann müssen andere dasselbe wahrnehmen. Ich muss sie auffordern, die Sache selber in Augenschein zu nehmen. Die anderen müssen jedoch wissen, wonach sie schauen sollen. Sie werden mich fragen: Was hast du wahrgenommen? Wo und wann hast du es wahrgenommen? Und ich muss ihnen beschreiben, wann und wo ich welchen Sachverhalt wahrgenommen habe. Ich werde das in Sätzen wie dem folgenden tun: «Ich habe gesehen, wie Herr Schmidt heute gegen zwölf Uhr auf dem Kurfürstendamm die Fasanenstraße in Richtung Gedächtniskirche überquerte.» Ist damit nicht bereits gezeigt, dass objektive Wahrnehmungen immer Wahrnehmungen von raum-zeitlich positionierten Einzeldingen sind? Man kann im Geiste Kants folgendermaßen argumentieren:

1. Immer wieder lassen sich zunächst bloß subjektive Wahrnehmungen objektivieren.
2. Unter anderem nennen wir Wahrnehmungen einer Person nur dann «objektiv», wenn auch andere Personen diese Wahrnehmungen direkt oder indirekt bestätigen können.
3. Um zunächst bloß subjektive Wahrnehmungen einer einzelnen Person durch andere bestätigen zu lassen, muss diese Person sie durch Sätze der Form beschreiben «Ich habe zum Zeitpunkt t am Ort O die Eigenschaft F am Einzelobjekt a wahrgenommen».
4. Was aus begrifflichen Gründen bei einer sinnvollen Bezugnahme auf Gegenstände unterstellt werden muss, ist der Fall.

---

5. Also sind objektivierte Wahrnehmungen immer Wahrnehmungen von Eigenschaften raum-zeitlich positionierter Einzeldinge.

Unzweifelhaft handelt es sich um ein transzendentales Argument. Die Objektivierung von Wahrnehmungen ist eine Form der Bezugnahme, und das Argument soll demonstrieren, dass die Beschreibbarkeit der Wahrnehmungsinhalte durch Sätze der Form «Ich habe zum Zeitpunkt t am Ort O die Eigenschaft F am Einzelobjekt a wahrgenommen» aus begrifflichen Gründen unterstellt werden muss, soll eine zunächst subjektive Wahrnehmung als objektiv gelten. Doch Kant würde die Konklusion modal verstärken: Es ist notwendig, dass objektivierte Wahrnehmungen immer Wahrnehmungen von Eigenschaften raum-zeitlich positionierter Einzeldinge sind. Was meint diese modale Verstärkung?

Die Konklusion des obigen Arguments ist als logische Folgerung relativ zu den Prämissen 1 bis 3 notwendig. Und die Prämissen sind typisch für ein transzendentales Argument. Aus beiden Bestimmungen lässt sich ein spezieller Begriff von transzendentaler Notwendigkeit bilden: Es ist *transzendental notwendig*, dass p, genau dann, wenn die Aussage, dass p, Konklusion eines logisch schlüssigen transzendentalen Arguments mit wahren Prämissen ist. Oder ausführlicher formuliert: Es ist transzendental notwendig, dass p, genau dann, wenn die Aussage, dass p, aus begrifflich unverzichtbaren Bestimmungen für eine Bezugnahme auf Sachverhalte logisch folgt. Transzendentale Notwendigkeit ist einfach eine bedingte begriffliche Notwendigkeit.

Auf den ersten Blick könnte man zwei Einwände dagegen erheben: (a) Sie sei inadäquat, weil sie transzendental begründete Aussagen zu bloß analytischen Aussagen herabstufe. (b) Sie sei inadäquat, weil im Gegensatz zu wirklich analytischen Aussagen die transzendental begründbaren Aussagen weder trivial noch uninformativ seien.

Zum Einwand (a). Als logische Konsequenzen aus wahren begrifflichen Bestimmungen sind Konklusionen eines transzendentalen Arguments analytisch wahr. Nun hat gerade Kant immer wieder betont, dass die Ergebnisse transzendentaler Überlegungen keine analytischen Sätze seien. Die These vom nicht-analytischen Charakter transzendentaler Aussagen ist allerdings ein Selbstmissverständnis Kants, das sich leicht aufklären lässt. Analytische und nicht-analytische Aussagen können dicht beieinander liegen. Die Aussage «Wahrnehmungen sind immer Wahrnehmungen von räumlich und zeitlich miteinander verbundenen Einzeldingen und Einzelereignissen» ist nicht analytisch. Die nur geringfügig veränderte Aussage «Objektivierbare Wahrnehmungen sind immer Wahrnehmungen von räumlich und zeitlich miteinander verbundenen Einzeldingen und Einzelereignissen» ist sehr wohl analytisch, sie ist eine Konsequenz begrifflicher Bestimmungen des Ausdrucks «objektivierbare Wahrnehmung». Das Kausalprinzip, wonach jedes Ereignis eine Ursache hat, ist für Kant ebenfalls eine transzendental begründbare notwendige, aber angeblich nicht analytisch wahre Aussage. In Wahrheit jedoch begründet Kant die scheinbar nur geringfügig erweiterte Aussage «Jedes Ereignis als Inhalt einer objektivierbaren Erfahrung hat eine Ursache» transzendental, und zwar unter Rückgriff auf Überlegungen, die man letztlich als Bestimmungen zum Begriff der objektivierbaren Erfahrung auffassen muss. Auf den ersten Blick scheint der Unterschied zwischen «Jedes Ereignis hat eine Ursache» und «Jedes Ereignis als Inhalt einer objektivierbaren Erfahrung hat eine Ursache» nicht gewaltig, sodass Kant die erste Aussage formuliert, obwohl er in Wahrheit nur die zweite begründet. Doch der Unterschied ist immerhin so groß, dass die zweite Aussage analytisch ist, die erste hingegen nicht. Und genau dieser Unterschied ist für ein transzendentales Argument ausschlaggebend.

Zum Einwand (b). Oft gelten analytische Aussagen als trivial und völlig uninformativ. Außerdem sind Definitionen häufig rein konventionell und lassen beliebige Alternativen zu. Es gibt Definitionen, mit deren Hilfe ein langer Ausdruck durch einen anderen abgekürzt wird. Man könnte aber den längeren Ausdruck durch einen beliebigen anderen abkürzen. Statt von «Primzahlen» könnte man auch von «Nichtteilerzahlen» reden. Es kommt nur darauf an, den langen Ausdruck «die Zahl x ist außer durch 1 und durch sich selbst nicht echt teilbar» zu vermeiden.

Triviale oder rein konventionelle Abkürzungen sind die begrifflichen Bestimmungen nicht, die bei transzendentalen Überlegungen ins Spiel kommen. Der Ausdruck «Objektivierung einer Wahrnehmung» kürzt nicht einfach den Ausdruck «verschiedene Beobachter machen unabhängig voneinander eine Wahrnehmung desselben oder zumindest des gleichen Inhalts» ab. Die beiden Ausdrücke sind nicht synonym. Auf keinen der beiden können wir verzichten. Sie sind unabdingbar, um Wahrnehmungen und Erfahrungen angemessen artikulieren und reflektieren zu können. Trotzdem wird jeder, der einem anderen erklären muss, was der Ausdruck «Objektivierung einer Wahrnehmung» bedeutet, früher oder später unter anderem davon sprechen, dass Wahrnehmungen, die ein anderer Beobachter nie in der gleichen Weise selber nachvollziehen und bestätigen kann, als bloß subjektiv zu gelten haben. Der Zusammenhang zwischen Objektivierung einer Wahrnehmung und ihrer Bestätigung durch andere Beobachter ist begrifflicher Natur.

Wahrnehmungen und ihre Objektivierung sind nicht etwas x-Beliebiges in der Welt, zu dem es viele Alternativen gibt. Ohne objektivierte Wahrnehmungen gäbe es für uns ja gar keine gemeinsame Welt und kein gemeinsames Wissen von ihr. Bestimmte Aussagen über die Welt auf die für uns essentiellen Weisen der Objektivierung zurückzuführen, wie das im obigen transzendentalen Argument geschieht, vermittelt uns daher selber eine tiefe Einsicht in die uns gemeinsam zugängliche Welt und unseren gemeinsamen Weltbezug. Mit dieser Einsicht rennt man nicht einfach offene Türen ein. Es ist stets eine echte Entdeckung, dass sich eine Aussage transzendental begründen lässt. Diejenigen Aussagen, die sich als essentielle Unterstellungen sinnvoller Bezugnahme auf die Welt nachweisen lassen, vor den übrigen Aussagen über die Welt auszuzeichnen, ist ein sinnvolles Unternehmen. Diese Auszeichnung geschieht terminologisch mit dem Begriff der transzendentalen Notwendigkeit.

11.5 Zur Kritik des modalen Realismus

Bei der Suche nach verständlichen Explikationen der modalen Begriffe «notwendig», «möglich», «unmöglich», «kontingent» haben wir bisher zwei unproblematische Lesarten gefunden, nämlich erstens Notwendigkeit im Sinne notwendiger Bedingungen und zweitens bedingte Notwendigkeit und Möglichkeit, die durch den Begriff der logischen Folgerung erklärt werden können. Gegenüber der unter Philosophen gegenwärtig weit verbreiteten Rede von «möglichen Welten» haben wir große Zurückhaltung an den Tag gelegt. Wir haben immer nur von einer durch eine Satzmenge W charakterisierten möglichen Welt gesprochen und davon, dass wir uns mögliche Welten vorstellen oder ausdenken. Mögliche Welten werden von uns erfunden. Gegen diese Auffassung wenden sich einige Philosophen. Mögliche Welten gibt es für diese Philosophen auch dann, wenn niemand sie sich vorstellt oder an sie denkt, mögliche Welten «existieren wirklich». Der Philosoph David Lewis verteidigt einen besonders radikalen *«modalen Realismus»*:[24]

> Ich glaube, dass es außer der Welt, die wir zufällig bewohnen, andere mögliche Welten gibt. Wenn ein Argument gewünscht wird, ist es das folgende. Es ist unstrittig wahr, dass die Dinge anders sein könnten als sie sind. Ich glaube, und auch du glaubst das, dass die Dinge auf ungezählte Weise anders hätten sein können. Aber was bedeutet das? Die gewöhnliche Alltagssprache erlaubt die Ausdrucksweise: Neben der Art und Weise, wie die Dinge tatsächlich sind, gibt es viele Weisen, wie die Dinge hätten gewesen sein können. Seinem Aussehen nach ist dieser Satz ein quantifizierter Existenzsatz. Er sagt, dass es viele Entitäten einer bestimmten Beschreibung gibt, nämlich «Art und Weisen, wie Dinge hätten gewesen sein können». Ich glaube, dass Dinge auf unzählige Weisen anders hätten sein können; ich glaube zulässigen Ausdrucksweisen für das, was ich glaube; nehme ich die Ausdrucksweise für bare Münze, glaube ich daher an die Existenz von Gegenständen, die man nennen könnte «Weisen, wie die Dinge sein könnten». Ich ziehe es vor, sie «mögliche Welten» zu nennen.

Das Argument gibt uns keine großen Rätsel auf:

1. Dinge könnten anders sein, als sie sind.
2. Dass Dinge anders sein könnten, als sie sind, besagt mit anderen Worten: Es gibt Weisen, wie die Dinge anders sein könnten, als sie sind.

---

3. Also ist die Aussage wahr: «Es gibt Weisen, wie die Dinge anders sein könnten, als sie sind.»
4. Der Satz «Es gibt Weisen, wie die Dinge anders sein könnten, als sie sind» ist eine Existenzbehauptung, die nur dann wahr ist, wenn es Gegenstände gibt, die unter die Beschreibung fallen «Weisen, wie die Dinge anders sein könnten, als sie sind».

---

5. Also muss es Dinge geben, die unter die Beschreibung fallen «Weisen, wie die Dinge anders sein könnten, als sie sind».
6. Gegenstände, die unter die Beschreibung fallen «Weisen, wie die Dinge anders sein könnten, als sie sind», heißen «mögliche Welten».

---

7. Also gibt es mögliche Welten.

Problematisch ist die Prämisse 2. Zugegeben, wir drücken unsere Überzeugung, dass viele Dinge in der Welt anders sein könnten, als sie sind, auch manchmal durch den Existenzsatz aus «Es gibt andere Weisen, wie die Dinge sein könnten, als die Weise, wie die Dinge in unserer Welt nun einmal sind». Aber wir sind nicht sklavisch an diese Formulierung gekettet. Es steht uns frei, stattdessen zu sagen: «Viele Dinge könnten anders sein, als sie sind» oder «Es ist möglich, dass die Dinge auch anders hätten sein können», und das sind ihrer grammatischen Form nach erst einmal keine Existenzbehauptungen. Lewis hätte mit seinem Argument nur Recht, falls die zuletzt genannten Aussagen unbedingt als Existenzbehauptungen über mögliche Welten gelesen werden müssen. Wir haben oben aber schon vorgeschlagen, die Aussage «Es ist möglich, dass p» anders zu lesen: Die Aussage, dass p, widerspricht logisch nicht einer für den jeweiligen Kontext einschlägigen Satzmenge W. Und es spricht einiges dafür, dass wir mit einer Aussage wie «Die Dinge könnten auch anders sein, als sie sind; statt p könnte auch nicht-p der Fall sein», wird sie im Kontext K geäußert, so viel meinen wie: Dass p nicht der Fall ist, widerspricht keiner unserer zentralen Überzeugungen, die für K einschlägig sind. Lewis freilich verwirft diesen Rekonstruktionsvorschlag als angeblich zirkulär:

> Wir könnten sie (nämlich die möglichen Welten, H. T.) als metasprachliche Prädikate auffassen, die analysiert werden können in Begriffen der Konsistenz. «φ ist möglich» bedeutet, dass φ ein konsistenter Satz ist. Aber was ist Konsistenz? Wenn ein konsistenter Satz ein solcher ist, der wahr sein könnte, oder einer, der nicht notwendigerweise falsch ist, dann ist die Theorie zirkulär; natürlich kann man raffinierter, als ich es getan habe, zu Werke gehen, um die Zirkularität zu verstecken. Wenn ein konsistenter Satz einer ist, der unter irgendeiner Zuweisung von Extensionen zum nicht-logischen Vokabular wahr wird, dann ist die Theorie falsch: einige Zuordnungen von Extensionen sind unmöglich, zum Beispiel die, die den deutschen Wörtern «Schwein» und «Schaf» sich überschneidende Extensionen zuordnet. Wenn ein konsistenter Satz einer ist, der unter einer möglichen Zuordnung von Extensionen wahr wird, dann ist die Theorie wieder zirkulär.[25]

Das Argument besagt im Kern:

1. Eine konsistente Aussage ist eine solche, die unter mindestens einer zulässigen (möglichen) Interpretation wahr wird.
2. Der Begriff der zulässigen Interpretation setzt den modalen Begriff der Möglichkeit voraus.
3. Wenn ein Begriff B_1 nur mit Hilfe eines Begriffs B_2 definiert werden kann und B_2 wiederum den Begriff B_3 voraussetzt, so ist es zirkulär, den Begriff B_3 durch den Begriff B_1 zu definieren.

---

4. Es ist zirkulär, den modalen Begriff der Möglichkeit durch den Begriff der logischen Konsistenz zu definieren.

Der Vorwurf der Zirkularität ist wenig überzeugend. Wir lernen in Bezug auf die reale Welt zwischen wahren und falschen Aussagen zu unterscheiden. Insbesondere lernen wir auch mit falschen Sätzen umzugehen, etwa logisch aus ihnen zu schließen. Dabei werden uns Begriffe wie «konsistent», «Folgerung» und andere beigebracht. Etwa lehrt man uns, dass eine Aussage konsistent ist, wenn sie durch Interpretation aus einer konsistenten Aussageform gewonnen werden kann. Eine Aussageform ist konsistent, wenn es eine zulässige Interpretation gibt, bei der sie wahr wird. Zugegeben, der Begriff der zulässigen oder möglichen Interpretation ist ein modaler Begriff. Diagnostiziert Lewis damit nicht zu Recht Zirkularität? Der Eindruck täuscht. Wir lernen, Aussageformen zu bilden und sie auf verschiedene Weise zu interpretieren. Sobald wir das beherrschen, wissen wir, wann eine Interpretation zulässig ist. Dazu müssen wir keine modalen Begriffe wie «möglich», «notwendig» oder gar «mögliche Welt» verwenden oder ihren Gebrauch voraussetzen, auch nicht indirekt. «Zulässige Interpretation» ist ein *spezieller* modaler Begriff, der ohne Rückgriff auf allgemeine modale Begriffe wie «Notwendigkeit», «Möglichkeit», «mögliche Welt» expliziert werden kann. Werden logische Begriffe wie «konsistent», «logische Folgerung» und ähnliche gelehrt und gelernt, werden Aussagen wie «Eine Aussage ist konsistent, wenn sie möglicherweise wahr ist» gewissermaßen nebenbei als synonyme Ausdrucksvarianten miteingeführt.

Lewis wartet noch mit einem Einwand auf, warum man mögliche Welten auf keinen Fall mit Mengen von Sätzen identifizieren sollte:

> Ich habe schon gesagt, dass wir nichts dabei gewinnen, mögliche Welten mit Mengen von Sätzen (oder Ähnlichem) zu identifizieren, da wir dann den Begriff der Möglichkeit schon auf eine andere Weise verstanden haben müssen, um richtig festlegen zu können, welche Mengen von Sätzen mit möglichen Welten identifiziert werden sollten. Wir gewinnen nicht nur nichts dabei: gegeben, die aktuale Welt unterscheidet sich der Art nach nicht vom Rest (der möglichen Welten), dann würde uns dies sogar zu der Schlussfolgerung führen, dass unsere aktuale Welt eine Menge von Sätzen ist. Da ich nicht glauben kann, dass ich und alles, was mich umgibt, eine Menge von Sätzen ist (obwohl ich über kein Argument verfüge, dass sie es nicht sind), kann ich nicht glauben, dass andere Welten Mengen von Sätzen sind.[26]

Trotz seiner Ironie kann Lewis nicht vergessen machen, daß er seine Reduktio auf zwei Annahmen um des Arguments willen aufbaut.

1. Annahme um des Arguments willen: *Die aktuale Welt gehört zur selben Art von Dingen wie die möglichen Welten.*
2. Annahme um des Arguments willen: *Die möglichen Welten sind Mengen von Sätzen.*
3. Wenn x und y zur selben Art gehören und x die für die Art konstitutive Eigenschaft E besitzt, so besitzt auch y diese Eigenschaft.

---

4. Also ist die aktuale Welt eine Menge von Sätzen.
5. Die aktuale Welt ist aber keine Menge von Sätzen.

---

6. Also sind die möglichen Welten keine Mengen von Sätzen.

Statt die zweite Annahme für die absurde Konsequenz, dass die reale Welt eine Menge von Sätzen ist, verantwortlich zu machen, könnte man die Absurdität auch der ersten Annahme ankreiden: Die aktuale Welt ist eben doch etwas prinzipiell anderes als eine mögliche Welt. Mögliche Welten lassen sich sehr wohl mit Mengen von Sätzen identifizieren insofern, als wir mögliche Welten erfinden oder uns vorstellen, und das geht nur über Sätze. Im Gegensatz dazu ist die aktuale Welt, die wir bewohnen, nicht etwas, das wir uns nur vorstellen oder gar nur erfunden haben. In der Tat, die reale Welt ist etwas ganz anderes als eine Menge von Sätzen, aus denen wir logische Schlüsse ziehen.[27]

11.6 Mögliche-Welten-Argumente

Wir kommen nun zu gegenwärtig sehr populären Argumenten. Wir wollen diesen Typus von Argumenten an zwei Beispielen behandeln. Das erste verdanken wir dem amerikanischen Philosophen Saul Kripke.[28] Kripke will mit diesem Argument die so genannte Identitätstheorie widerlegen. Nach der Identitätstheorie sind unsere mentalen Zustände mit Gehirnzuständen identisch.

Kripke eröffnet sein Argument mit einer sprachphilosophischen Überlegung zu Eigennamen. Eigennamen wie «Aristoteles» oder «London» benennen individuelle Gegenstände. Solche individuellen Gegenstände haben eine ganz bestimmte Lebensgeschichte. So war Aristoteles der berühmteste Schüler des Philosophen Platon und selber der Lehrer Alexanders des Großen. Natürlich können wir uns vorstellen, dass das Leben von Aristoteles anders hätte verlaufen können, Platon hätte ihn zum Beispiel nicht in die platonische Akademie aufnehmen, Philipp von Mazedonien ihn nicht zum Lehrer seines Sohnes Alexander bestellen können. Wenn wir behaupten, Aristoteles hätte Alexander den Großen auch nicht unterrichten können, reden wir immer noch von derselben Person, die wir in unserer Welt mit dem Eigennamen «Aristoteles» bezeichnen. Kripke drückt das in der Terminologie der möglichen Welten so aus: Eigennamen, wie zum Beispiel «Aristoteles», bezeichnen in allen möglichen Welten dieselbe Person. Aus dieser Überlegung zieht Kripke eine bemerkenswerte Konsequenz:

1. Bezeichnen die Eigennamen «X» und «Y» denselben Gegenstand, so gilt: X ist identisch mit Y.
2. Wenn aber die Eigennamen «X» und «Y» denselben Gegenstand bezeichnen, bezeichnen sie in allen möglichen Welten denselben Gegenstand.

---

3. Also gilt: Wenn X mit Y in der aktualen Welt identisch ist, so gilt dies in jeder möglichen Welt.
4. Was in jeder möglichen Welt gilt, gilt notwendigerweise.

---

5. Wenn also X mit Y identisch ist, dann ist es sogar notwendig, dass X mit Y identisch ist.

Die Konklusion 5 ist die wichtigste Prämisse in Kripkes Anschlussüberlegung:

1. Wenn X mit Y identisch ist, dann ist es notwendig, dass X mit Y identisch ist.
2. Wenn es notwendig ist, dass p, dann ist es nicht möglich, dass nicht-p.

---

3. Wenn X mit Y identisch ist, dann ist es nicht möglich, dass X von Y verschieden ist.
4. Wenn es nicht möglich ist, dass p, dann ist es auch nicht möglich zu entdecken, dass p.

---

5. Wenn X mit Y identisch ist, dann ist es auch nicht möglich zu entdecken, dass X von Y verschieden ist.

Die Anhänger der Identitätstheorie behaupten, dass mentale Zustände mit Gehirnzuständen, Schmerzen zum Beispiel mit dem «Feuern» der so genannten C-Fasern im Gehirn identisch sind. Sie interpretieren das als eine unter vielen Identitäten, die die Wissenschaft entdeckt hat, wie zum Beispiel, dass Wasser H_2O, Licht eine elektromagnetische Welle, Wärme Molekularbewegung sind. Gleichwohl hätte die Wissenschaft auch entdecken können, dass Wasser nicht mit H_2O, Licht nicht mit elektromagnetischen Wellen, Wärme nicht mit Molekularbewegungen identisch sind. Entweder spricht das gegen Kripkes These, dass Identitätsaussagen notwendigerweise gelten, oder die Möglichkeit, etwas anderes zu entdecken, muss auf eine Weise erklärt werden, die mit der Notwendigkeit von Identitätsaussagen verträglich ist. Kripke räumt ein, dass an der Behauptung etwas Wahres ist, man hätte auch entdecken können, dass Wärme nicht identisch ist mit Molekularbewegungen:

> Wenn jemand ungenau sagt, dass es sich hätte herausstellen können, dass Wärme nicht die Bewegung von Molekülen ist, ist der wahre Kern seiner Aussage der, dass jemand ein Phänomen auf dieselbe Weise hätte empfinden können, auf die wir Wärme empfinden, das heißt, dass er es kraft dessen hätte empfinden können, dass es die Empfindung hervorruft, die wir «Wärmeempfindung» (nennen wir sie «E») nennen, obwohl dieses Phänomen nicht die Bewegung von Molekülen wäre.[29]

Nach Kripke ist der Satz «Man hätte auch entdecken können, dass Wärme nicht identisch ist mit Molekularbewegungen» wortwörtlich verstanden falsch. Nur wenn man ihn in der folgenden Weise uminterpretiert, ist er wahr: Es ist möglich, dass es Situationen gibt, in denen etwas anderes als Molekularbewegungen *epistemisch* nicht von Wärme unterschieden werden kann, dass etwas als Wärme empfunden wird, was in Wahrheit keine Molekularbewegung ist, oder dass Molekularbewegungen nicht als Wärme empfunden werden. Auf diese Weise lässt sich die scheinbare Kontingenz, dass Wärme mit Molekularbewegungen identisch ist, im Einklang mit dem Satz «Es ist notwendig, dass Wärme mit Molekularbewegungen identisch ist» (weg)erklären.

Nach der psycho-physischen Identitätstheorie hätte sich herausstellen können, dass Schmerzen nicht identisch sind mit dem Feuern der C-Fasern.

> Läßt sich nun etwas Analoges sagen, womit man das Gefühl wegerklären könnte, dass sich die Identität von Schmerzen und der Erregung von C-Fasern, wenn sie eine wissenschaftliche Entdeckung ist, als anders hätte erweisen können? Ich sehe nicht, dass eine solche Analogie möglich ist. […] Jemand kann ohne Vorhandensein von Wärme in derselben epistemischen Situation sein, in der er wäre, wenn es Wärme gäbe, und zwar einfach dadurch, dass er die Wärmeempfindung fühlt; und selbst bei Vorhandensein von Wärme kann er dieselbe Evidenz, die er beim nicht-Vorhandensein von Wärme hätte, haben, nämlich einfach dadurch, dass er die Empfindung E nicht hat. Keine solche Möglichkeit existiert im Fall der Schmerzen und anderer mentaler Phänomene. In derselben

> epistemischen Situation zu sein, die bestehen würde, wenn man Schmerzen hätte, *heißt* Schmerzen zu haben; in derselben epistemischen Situation zu sein, wie sie bestehen würde, wenn man keine Schmerzen hätte, *heißt* keine Schmerzen zu haben. Die Kontingenz, die in der Verknüpfung zwischen dem mentalen Zustand und dem entsprechenden Gehirnzustand zu liegen scheint, lässt sich daher nicht wie im Falle der Wärme durch eine Art von qualitativer Analogie wegerklären.[30]

Kripke argumentiert mithin in folgender Weise:

1. Wenn die Tatsache, dass sich hätte herausstellen können, dass das Feuern der C-Fasern kein Schmerz ist, analog zum Zusammenhang zwischen Wärme und Molekularbewegung wegerklärt werden kann, dann muss es möglich sein, dass das Feuern der C-Fasern ein Schmerz ist und trotzdem nicht als Schmerz empfunden wird.
2. Es ist (begrifflich) unmöglich, dass irgendetwas ein Schmerz ist und zugleich nicht als Schmerz empfunden wird.

---

3. Also ist es unmöglich, dass ein Feuern der C-Fasern ein Schmerz ist und trotzdem nicht als Schmerz empfunden wird.

---

4. Also kann die Tatsache, dass sich hätte herausstellen können, dass das Feuern der C-Fasern kein Schmerz ist, nicht analog zum Zusammenhang zwischen Wärme und Molekularbewegung wegerklärt werden.

Gestützt auf die bisher dargestellten Argumente widerlegt Kripke die Identitätstheorie mit einem einfachen *Mögliche-Welten-Argument*:

1. Annahme um des Arguments willen: *Schmerzen sind identisch mit dem Feuern von C-Fasern.*
2. Wenn x mit y identisch ist, dann ist es nicht möglich zu entdecken, dass x und y verschieden sind.

---

3. Also ist es nicht möglich zu entdecken, dass Schmerzen und das Feuern von C-Fasern verschieden sind.
4. Es hätte aber sehr wohl entdeckt werden können, dass Schmerzen etwas anderes sind als das Feuern von C-Fasern, und die Möglichkeit dieser Entdeckung kann nicht wegerklärt werden.

---

5. Also sind Schmerzen nicht identisch mit dem Feuern der C-Fasern.

Das Argument von Kripke folgt dem Argumentationsmuster der Mögliche-Welten-Argumente.

Argumentationsmuster für Mögliche-Welten-Argumente

1. Wenn p der Fall ist, dann ist es sogar notwendig, dass p der Fall ist.
2. In der speziellen möglichen Welt W ist aber nicht-p der Fall.
3. Es ist notwendig, dass p der Fall ist, genau dann, wenn in jeder möglichen Welt p der Fall ist.

---

4. Es ist nicht notwendig, dass p der Fall ist.

---

5. p ist nicht der Fall.

Konstitutiv für ein solches Argument ist die Prämisse «Wenn p der Fall ist, dann ist es sogar notwendig, dass p der Fall ist». Genau eine solche Prämisse ist sehr oft mit einem gravierenden Makel behaftet: Es ist nicht klar, in welchem Sinne p notwendig sein soll. Die unproblematischen Lesarten des Begriffs «notwendig» als notwendige Bedingung oder bedingte Notwendigkeit reichen im Allgemeinen nicht hin, um eine solche Prämisse als wahr einzusehen. Das ist schon im Argument von Kripke so und gilt auch im folgenden Argument. Ansgar Beckermann diskutiert die so genannte Supervenienztheorie. Nach dieser Theorie hat jede mentale Eigenschaft ein physisches Korrelat, d. h.

> für jede mentale Eigenschaft M gibt es eine Menge $P_1, \ldots, P_n, \ldots$ von physischen Eigenschaften, für die (in dieser bzw. in allen möglichen Welten) gilt:
> (a) Ein Gegenstand x hat M nur dann, wenn er eine der Eigenschaften P_i hat;
> (b) für alle Eigenschaften P_i gilt: Wenn x P_i hat, dann hat x auch M.[32]

Die schwache Supervenienztheorie behauptet nun, dass die Gesetze (a) und (b) nur in dieser, nicht in allen möglichen Welten wahr sind. Beckermann kritisiert das als unzureichend:

Nehmen wir z. B. an, dass ich jetzt starke Schmerzen fühle. Wenn man Supervenienz im Sinne schwacher Supervenienz auffaßt, dann ist die These [...] mit den folgenden Annahmen vereinbar:

(a) Es gibt eine mögliche Welt, in der es einen Menschen gibt, der exakt dieselben physischen Eigenschaften besitzt, die ich im Augenblick habe, aber keinerlei Schmerzen fühlt.

(b) Es gibt eine mögliche Welt, in der es Wesen gibt, die uns Menschen in allen physischen Hinsichten gleichen, die jedoch überhaupt keine mentalen Eigenschaften besitzen.

(c) Es gibt eine mögliche Welt, in der nicht nur Wesen, die eine ähnliche physische Struktur haben wie wir, sondern auch Bäume, Steine und Seen Schmerzen empfinden.

Wenn der Zusammenhang zwischen mentalen und physischen Eigenschaften derart schwach ist, wird man aber kaum davon sprechen wollen, dass mentale Eigenschaften in einem physikalistisch akzeptablen Sinne von physischen Eigenschaften abhängen.[32]

Wir haben ein typisches Mögliche-Welten-Argument vor uns.

1. Die Supervenienztheorie ist nur dann physikalistisch akzeptabel, wenn sie behauptet: Es ist notwendig, dass jede mentale Eigenschaft ein physisches Korrelat besitzt.
2. Nach der schwachen Supervenienztheorie ist es jedoch möglich, dass mentale Eigenschaften kein physisches Korrelat besitzen und physische Korrelate nicht mit mentalen Eigenschaften verbunden sind.

---

3. Also ist die schwache Supervenienztheorie keine physikalistisch akzeptable Theorie.

Leider erklärt uns Beckermann nicht, was er mit «Notwendigkeit» bzw. mit «mögliche Welt» genau meint. Für ihn müssen offensichtlich Naturgesetze der Art «Für alle x gilt: Wenn F auf x zutrifft, trifft auch G auf x zu» immer stärker gelesen werden, und zwar im Sinne von «Für alle x gilt: Wenn F auf x zutrifft, dann trifft notwendigerweise auch G auf x zu». Doch bis heute hat niemand zureichend die Rede von «naturgesetzlicher Notwendigkeit» explizieren können. Nicht gemeint sein kann die unproblematische Lesart naturgesetzlicher Notwendigkeit als einer speziellen bedingten Notwendigkeit, wonach etwas naturgesetzlich notwendig ist, insofern es aus den Naturgesetzen logisch folgt. Die Naturgesetze sollen selber notwendig wahr sein oder etwas Notwendiges behaupten. Allerdings ist in diesem Zusammenhang mehr als nur auffällig, dass man in keinem Physik-, Chemie- oder Biologielehrbuch je ernsthaft die Behauptung nachlesen kann, die physikalischen, chemischen oder biologischen Gesetze beinhalteten etwas Notwendiges oder seien selber notwendigerweise wahr. Im Gegenteil, berühmte Physiker wie Richard Feynman gießen Hohn und Spott aus über Philosophen, die bei Naturgesetzen irgendeine Art von Notwendigkeit am Werk sehen. Solange also die mit Naturgesetzen angeblich verbundene Notwendigkeit nicht geklärt wird, ist der obige Einwand nicht besonders schlagkräftig. Bis dahin kann man den Mögliche-Welten-Einwand gegen die schwache Supervenienztheorie mit folgendem Gegenbeispiel ad absurdum führen:

1. Eine Theorie der Gravitation ist nur dann als Physik akzeptabel, wenn sie die Anziehungskraft zwischen materiellen Körpern als notwendig nachweisen kann.
2. Trotz der Gravitationstheorie ist eine mögliche Welt denkbar oder vorstellbar, in der materielle Körper vorhanden sind und doch keine Anziehungskraft zwischen ihnen wirkt.

---

3. Also ist die Newtonsche Theorie keine akzeptable Physik der Gravitation.

12. Gedankenexperimente

Mit Vorliebe überlegen Philosophen, was anders sein könnte, als es tatsächlich ist. Sind Philosophen nur notorisch unzufrieden mit sich und der Welt, oder was erklärt ihre Affinität zum Irrealen? Die Philosophie ist eine Disziplin höherer Ordnung. Sie interessiert sich dafür, wie vernünftige Bezugnahme auf die Welt zustande kommt. Wenn Naturwissenschaftler herausbekommen wollen, wie etwas funktioniert, experimentieren sie. Galilei lässt Kugeln eine schiefe Ebene herunterrollen. Er wiederholt die Versuche. Aber das wäre schnell langweilig, und er würde alsbald kaum noch etwas Neues dabei erfahren. So verändert er die Versuchsanordnung jedesmal ein wenig. Er nimmt leichte und schwere Kugeln, er variiert den Neigungswinkel der schiefen Ebene und schaut nach, was sich am Bewegungsverhalten der Kugeln ändert und was gleich bleibt. So findet er etwas wirklich Interessantes heraus: Die Bewegung an der schiefen Ebene ist gleichförmig beschleunigt, sodass sich die zurückgelegten Strecken zueinander verhalten wie die Quadrate der dafür benötigten Zeiten. Und er folgert, dass der freie Fall nur der Spezialfall einer Bewegung an der um 90 Grad geneigten schiefen Ebene ist. Will der Philosoph, inspiriert vom Grundsatz der Philosophie als Disziplin höherer Ordnung, herausfinden, wie vernünftige Bezugnahme funktioniert, mag auch er auf die Idee kommen zu experimentieren. Was kann sich an der Welt oder unserer Bezugnahme ändern, sodass trotzdem immer noch die Tatsachen in der Welt und unsere Bezugnahme auf sie kohärent zusammenstimmen? Unter welchen Umständen bricht diese Kohärenz zwischen Tatsachen und unserer Bezugnahme auf sie komplett zusammen? Allein, wie ließe sich hier experimentieren? Natürlich, wir können uns eine Brille mit rosafarbenen Gläsern aufsetzen und feststellen, dass uns die Welt dann rosiger erscheint. Wir könnten uns auch vornehmen, eine Zeit lang auf das Vokabular der Alltagspsychologie zu verzichten, und immer protokollieren, was dann passiert. Dieser Form, mit Weisen der Bezugnahme zu experimentieren, sind jedoch enge Grenzen gesetzt. Der Philosoph experimentiert mit der Welt und unserer Bezugnahme auf sie in Gedanken. Wie wird der Lehnstuhl zum Gedankenlaboratorium?

12.1 Temperaturen sehen

Wir empfinden den Unterschied zwischen warm und kalt über Sensoren in unserer Haut. Stellen wir uns einmal Wesen vor, die uns sehr ähnlich sind, nur dass sie Temperaturunterschiede zwischen Körpern visuell wahrnehmen, weil ihre Retina elektromagnetische Wellen einer Wellenlänge weit im infraroten Bereich detektiert, die direkt eine Funktion der Temperatur der strahlenden Körper ist. Diese «Temperaturseher» empfinden kalte Objekte als schwarz, warme Objekte als grau und heiße Objekte als weiß. Wären die Temperaturseher schlechter dran als wir? Wäre es für sie schwieriger, alles über warme und kalte Objekte in der Welt in Erfahrung zu bringen? Und wie würden die Temperaturseher über Wärmephänomene reden? Könnten sie unsere Wörter «warm» und «kalt» benutzen? Würden diese Wörter bei den Temperatursehern etwas anderes bedeuten als bei uns? Wir müssen erst einmal mehr über die Temperaturseher wissen. Der amerikanische Philosoph Paul Churchland hilft uns dabei.

> Stellen wir uns nun eine unabhängige Gesellschaft solcher Wesen vor, die eine Sprache sprechen, die, zumindest oberflächlich betrachtet, vom Deutschen ununterscheidbar ist, außer in zwei Hinsichten. Erstens fehlt unser Vokabular für Farben, einschließlich der Wörter «schwarz», «grau» und «weiß». Zweitens wird unser übliches Vokabular für Temperatur («kalt», «heiß», «wärmer als» etc.) von den kleinen Kindern gelernt als ein Beobachtungsvokabular für visuelle statt für taktile Berichte. (Um die Sache später zu vereinfachen, nehmen wir auch an, dass diesen Wesen irgendwelche Tastsinne oder körperliche Sinne für Temperaturen fehlen, genauso wie es uns an einem Tastsinn oder Körpersinn für Farben mangelt.) Sie erwerben den Gebrauch der relevanten Prädikate weitgehend in derselben Weise wie wir den Gebrauch der Farbprädikate lernen, und auf verschiedene Weisen sammeln sie stetig die übliche Menge genereller Überzeugungen und Annahmen über Temperatur an: «Feuer ist heiß», «Ein warmer Körper erwärmt einen kälteren, aber niemals umgekehrt», «Wenn ein Körper wärmer ist als ein zweiter, und dieser zweite Körper wärmer ist als ein dritter, dann ist der erste Körper wärmer als der dritte», «Lebensmittel halten sich besser an kühlen Orten», «Heiße Dinge verursachen schmerzhafte Verbrennungen», «Reibung macht Dinge wärmer», und so weiter und so fort.[33]

Also: Die Temperaturseher, so haben wir jetzt erfahren, benutzen wie wir auch die Wörter «kalt», «warm» und «heiß». Und sie haben, zumindest dem Wortlaut nach, dieselben Überzeugungen wie wir, z. B. dass sich Lebensmittel an kalten Orten besser halten als an warmen. Aber bedeuten die Wörter und damit die mit ihnen gebildeten Sätze nicht doch etwas anderes als bei uns? Beziehen wir uns mit den Wörtern «kalt», «warm» und «heiß» nicht auf unsere spezifischen taktilen Sinnesempfindungen und die Temperaturseher auf ihre optischen? Bedeutet nicht das Wort «kalt» bei den Temperatursehern schwarz, «warm» grau und «heiß» weiß? Churchland bestreitet das vehement. Er beginnt sein Argument in folgender Weise:

1. Annahme um des Arguments willen: *Die Wörter «kalt», «warm» und «heiß» beziehen sich unmittelbar auf die Sinnesempfindungen.*
2. Der Ausdruck A_1 ist nur dann die richtige Übersetzung des Ausdrucks A_2, wenn sich A_1 auf dieselben Gegenstände bezieht wie A_2.

---

3. Also müsste das Temperaturseherwort «kalt» mit schwarz, «warm» mit grau und «heiß» mit weiß übersetzt werden.
4. Bedeutet bei den Temperatursehern «kalt» schwarz, «warm» grau und «heiß» weiß, so gilt:
   (a) Der Temperatursehersatz «Feuer ist heiß» ist genau dann wahr, wenn Feuer weiß ist;
   (b) der Temperatursehersatz «Lebensmittel halten sich besser an kalten Orten» ist genau dann wahr, wenn Lebensmittel sich besser an schwarzen Orten halten;
   (c) der Temperatursehersatz «Ein heißer Körper erwärmt bei Berührung einen kalten Körper» ist genau dann wahr, wenn ein weißer Körper einen schwarzen Körper bei Berührung grau werden lässt;
   (d) der Temperatursehersatz «Heiße Körper verursachen auf der Haut schmerzhafte Wunden» ist genau dann wahr, wenn weiße Körper auf der Haut schmerzhafte Wunden verursachen.
5. Feuer ist nicht weiß, Lebensmittel halten sich nicht an schwarzen Orten besser als an weißen usw.

---

6. Also erweisen sich die Temperatursehersätze in dieser Übersetzung alle als komplett falsch.

Nun fordert Churchland uns auf: «Wenn ihr euch die Situation der Temperaturseher genau vor Augen führt, ist dann das, was sie über warm und kalt sagen, wirklich falsch?» Diese Aufforderung entspricht der eines Experimentators an einen anderen Beobachter: «Wir haben alles vorbereitet und werden nun den Vorgang auslösen. Sag uns, was du beobachtest!» Churchland ist sich sicher, dass jeder, der sich die von ihm geschilderte Situation nur plastisch genug vorstellt und über sie nachdenkt, antworten wird: Aufgrund ihrer Erfahrungen sagen die Temperaturseher über Temperaturen und über Temperaturunterschiede dasselbe, was wir auch sagen. Sie wissen alles, was auch wir über Temperaturen im Alltag wissen, nur dass sie ihr Wissen einer anderen Art von sensorischem Kontakt mit kalten, warmen und heißen Dingen verdanken als wir. Churchland glaubt also, dass aufgrund der geschilderten Situation jedermann dem Satz «Die Überzeugungen der Temperaturseher sind wahr» zustimmen wird. Hat Churchland diese Zustimmung erst einmal eingeholt, bringt er sein Argument rasch zu Ende:

7. Alle Temperatursehersätze sind aber wahr.

---

8. Also ist es falsch, dass sich die Wörter «kalt», «warm» und «heiß» unmittelbar auf Sinnesempfindungen beziehen. Sie tun das weder bei den Temperatursehern noch bei uns.

Was ist damit gewonnen, dass sich solche Wörter wie zum Beispiel die Temperaturwörter nicht direkt auf die Sinnesempfindungen beziehen? Für Churchland sehr viel. Er ist nämlich eliminativer Materialist. Er bestreitet allen Ernstes, dass es so etwas wie Empfindungen oder andere mentale Zustände gibt. «Das ist doch absurd!», wird es vielen spontan herausrutschen. Und nachdem sich die erste Empörung gelegt hat, wird man ein Argument nachschieben. Zum Beispiel das folgende:

1. Annahme um des Arguments willen: *Es gibt keine Empfindungen, sondern nur physikalische Zustände, wie sie die Naturwissenschaften entdecken und erforschen.*

---

2. Dann also gibt es keine Kalt-, Warm- und Heißempfindungen, sondern nur durchschnittliche kinetische Energie der Körper und Stoffe draußen in der Welt.

---

3. Also würden sich die Wörter «kalt», «warm» und «heiß» nur auf die durchschnittliche kinetische Energie beziehen oder sie wären bedeutungslos.
4. Weder beziehen sich die Wörter «kalt», «warm» und «heiß» nur auf die durchschnittliche kinetische Energie (dafür haben wir gerade andere Wörter, eben zum Beispiel «durchschnittliche kinetische Energie») noch sind sie bedeutungslos, denn sie beziehen sich natürlich auf die Empfindungen.

---

5. Also ist die Annahme falsch, es gebe keine Empfindungen.

Den eliminativen Materialisten Churchland wird dieses Argument kalt lassen. «Ihr irrt», wird er uns antworten, «die Wörter ‹kalt›, ‹warm› und ‹heiß› beziehen sich nicht auf Empfindungen, sondern in der Tat auf die durchschnittliche kinetische Energie. Das will ich euch in einem Gedankenexperiment beweisen. Stellt euch Leute vor, die anders als wir Temperaturen sehen ...». In 17.2 kann man eine Fortsetzung dieser Kontroverse lesen.

12.2 Der Ablauf eines Gedankenexperiments

So wie man im Experiment eine Situation real herstellt, beobachtet, was passiert, und schließlich eine bestimmte Beschreibung des Beobachteten für adäquat hält, genauso soll jemand im Gedankenexperiment auf die Schilderung der ungewöhnlichen und nicht realisierbaren Situation mit der Zustimmung zu einem Satz reagieren. Ein Gedankenexperiment läuft folgendermaßen ab:

(a) Eine Situation S, die in der Welt so nicht vorkommt, ja aus verschiedenen Gründen nicht vorkommen kann, wird plastisch geschildert.
(b) Es wird gefragt, wie wir bestimmte Aspekte hinsichtlich der Situation beschreiben würden.
(c) Es wird auf die Situation S bzw. auf einen abgefragten Aspekt der Situation S mit der Zustimmung zu einem Satz «In S ist p der Fall» reagiert.
(d) Dass jemand auf die Schilderung der Situation S mit der Beschreibung «In S ist p der Fall» reagiert, wird wie im Fall bestimmter Wahrnehmungen als hinreichender Grund für p gewertet.

Ein Gedankenexperiment liefert eine Prämisse, die ihrerseits nicht erschlossen wird, sondern wie ein Wahrnehmungssatz in einer Wahrnehmungssituation akzeptiert wird. Trotzdem ist ein Gedankenexperiment in eine Argumentation eingebettet, wie das bei Churchland schon der Fall war. Hier das Argumentationsmuster für solche Argumente.

Argumentationsmuster für ein Argument auf der Basis eines Gedankenexperiments

1. Plastische Schilderung einer nicht realen oder sogar nicht realisierbaren Situation S.
2. Angesichts einer sprachlichen Reaktion auf die Schilderung von S gilt der Satz «In S ist p der Fall» als angemessen und wahr.
3. Aus der Schilderung der Situation S, dem Satz, dass in S p der Fall ist, und weiteren Prämissen folgt logisch, dass q der Fall ist.

---

4. Also ist tatsächlich q der Fall.

12.3 Gehirne im Tank

Churchland hatte gefragt: Wenn unsere sensorische Ausstattung anders wäre, als sie ist, wie würde das unser Wissen von der Welt verändern? Würde uns ein Teil unseres Wissens über Temperatur verloren gehen? Seine Antwort lautete: Nein, wir müssen uns nur von der Meinung lossagen, unsere Beobachtungswörter referierten direkt auf unsere Empfindungen. Das ist ein philosophisches Gedankenexperiment unter dem Grundsatz der Philosophie als Disziplin höherer Ordnung. Der Philosoph Hilary Putnam stellt eine ähnliche Frage, geht aber nicht von einem veränderten kognitiven Apparat, sondern von einer völlig umgekrempelten Welt aus: Angenommen, die Welt wäre komplett anders, als sie ist? Müsste sich damit nicht auch unsere Bezugnahme auf die Welt komplett ändern? Würden wir nicht sofort merken, dass sich die Welt komplett geändert hat? Nicht unbedingt. Jedenfalls lässt sich das Szenario einer völlig veränderten Welt entwerfen, in der Wesen mit unseren gewöhnlichen Kognitionen nicht merken, dass sie in einer völlig anderen Welt leben, als sie glauben. Putnam hat dieses Szenario entworfen:[34]

> Folgendes ist eine von Philosophen diskutierte Science-Fiction-Möglichkeit: Man stelle sich vor, ein Mensch (du kannst dir auch ausmalen, dass du selbst es bist) sei von einem bösen Wissenschaftler operiert worden. Das Gehirn dieser Person (dein Gehirn) ist aus dem Körper

> entfernt worden und in einen Tank mit einer Nährlösung, die das Gehirn am Leben erhält, gesteckt worden. Die Nervenenden sind mit einem superwissenschaftlichen Computer verbunden worden, der bewirkt, dass die Person, deren Gehirn es ist, der Täuschung unterliegt, alles verhalte sich völlig normal. Da scheinen Leute, Gegenstände, der Himmel usw. zu sein, doch in Wirklichkeit ist alles, was diese Person (du) erlebt, das Resultat elektronischer Impulse, die vom Computer in die Nervenenden übergehen. Der Computer ist so gescheit, dass, wenn diese Person ihre Hand zu heben versucht, die Rückkoppelung vom Computer her bewirkt, dass sie «sieht» und «fühlt», wie die Hand gehoben wird. Darüber hinaus kann der böse Wissenschaftler durch Wechsel des Programms dafür sorgen, dass sein Opfer jede Situation oder Umgebung nach dem Willen des bösen Wissenschaftlers «erlebt» (bzw. halluziniert). Er kann auch die Erinnerung an die Gehirnoperation auslöschen, sodass das Opfer den Eindruck hat, immer schon in dieser Umwelt gelebt zu haben. Dem Opfer kann es sogar so scheinen, dass es dasitzt und diese Worte hier liest, die von der amüsanten, doch ganz absurden Annahme handeln, es gebe einen bösen Wissenschaftler, der den Leuten die Gehirne herausoperiert und sie in einen Tank mit einer Nährlösung steckt, durch die die Gehirne am Leben erhalten werden. Die Nervenenden sollen mit einem superwissenschaftlichen Computer verbunden sein, der bewirkt, dass die Person, deren Gehirn es ist, der Täuschung unterliegt, dass...

Jeder, der die Schilderung eines Gehirns im Tank nachvollzieht, gewinnt den Eindruck, dass die Gehirne überhaupt nicht mitbekommen, in welcher Situation sie sich wirklich befinden. Das Gehirn im Tank steht in keinem kausalen Kontakt zu solchen Dingen in seiner realen Umgebung, die es wahrzunehmen und zu erleben glaubt. Putnam entwickelt nun eine raffinierte Überlegung. Er stützt sich dabei auf eine sprachphilosophische Überlegung, deren Quintessenz ich hier nur kurz mitteilen kann. Nach Putnam bezieht sich ein Sprecher S mit einem Ausdruck A nur dann redend und denkend auf ein äußeres Objekt O, wenn O oder ein Objekt von der Art O tatsächlich vorhanden ist und S in einem geeigneten kausalen (z.B. sensorischen) Kontakt zu ihm steht oder gestanden hat. Putnam sagt:

> Obgleich die Leute in jener möglichen Welt alle Wörter, die wir denken und sagen können, denken und «sagen» können, sind sie (wie ich behaupte) nicht imstande, sich auf das zu *beziehen*, worauf wir uns be-

> ziehen können. Insbesondere vermögen sie nicht zu denken oder zu sagen, dass sie Gehirne in einem Tank sind (noch nicht einmal, indem sie denken «Wir sind Gehirne in einem Tank»).

Damit glaubt er gezeigt zu haben,

> dass die Annahme, wir seien Gehirne in einem Tank unmöglich wahr sein kann, obgleich sie gegen kein physikalisches Gesetz verstößt und mit allen unseren Erfahrungen völlig im Einklang steht. *Sie kann unmöglich wahr sein*, weil sie sich in gewisser Weise selbst widerlegt.

Man kann das Argument wie folgt rekonstruieren:[35]

1. Aufgrund des Szenarios ist evident: Wirkliche Gehirne im Tank stehen in keinem kausalen Kontakt zu ihrer realen Außenwelt, wie er notwendig ist, um sich auf eben diese Außenwelt beziehen zu können.

---

2. Für alle Sachverhalte p gilt: Wenn p ein Sachverhalt der Außenwelt ist, dann kann sich ein wirkliches Gehirn im Tank nicht auf p beziehen.
3. Dass wirkliche Gehirne im Tank Gehirne im Tank sind, ist ein Sachverhalt der Außenwelt.

---

4. Wirkliche Gehirne im Tank können sich nicht auf den Sachverhalt beziehen, dass sie reale Gehirne im Tank sind.
5. Für alle Sachverhalte p gilt: Kann sich jemand mit keiner Aussage auf den Sachverhalt, dass p, beziehen, so kann er gar nicht wirklich denken, dass p.

---

6. Also können wirkliche Gehirne im Tank gar nicht denken, dass sie reale Gehirne im Tank sind.

---

7. Man kann nur dann denken, dass man ein reales Gehirn im Tank ist, wenn man kein wirkliches Gehirn im Tank ist.
8. Wenn für den Sprecher X nicht-y der Fall sein muss, damit er die These, dass auf ihn y zutrifft, denken kann, so lässt sich die These, dass auf den Sprecher X y zutrifft, nicht ohne Selbstwiderspruch vom Sprecher X denken.

---

9. Wären wir wirklich Gehirne im Tank, so könnten wir nicht ohne Selbstwiderspruch denken, Gehirne im Tank zu sein.
10. Wir können ohne Selbstwiderspruch denken, Gehirne im Tank zu sein.

---

11. Also sind wir keine Gehirne im Tank.

Was besagt dieses Ergebnis? Das ist nicht restlos klar. Putnam äußert sich keineswegs eindeutig, und seine Interpreten streiten sich. Aber sicher ist folgende Lesart zumindest zulässig. Das Szenario, ein Gehirn im Tank zu sein, steht für die prekäre und unangenehme Situation, dass «die Welt draußen» ganz anders ist, als man vermutet. In Konklusion 11 steht dann: Von Szenarien einer komplett anderen Welt, die wir widerspruchsfrei denken und beschreiben können, müssen wir nicht befürchten, dass sie doch der Wahrheit entsprechen, ohne dass wir das mitbekommen. Das ist immerhin tröstlich. Allerdings schließt das nicht aus, dass die Welt in Wahrheit ganz anders ist, als wir glauben, dass sie ist. Nur können wir noch nicht einmal sagen oder denken, wie sie denn sein könnte. Das ist weniger tröstlich.

13. Das Argumentieren mit Rationalitätsannahmen

Der Begriff der Vernunft ist aus der Philosophie nicht wegzudenken. Viele definieren die Philosophie sogar als die Wissenschaft von der Vernunft. In den in Teil 1 formulierten Leitfragen und im Grundsatz der Philosophie als einer Disziplin höherer Ordnung tauchte der Begriff der Vernunft ebenso auf wie in den bisherigen Argumentationsmustern, nicht zuletzt im Argumentationsmuster für transzendentale Argumente. Es wird Zeit, auf das Thema Rationalität explizit einzugehen. Wir beginnen mit einem scheinbaren Umweg.

13.1 Intensionale Fehlschlüsse

Identität ist eine sehr wichtige Relation. Für die Identität haben Logiker und Philosophen zwei zentrale Prinzipien formuliert. Auf Gegenstände, die identisch sind, treffen dieselben Aussagen zu. Genauer formuliert: Für alle Gegenstände x und y und alle Eigenschaften F gilt: Ist x mit y identisch, so trifft F auf x genau dann zu, wenn es auch auf y zutrifft. Nach Leibniz und anderen Philosophen müssen wir dieses Prinzip auch umkehren: Für alle Gegenstände x und y und alle Eigenschaften F gilt: Trifft F auf x genau dann zu, wenn es auf y zutrifft, so sind x und y identisch. Wenn Gegenstände durch nichts voneinander zu unterscheiden sind, dann handelt es sich um ein und denselben Gegenstand. Das Prinzip von Leibniz heißt deshalb auch das Prinzip von der *«Identität des Ununterscheidbaren»*. Nun betrachte man das folgende Argument:

1. Der Abendstern ist identisch mit dem Morgenstern.
2. Peter weiß, dass der Abendstern zuerst am Abendhimmel sichtbar wird.

---

3. Peter weiß, dass der Morgenstern zuerst am Abendhimmel sichtbar wird.

Die Konklusion ist nicht generell wahr, denn schließlich muss Peter nicht wissen, dass der Abendstern mit dem Morgenstern identisch ist und daher der Morgenstern zuerst am Abendhimmel sichtbar wird, obwohl er weiß, dass der Abendstern zuerst am Abendhimmel leuchtet. Auch ein Argument der folgenden Form ist nicht schlüssig:

1. r ist genau dann der Fall, wenn q der Fall ist.
2. P weiß, dass q der Fall ist.

---

4. P weiß, dass r der Fall ist.

Solche Fehlschlüsse heißen *«intensionale Fehlschlüsse»*. Sie können uns leicht in intensionalen Kontexten unterlaufen. Klären wir zunächst, was ein intensionaler Kontext ist. Zwei sprachliche Ausdrücke können sich auf dieselben Objekte in der Welt beziehen.

Man nennt die Ausdrücke dann *«extensional gleich»*. So sind zum Beispiel die Ausdrücke «Abendstern», «Morgenstern» und «Venus» extensional gleich, ebenso die Ausdrücke «Lebewesen mit Herz» und «Lebewesen mit Nieren», denn jedes Lebewesen mit Herz hat auch Nieren und umgekehrt. Zwei Aussagen sind schließlich extensional gleich, wenn die eine Aussage genau dann wahr ist, falls die andere wahr ist. Die Aussage «Peter ist ein Lebewesen mit Herz» ist extensional gleich zur Aussage «Peter ist ein Lebewesen mit Nieren».

Ein komplexes Aussagengefüge K, ein sprachlicher Kontext heißt *«extensional»*, wenn man in K jeden Ausdruck durch einen extensional gleichen Ausdruck ersetzen darf, ohne dadurch etwas an der Wahrheit der Aussagen im Kontext K zu ändern. Ein nicht-extensionaler Kontext heißt *«intensional»*. In einem intensionalen Kontext muss man bei der Ersetzung von Ausdrücken durch extensional gleiche damit rechnen, dass eine der ursprünglich wahren Aussagen in K auf einmal in eine falsche verwandelt wird. So etwas ist immer bei intensionalen Fehlschlüssen im Spiel.

Die Aussage «Peter weiß, dass der Abendstern zuerst am Abend-

Intensionale Fehlschlüsse

Ein Argument ist ein intensionaler Fehlschluss, wenn die Prämissen einen intensionalen Kontext bilden und die Konklusion dadurch gewonnen wird, dass man in einer der Prämissen einen Ausdruck durch einen extensional gleichen ersetzt.

himmel sichtbar wird» generiert einen intensionalen Kontext. Der Ausdruck «Abendstern» ist extensional gleich mit dem Ausdruck «Morgenstern». Ersetzt man in «Peter weiß, dass der Abendstern zuerst am Himmel sichtbar wird» den Ausdruck «Abendstern» durch den extensional gleichen Ausdruck «Morgenstern», begeht man den intensionalen Fehlschluss, dass Peter weiß, dass der Morgenstern zuerst am Himmel sichtbar wird.

Ausdrücke wie «P weiß, dass ...», «P will, dass ...», «P denkt, dass ...», «P glaubt, dass ...», «P sagt, dass ...» schaffen intensionale Kontexte, genauso die Modalausdrücke «es ist notwendig, dass ...», aber auch Ausdrücke wie «es ist gut, dass ...», «es ist geboten, dass ...».[36]

13.2 Rationalität des Wissens

Der scheinbare Umweg war unumgänglich. Wir wissen jetzt, was intensionale Kontexte sind. Betrachtungen zu rationalem Verhalten, zum Beispiel zum rationalen Umgang mit Wissen, eröffnen intensionale Kontexte. Betrachten wir das folgende Argument:

1. Peter weiß, dass der Abendstern mit dem Morgenstern identisch ist.
2. Peter weiß, dass der Abendstern zuerst am Abendhimmel sichtbar wird.

---

3. Peter weiß, dass der Morgenstern zuerst am Abendhimmel sichtbar wird.

Ist dieses Argument schlüssig? Vom Standpunkt der formalen Logik nicht. Aber es erscheint uns gleichwohl schlüssig. Denn wer wirklich weiß, dass zwei Dinge x und y identisch sind und dass auf x eine bestimmte Aussage zutrifft, der muss auch wissen, dass y diese Aussage ebenso wahr macht. Wüsste er es nicht oder leugnete es, würden wir entweder bezweifeln, dass er den Ausdruck «identisch» versteht, oder wir würden ihn für inkonsequent und unvernünftig halten. Die Rationalität einer Person erstreckt sich nicht zuletzt auf ihr Wissen. Natürlich, vielleicht ist Peter unvernünftig, vielleicht leidet er unter Schwachsinn. Dann ist das Argument verfehlt. Doch solange wir unterstellen dürfen, dass Peter eine rationale Person ist, ist es in Ordnung. Vor dem Hintergrund dieser Überlegungen lautet das Argument vollständig formuliert:

1. Peter weiß, dass der Abendstern mit dem Morgenstern identisch ist.
2. Peter weiß, dass der Abendstern zuerst am Abendhimmel sichtbar wird.
3. Peter ist rational.
4. Wenn eine Person rational ist, dann weiß sie, dass F auf y zutrifft, falls sie weiß, dass x mit y identisch ist und dass auf x F zutrifft.

---

5. Peter weiß, dass der Morgenstern zuerst am Abendhimmel sichtbar wird.

Prämisse 4 des obigen Arguments ist ein *Rationalitätsprinzip für Wissen*. Deshalb lässt sich das obige Argument auch so darstellen:

1. Peter weiß, dass der Abendstern mit dem Morgenstern identisch ist.
2. Peter weiß, dass der Abendstern zuerst am Abendhimmel sichtbar wird.
3. Peter ist rational.

↓

Rationalitätsprinzip für Wissen: Wenn eine rationale Person weiß, dass Gegenstand x identisch ist mit Gegenstand y und dass auf x F zutrifft, so weiß sie auch, dass F auch auf y zutrifft.

↓

4. Peter weiß, dass der Morgenstern zuerst am Abendhimmel sichtbar wird.

Neben dem obigen allgemeinen Rationalitätsprinzip haben Philosophen weitere Prinzipien aufgestellt, denen das Wissen einer rationalen Person gehorchen sollte. Das erste Prinzip besagt:

1. Epistemisches Rationalitätsprinzip für den Abschluss des Wissens hinsichtlich gewusster Konsequenzen: Wenn eine Person weiß, dass q, falls p, so weiß sie, dass q, falls sie weiß, dass p.

In der Tat dürfte dieses Prinzip unmittelbar einsichtig sein. Jeder sollte mit Wenn-Dann-Aussagen umgehen können. Wer nicht weiß, dass q der Fall ist, falls er weiß, dass p der Fall ist und dass q der Fall ist, falls p der Fall ist, hat offensichtlich den Sinn von Wenn-Dann-Aussagen nicht einmal im Ansatz begriffen. Mit diesem Prinzip als Schlussregel sind Argumente nach dem folgenden Muster schlüssig:

1. X weiß, dass p der Fall ist.
2. X weiß, dass q der Fall ist, falls p der Fall ist.
3. X ist rational.

↓

> *1. Epistemisches Rationalitätsprinzip für den Abschluss des Wissens hinsichtlich gewusster Konsequenzen:* *Wenn eine Person weiß, dass q, falls p, so weiß sie, dass q, falls sie weiß, dass p.*

↓

4. X weiß, dass q der Fall ist.

Ein weiteres Rationalitätsprinzip für das Wissen besagt:

> *2. Epistemisches Rationalitätsprinzip der Selbstreflexion:* *Wenn eine Person weiß, dass p, dann weiß sie, dass sie weiß, dass p.*

Wissen ist eine Bezugnahme auf Sachverhalte und insofern ein Sachverhalt zweiter Stufe. Doch Wissen lässt sich zu Sachverhalten noch höherer Stufe iterieren: Man weiß, dass man weiß ... Es kennzeichnet eine reflektierte Person, dass sie nicht nur über vieles in der Welt hinreichend Bescheid weiß, sondern auch Gründe für das hat, was sie weiß oder zu wissen glaubt. Und Gründe für das eigene Wissen zu haben, schließt natürlich ein zu wissen, dass man etwas weiß. Das Prinzip formuliert eine notwendige Bedingung für eine reflektierte und in diesem Sinne rationale Person.

> *3. Epistemisches Rationalitätsprinzip für die kognitive Kooperation:* *Wenn eine Person P weiß, dass eine andere Person P' weiß, dass p, dann weiß P selber, dass p.*

Was jemand über die Welt weiß, weiß er nur, weil auch hinreichend viele andere etwas wissen. Und vieles von dem, was wir über die Welt wissen, wissen wir nur, weil andere es uns mitgeteilt haben und wir darauf vertrauen dürfen, dass unsere Gewährsleute ihr Wissen zuverlässig erworben haben. Wissen eines Einzelnen über die Welt ohne enge arbeitsteilige Kooperation mit anderen ist undenkbar. Betrachten wir unter diesem Gesichtspunkt das obige epistemische Prinzip. Zunächst einmal ist es geradezu trivial. Natürlich weiß ich selber p, wenn ich weiß, dass eine andere Person weiß, dass p der Fall ist. Aber das Prinzip ist stärker gemeint: Angesichts der unvermeidlichen kognitiven Arbeitsteilung weiß ich nicht nur das, was ich selber direkt erfahren, sorgfältig überprüft oder erschlossen habe, sondern auch das, was andere direkt erfahren und ebenso sorgfältig geprüft und erschlossen und mir schließlich mitgeteilt haben. Das obige Prinzip ist insofern das fundamentale Prinzip für jede sinnvolle kognitive Arbeitsteilung und Informationskooperation zwischen Personen.

Die drei bisher erörterten Prinzipien lassen sich ohne weiteres einsichtig begründen. Doch Philosophen belassen es nicht bei diesen drei Prinzipien. So akzeptieren viele auch das folgende Prinzip: Wenn eine Person weiß, dass p der Fall ist, dann ist p der Fall. Dieses Prinzip ist nicht auf Anhieb einsichtig. Es besagt ja nichts Geringeres, als dass tatsächlich der Fall ist, was eine Person weiß. Wenn das überhaupt richtig ist, kann es nur aus einer entsprechenden Definition des Wissens folgen. Und in der Tat, viele Philosophen glauben, dass «Wissen» als wahre gerechtfertigte Meinung zu definieren sei. Falsches glaubt man nach dieser Definition nur, weiß es aber nicht. Über diese Wissensdefinition lässt sich trefflich streiten.

Noch problematischer ist ein weiteres Wissensprinzip. Die bisherigen Prinzipien legen keinen einzigen Wissensinhalt fest. Was sollte eine Person wissen, die wir als rational bezeichnen? Wer etwa nichts von der Logik weiß und sich über alle Regeln der Logik hinwegsetzt, den halten wir für ziemlich unvernünftig. Wir haben ja selber in unserem obigen Beispielargument angenommen, dass eine rationale Person um das logische Prinzip der Identität weiß. Welche logischen Gesetze sollte jemand mindestens kennen? Schwer zu sagen. Am besten wäre es natürlich, er würde alle logischen Gesetze kennen. Genau das muten einige Philosophen einer rationalen Person in Gestalt eines weiteren Rationalitätsprinzips zu:

4. Epistemisches Rationalitätsprinzip logischer Allwissenheit: Wenn L ein Gesetz der formalen Logik ist, dann weiß eine rationale Person, dass L.

Mit den aufgeführten Prinzipien erweitert man die klassische formale Logik elegant zu einer *epistemischen Logik*. Die Prinzipien sind Schlussregeln einer Wissenslogik und dürfen in Argumenten auf Sätze über das Wissen von Personen angewendet werden.

Aus den Prinzipien folgen weitere Prinzipien. Zum Beispiel: Eine Person weiß, dass auf y F zutrifft, falls sie weiß, dass x mit y identisch ist und F auf x zutrifft. Wir haben es oben schon diskutiert. Es lässt sich in folgender Weise herleiten:

1. Epistemisches Rationalitätsprinzip logischer Allwissenheit: Wenn L ein Gesetz der formalen Logik ist, dann weiß eine Person P, dass L.
2. Das folgende Prinzip ist logisch wahr: Ist x mit y identisch und trifft F auf x zu, so trifft F auch auf y zu.

---

3. Eine Person weiß, dass, falls x mit y identisch ist und F auf x zutrifft, F auch auf y zutrifft.
4. Epistemisches Rationalitätsprinzip für den Abschluss des Wissens hinsichtlich gewusster Konsequenzen: Wenn eine Person weiß, dass q, falls p, dann weiß sie, dass q, falls sie weiß, dass p.

---

5. Also weiß eine Person, dass F auf y zutrifft, falls sie weiß, dass x mit y identisch ist, und sie weiß, dass F auf x zutrifft.

Kein Sterblicher kann alle logischen Gesetze kennen, allenfalls Gott wäre ein solcher Superlogiker. Menschen logische Allwissenheit zu unterstellen, ist eine stark *idealisierende* Annahme, von der empirische Personen mehr oder weniger dramatisch abweichen. Wie stark diese Annahme idealisiert, mag man an der folgenden Konsequenz ablesen. Nehmen wir an, dass W zum Wissen einer Person gehört. Außerdem sei r irgendeine logische Konsequenz aus dem Wissen W:

1. Person P weiß, dass W (W ist ein beliebiges Wissen von P).
2. Aus W folgt logisch r.

---

3. Also ist die Aussage «Wenn W, dann r» ein logisches Gesetz.
4. Epistemisches Rationalitätsprinzip 5: Wenn L logisch wahr ist, dann weiß eine Person P, dass L.

---

5. Also weiß P, dass r, falls W.
6. Epistemisches Rationalitätsprinzip 1: Wenn eine Person weiß, dass q, falls p, dann weiß sie, dass q, falls sie weiß, dass p.

---

7. Also weiß P, dass r.

---

8. Also kennt P jede logische Konsequenz ihres Wissens.

Diese Konklusion hat mit der Wirklichkeit nichts zu tun. Wieder ist allein Gott ein solches Wissen vorbehalten. Selbst vom rationalsten Menschen erwartet niemand, dass er alle logischen Konsequenzen seines Wissens im Kopf hat. Allein, warum werden überhaupt Prinzipien für das Wissen aufgestellt, die alle legitimen Anforderungen an das Wissen selbst des rationalsten Menschen ins Maßlose übertreiben?

Die Logiker haben einen Grund. Vom Standpunkt der formalen Logik braucht man das Prinzip logischer Allwissenheit. Erst dann ergibt sich eine epistemische Logik mit vertrauten und brauchbaren formalen Eigenschaften. Aber das ist ein rein logikinterner Grund. Ein Philosoph sollte sich reserviert verhalten und auf der Frage beharren, ob man für die vom Standpunkt der Logik aus erwünschten formalen Systemeigenschaften einer epistemischen Logik nicht einen viel zu hohen Preis zahlt. Möglicherweise ist eine solche epistemische Logik nichts anderes als theologico-science-fiction über Wissen. Wir müssen dieser Frage genauer nachgehen.

13.3 Kritik idealisierender epistemischer Prinzipien

Die Prämissen von Argumenten sollten wahr sein. Argumente mit falschen Prämissen zeigen jedenfalls nicht die Wahrheit ihrer Konklusion. Idealisierende Aussagen sind wortwörtlich ebenfalls nicht wahr. Daher sind Argumente mit idealisierenden Prämissen problematisch, und genau davon ist die epistemische Logik betroffen.

Kein Mensch wird den stark idealisierenden Prinzipien der epistemischen Logik gerecht. Folgerungen, die wesentlich auf diesen Prinzipien beruhen, können deshalb in der Regel auch nicht von empirischen Personen und ihrem faktischen Wissen handeln. Nehmen wir noch einmal die schon erörterte Konsequenz der epistemischen Logik, wonach ein Wissender alle logischen Verästelungen seines Wissens überschaut. Als deskriptive Aussage über empirische Personen ist das schlicht für jeden Menschen falsch. Manche epistemischen Logiker rechtfertigen sich damit, die Abgeschlossenheit des Wissens gegenüber logischen Folgerungen sei selber eine logische Konsequenz definitorischer Bestimmungen jedes überhaupt sinnvollen Wissensbegriffs. Wenn es so wäre, müssten wir das Prädikat «wissen» jedermann vorenthalten. Doch wozu soll ein Wissensbegriff gut sein, der auf keinen einzigen Menschen angewendet werden darf? Tatsächlich schreiben wir uns ständig Wissen zu. Schon damit ist der Rechtfertigungsversuch epistemischer Logiker hinfällig, sie formulierten lediglich logische Konsequenzen für jeden überhaupt sinnvollen Wissensbegriff.

Gut, wichtige Prinzipien und Theoreme (Gesetze) der epistemischen Logik gehen offensichtlich am faktischen Wissen empirisch vorfindlicher Personen vorbei. Doch so sollen sie vielleicht auch gar nicht verstanden werden. Die Prinzipien beschreiben nicht, sondern schreiben vor, wie wir mit Wissen umgehen *sollen*. Doch selbst dieser Rettungsversuch durch eine Wendung ins Normative ist problematisch. Bleiben wir bei unserem Beispiel. Das Theorem der epistemischen Logik von der logischen Abgeschlossenheit des Wissens lautet normativ gewendet: Ein rational Wissender sollte alle logischen Konsequenzen seines Wissens kennen. Das macht die Sache nicht besser. Denn die logische Abgeschlossenheit des Wissens ist noch nicht einmal ein Ideal, dem sich immer besser anzunähern man jedermann mit guten Gründen abverlangen oder auch nur anraten könnte. Unser Wissen hat unendlich viele für uns vollkommen uninteressante Konsequenzen. Warum sollten wir uns mit solch überflüssigem Wissen belasten? Warum sollten wir Folgerungen aus, sagen wir, 348 verschiedenen Sätzen unseres Wissensbestandes ziehen, Folgerungen, die es vom Standpunkt der Logik ja auf jeden Fall gibt? Unser Kopf hat unterm Strich ein vergleichsweise geringes Fassungsvermögen. Wir müssen und sollten ihn für wirklich Wichtiges freihalten.

Vom normativen Standpunkt ist nur etwas viel Vageres zu sagen. Eine Person P verfügt über das Wissen W. Eine bestimmte Aussage A kennt P jedoch nicht oder hält sie nicht für wahr. Wenn jemand P darauf aufmerksam macht oder P selber, wie auch immer, entdeckt, dass aus ihrem Wissen W die Aussage A logisch folgt, so erwarten wir von P, sofern sie sich rational verhält, dass sie diese Konsequenz ihres Wissens akzeptiert und in Zukunft auch A für wahr hält. Das beweisbare Theorem der epistemischen Logik verflüchtigt sich zu der viel schwächeren Norm:

> *<u>Rationalitätsprinzip über den Abschluss des Wissens hinsichtlich gewusster logischer Konsequenzen:</u> Jedes uns bekannt werdende logische Gesetz und jede uns bekannt werdende logische Konsequenz unserer Überzeugungen sollten wir anerkennen und, wenn sie wirklich wichtig sind, sie uns ausdrücklich als Teil unseres Wissens zu Eigen machen.*

Diese Norm ist vage. Welche logischen Konsequenzen sind für uns schon in welcher Hinsicht wichtig? Und es scheint dem Zufall anheim zu fallen, welche logischen Konsequenzen unserer Überzeugungen uns bekannt werden. Aber das entspricht der menschlichen Realität. Diese Vagheit ist wirklichkeitsadäquat und kann durch nichts aus der Welt geschafft werden. Sie ist der kognitiven Natur des Menschen und der speziellen Problematik solcher philosophischen Großwörter wie «Vernunft» geschuldet.

13.4 Die Vagheit des Vernunftbegriffs

Wir wollen uns einige grundlegende Sachverhalte über den Ausdruck «rational» und die mit ihm verwandten Ausdrücke «vernünftig», «Vernunft», «Rationalität» vergegenwärtigen:

1. *Der Ausdruck «rational» wird exemplarisch gelernt*: Es kann gar keinem Zweifel unterliegen, dass niemand von uns den Ausdruck «rational» anhand einer Definition lernt, sondern indem ihm gute Beispiele für rationales und drastische Gegenbeispiele für irrationales Verhalten auf den verschiedensten Handlungsfeldern vorgeführt werden. Ohne solche Beispiele und Gegenbeispiele könnte niemand etwas mit dem Ausdruck «rational» anfangen. Über angemessene Lehrbeispiele ist man sich in unserer Sprach- und Kulturgemeinschaft sehr weitgehend einig.
2. *Der Ausdruck «rational» ist ein positiv bewertender und empfehlender Ausdruck*: Das exemplarisch als rational vorgeführte Verhalten wird positiv bewertet und empfohlen. «In dieser Situation hat X sich rational verhalten» meint zugleich: «Wie sich X in der Situation verhalten hat, war gut so; so soll man sich in solchen Situationen verhalten; verhalte dich in vergleichbaren Situationen genauso.»
3. *Das exemplarisch als rational ausgewiesene Verhalten dient als Vorbild für neue, anders gelagerte Situationen*: Offensichtlich genügt im Allgemeinen der Verweis auf Beispiele rationalen Verhaltens, um zu verstehen, worauf es ankommt, und in neuartigen, nicht antizipierbaren Situationen schnell Einigkeit darüber zu erzielen, dass ein bestimmtes anderes Verhalten ebenfalls rational ist. Die Ausgangsbeispiele werden auf eine produktive Weise verallgemeinert und fortgeführt.
4. *Für die produktive Verallgemeinerung des exemplarisch rationalen Verhaltens sind generellere Rationalitätsregeln nützlich*: Damit man versteht, wie man sich in anderen Situationen ebenfalls rational verhält, kann man für verschiedene Handlungsfelder wie das Wahrnehmen, Reden, Wissen, Glauben, Wollen, Handeln usw. die Beispiele zu Regeln oder Verhaltensnormen vorsichtig verallgemeinern. Dabei kommen mehr oder weniger vage und offen formulierte Prinzipien des «rationalen» Wahrnehmens, Re-

dens, Wissens, Glaubens, Wollens und Handelns heraus. Am Beispiel der Rationalitätsprinzipien für Wissen haben wir das gerade illustriert.

5. *Über solche Regeln des rationalen Verhaltens lässt sich der Ausdruck «rational» aber niemals endgültig definieren*: Die mehr oder weniger vage formulierten bereichsspezifischen Regeln für rationales Verhalten stellen bestenfalls notwendige Bedingungen dar. Sie lassen sich nicht so vervollständigen, dass sich mit ihrer Hilfe der Ausdruck «rational» doch noch explizit, gar exakt definieren ließe.
6. *Eine solche Definition, zumal eine exakte, widerspräche der Funktion des Wortes «rational»*: Wir Menschen müssen ständig neue Situationen meistern, die wir gar nicht im Einzelnen vorhersehen können. Wir dürfen uns daher gar nicht an ein Set definitiv abgeschlossener und exakt formulierter Verhaltensregeln ein für alle Mal binden. Wir müssen für das Neuartige einer Situation und für ihre unerwarteten Herausforderungen und Handlungsmöglichkeiten offen sein. Diesem, um es paradox zu sagen, «Zwang» zur prinzipiellen Offenheit situationsangemessenen Verhaltens ist die begriffliche Vagheit aller Explikationen des Ausdrucks «rational» allein angemessen.
7. *Gerade in der Philosophie gilt es, der Versuchung zu widerstehen, Rationalität allzu exakt definieren oder explizieren zu wollen*: Zum Beispiel ist man mit der Aufstellung des Rationalitätsprinzips logischer Allwissenheit dieser Versuchung erlegen. Um einer systematischen «Logik» rationalen Wissens nach dem Vorbild der klassischen formalen Logik willen ist man bereit, das unhaltbare Prinzip logischer Allwissenheit in Kauf zu nehmen. Mit dem angemesseneren, aber viel vageren Prinzip über den Abschluss des Wissens hinsichtlich gewusster logischer Konsequenzen gehen alle logisch angenehmen Systemeigenschaften einer Theorie des rationalen Wissens verloren. Sicher, den Logiker stört das, den Philosophen muss das nicht stören. Rationales Wissen lässt sich nun einmal nicht in eine systematische Theorie zwängen und sollte auch nicht in eine solche hineingezwängt werden. Scheinbare Exaktheit wird sonst mit deskriptiver wie normativer Irrelevanz erkauft.

Die vielleicht allgemeinste Regel für rationales Verhalten ist sicher die folgende:

Fundamentales Rationalitätsprinzip: Eine rationale Person lässt sich, wo immer es darauf ankommt, in ihren Überzeugungen und Handlungen von guten Gründen bestimmen.

Manche sehen Vernunft geradezu durch dieses Prinzip definiert. Aber Rationalität kann und sollte nicht definiert werden. Und exakt wäre diese Definition, wenn es denn eine wäre, sowieso nicht. Was ein guter Grund ist, lässt sich nicht definieren. Die nahe liegende Auskunft, dass ein guter Grund das ist, was in guten Antworten auf Fragen «Warum glaubst du, dass x der Fall ist bzw. x der Fall sein sollte?» genannt wird, ist zwar richtig, hilft aber nicht weiter. In verschiedenen Kontexten zählt sehr Unterschiedliches als guter Grund. In keinem Fall aber lässt sich ein guter Grund nicht-zirkulär über seine Vernünftigkeit definieren. Umgekehrt müssen wir Vernünftigkeit über gute Gründe bestimmen. Wir müssen schon bestimmte Gründe als gute Gründe anerkannt haben. Dann nennen wir es «vernünftig», sich auf sie zu stützen.

13.5 Zweckrationalität und praktischer Syllogismus

Wie vage sich der Begriff der Vernunft auch immer darstellt, so gibt es doch einen ziemlich unproblematischen Aspekt von Rationalität.

Prinzip der Zweckrationalität: Eine rationale Person handelt zielstrebig und nutzt dabei in optimaler Weise das ihr verfügbare Wissen über geeignete Mittel, um ihre Ziele zu erreichen.

Der Zweckrationalität entspricht ein wichtiges Argumentationsmuster, das schon Aristoteles formuliert hat und das unter dem Namen «*praktischer Syllogismus*» bekannt geworden ist:

Argumentationsmuster des praktischen Syllogismus

1. Person P will den Zweck Z erreichen.
2. Person P handelt unter den Umständen S.
3. Person P glaubt, dass unter den Umständen S der Zweck Z nur bzw. am besten auf die Weise h erreicht wird.

↓

Prinzip der Zweckrationalität: Eine zweckrationale Person handelt auf die Weise X, wenn sie glaubt, dass der von ihr verfolgte Zweck unter den obwaltenden Umständen am besten auf die Weise X erreicht wird.

↓

4. Also handelt die Person P auf die Weise h.

Der praktische Syllogismus leuchtet sicher auf Anhieb ein. In unzähligen Fällen erklären wir uns das Handeln einer Person nach dem Muster des praktischen Syllogismus. Wir unterstellen dabei stets, dass sich die handelnde Person zweckrational verhält. Wir unterstellen das bis zum expliziten Beweis des Gegenteils.

14. Argumentieren in der Ethik

Philosophen denken nicht nur darüber nach, wer wir Menschen sind und welchen Platz wir im Universum haben. Sie fragen auch danach, wer wir sein wollen oder sein sollen. Vorschriften und Empfehlungen, wie wir handeln und leben sollen, bilden die *Moral.* Denken Philosophen über die Moral nach, nennt man das *«Ethik»*.

14.1 Zur «Schlüssigkeit» normativer Argumente

Wir müssen zunächst auf die schon in Teil 2 angesprochene Frage eingehen, inwiefern normative Argumente «schlüssig» genannt werden können, obwohl doch normative Aussagen nicht in demselben Sinne wahr oder falsch sind wie deskriptive Aussagen. Bei deskriptiven Argumenten geht es um die Wahrheit der Konklusion und darum, dass die Wahrheit der Konklusion von der Wahrheit der Prämissen abhängt. Worum geht es, wenn jemand zum Beispiel dafür argumentiert, dass es verboten sei, Embryonen zu Forschungszwecken zu töten? Betrachten wir ein mögliches Argument für das Verbot:

1. Embryonen sind Wesen, die sich unter regulären Bedingungen zu menschlichen Personen entwickeln, sie sind potentielle menschliche Personen.
2. Als solche kommen ihnen bereits die Rechte zu, die auch geborenen Menschen zukommen.
3. Die Tötung von geborenen Personen zu Forschungszwecken ist in keinem Falle erlaubt, sie verletzt die elementarsten Rechte einer Person.

---

4. Also ist die Tötung von Embryonen zu Forschungszwecken strikt verboten.

Nun, wer so argumentiert, nennt einen Grund, warum man das Verbot akzeptieren und sich nach ihm richten sollte. Der Argumentierende erwartet oder hofft zumindest, dass jeder, der den in den Prämissen dargelegten Grund akzeptiert, auch das Tötungsverbot für Embryonen akzeptiert. Und das Tötungsverbot zu akzeptieren heißt, sich danach zu richten oder zumindest ernsthaft zu wollen und zu versuchen, es zu befolgen. In dieser Hinsicht wird eine Parallele und ein Unterschied zu deskriptiven Argumenten sichtbar. Rationale Personen werden an die Konklusion eines schlüssigen Arguments glauben, wenn sie an dessen Prämissen glauben. Und auch so könnten wir uns ausdrücken: Wer die Prämissen eines schlüssigen Arguments akzeptiert, muss, wenn er vernünftig ist, auch dessen Konklusion akzeptieren. Hierin liegt die Parallele zum obigen normativen Argument: Wer die Prämissen akzeptiert, muss auch die normative Konklusion akzeptieren. Aber einen deskriptiven Satz zu akzeptieren heißt, ihn für wahr zu halten, einen normativen Satz zu akzeptieren heißt, bereit zu sein, nach dem entsprechenden Gebot, Verbot oder der Erlaubnis zu handeln. Das unterscheidet deskriptive und normative Argumente voneinander.

Doch wenn beide Arten von Argumenten darin übereinstimmen, dass man jeweils die Konklusion eines schlüssigen Arguments akzeptieren muss, falls man die Prämissen akzeptiert, worauf beruht das «Muss», der «Zwang» eines schlüssigen Arguments? Für deskriptive Argumente kennen wir die Antwort längst. Das «Muss» geht auf die *Bedeutung von Ausdrücken* wie «nicht», «wenn, dann», «und», «alle» zurück (siehe auch den Anhang). Ist das bei normativen Argumenten genauso? Schreiben wir unser Beispiel noch einmal etwas anders auf:

1. Für jedes Wesen, das einem geborenen Menschen in seinen Rechten gleichgestellt ist, gilt: Es ist verboten, es zu Forschungszwecken zu töten.
2. Menschliche Embryonen sind als potentielle menschliche Personen in ihren Rechten einem geborenen Menschen gleichgestellt.

---

3. Also gilt: Es ist verboten, menschliche Embryonen zu Forschungszwecken zu töten.

So formuliert, hat das Argument die Form:

1. Für jedes Wesen, auf das F zutrifft, trifft auch G zu.
2. Auf Wesen der Art H trifft F zu.

---

3. Also trifft auf Wesen der Art H auch G zu.

Unser Argument scheint die logische Form eines schlüssigen deskriptiven Arguments zu haben, der normative Charakter der ersten Prämisse und der Konklusion scheint verschwunden zu sein. Doch das ist einer Doppeldeutigkeit der Wendung «es ist verboten, dass ...» geschuldet. Mit dem Satz «Es ist verboten, X zu tun» kann einerseits ein Verbot ausgesprochen und erteilt werden, andererseits kann auch nur berichtet werden, dass ein solches Verbot besteht.

Wer über ein Verbot berichtet, erteilt kein Verbot, es ist unerheblich, ob er das Verbot begrüßt, selber befolgt, es ablehnt oder gar keine Stellung zu ihm nimmt. Die Feststellung, dass in einer Gruppe ein Verbot besteht, ist ein deskriptiver Satz, der im gewöhnlichen Sinne wahr oder falsch ist. Wenn man eigentlich normativ gemeinte Aussagen wie deskriptive Berichte liest, dann hat unser obiges Argument die Form eines logisch schlüssigen deskriptiven Arguments. Kann man daher den Begriff der Schlüssigkeit für normative Argumente in folgender Weise auf die Schlüssigkeit deskriptiver Argumente zurückführen: Ein normatives Argument ist schlüssig genau dann, wenn die normativen Aussagen wie deskriptive Aussagen aufgefasst werden und das Argument dann die Form eines logisch schlüssigen deskriptiven Arguments hat? Genauso definiert man die Schlüssigkeit eines normativen Arguments.

Natürlich, auch wenn für die Frage der Schlüssigkeit die normativen Aussagen wie deskriptive behandelt werden, ist eine Konklusion der Form «Es ist geboten (verboten, erlaubt), auf die Weise X zu handeln» nicht als ein deskriptiver Bericht über moralische Forderungen gemeint. Sie ist normativ gemeint, es wird ein Gebot, Verbot oder eine Erlaubnis ausgesprochen mit dem Ziel, dass wir uns entsprechend verhalten oder zumindest uns bemühen, es zu tun.

Damit haben wir die Frage beantwortet, in welchem Sinne normative Argumente schlüssig sind. Trotzdem sind damit nicht alle Probleme mit normativen Argumenten schon gelöst. Im Gegenteil, die Probleme fangen erst richtig an. Zunächst einmal steht eine wichtige Beobachtung nicht im Gegensatz zur Definition der Schlüssigkeit eines normativen Arguments. Ein normatives Argument hat eine normative Aussage als Konklusion. In ihr kommen typisch normative Ausdrücke wie «es ist geboten, dass ...» und andere vor. Vom Standpunkt der Logik ist es nun bis auf wenige irrelevante Sonderfälle nicht möglich, logisch schlüssig auf eine normative Aussage zu schließen, wenn nicht schon unter den Prämissen mindestens eine normative Aussage vorkommt. Vom Standpunkt der Logik ist es also ein Fehlschluss, wenn man von deskriptiven Aussagen ohne typisch normatives Vokabular auf eine normative Aussage schließen will. Aus dieser Sicht begeht jemand einen Fehlschluss, der aus dem, was in der Welt der Fall ist, glaubt, direkt herleiten zu können, was in der Welt der Fall sein soll. Es ist der Sein-Sollen-Fehlschluss oder der *naturalistische Fehlschluss.*[37]

Der naturalistische Fehlschluss

Allein aus deskriptiven Aussagen lässt sich nicht auf eine gehaltvolle normative Aussage schließen.

Wenn der Sein-Sollen-Schluss ein Fehlschluss ist, lassen sich normative Aussagen nur mit Hilfe anderer normativer Aussagen begründen. Daraus erwachsen sofort einige grundlegende Fragen:

(a) Gibt es unproblematische normative Aussagen, die immer als Prämissen für normative Argumente in Frage kommen?

Dabei unterscheiden sich die als Prämissen benutzten normativen Aussagen durch den Grad ihrer Allgemeinheit, sodass sich die weitere Frage aufdrängt:

(b) Gibt es oberste normative Prinzipien, und wie sind sie zu formulieren?

Sind Sein-Sollen-Schlüsse falsch, können die obersten ethischen Prinzipien ihrerseits nicht mehr aus anderen Aussagen deduziert werden, denn diese Aussagen müssten ihrerseits normativ sein und die vermeintlich obersten ethischen Prinzipien wären dann gar nicht die allgemeinsten normativen Aussagen.

(c) Wenn es oberste normative Prinzipien gibt, wie lassen sie sich begründen?

Oberste normative Prinzipien haben die Funktion, aus ihnen andere normative Aussagen abzuleiten. Hier stellt sich ein viertes Problem:

(d) Folgen moralische Überlegungen überhaupt dem Ideal des deduktiven Argumentierens, wonach weniger allgemeine normative Aussagen aus allgemeineren und im Grenzfall aus normativen Fundamentalprinzipien logisch erschlossen werden?

Im Folgenden wollen wir uns mit diesen vier zentralen Fragen des Argumentierens in der Ethik näher auseinandersetzen.

14.2 Elementare Regeln des moralischen Argumentierens

Beginnen wir mit der ersten Frage, ob es gewisse unproblematische normative Aussagen gibt, auf die man sich immer bei normativen Argumenten stützen kann. In Teil 2 haben wir gezeigt, dass für einige Philosophen der Satz «Wenn ein Ereignis X Ursache für ein Ereignis Y ist, so findet X früher statt als Y» einen angemessenen Begriff von Ursache und Wirkung näher bestimmt. Der Satz, der dann ja analytisch wahr wäre, könnte als unproblematische Prämisse bzw. Schlussregel «Das Ereignis X findet später statt als das Ereignis Y: Also verursacht das Ereignis X nicht das Ereignis Y» genutzt werden. Könnte nicht für die Ausdrücke «es ist geboten (verboten, erlaubt), dass ...» etwas Ähnliches gelten?

Lassen sich die normativen Ausdrücke definieren? Nicht wirklich. Man kann nur, übrigens ganz parallel zu den modalen Begriffen der Notwendigkeit und Möglichkeit, mit dem Ausdruck «es ist geboten, dass ...» Verbote und Erlaubnisse definieren:

(a) Es ist erlaubt, den Sachverhalt Z herbeizuführen, genau dann, wenn es nicht geboten ist, den Sachverhalt Z nicht herbeizuführen bzw. wenn es nicht geboten ist, die Herbeiführung von Z zu unterlassen.
(b) Es ist verboten, den Sachverhalt Z herbeizuführen, genau dann, wenn es geboten ist, die Herbeiführung von Z zu unterlassen.
(c) Es ist freigestellt, den Sachverhalt Z herbeizuführen, genau dann, wenn es sowohl erlaubt ist, ihn herbeizuführen, als auch, seine Herbeiführung zu unterlassen.

Diese begrifflichen Bestimmungen werden allgemein akzeptiert. Aber selbstverständlich steht immer noch eine explizite Definition für den Ausdruck «es ist geboten, dass ...» aus. Doch niemand kennt eine solche explizite Definition. Das schließt allerdings nicht aus, dass man sich auf bestimmte Bedingungen problemlos einigen kann, die notwendig für eine sinnvolle Anwendung der Begriffe «geboten», «verboten» und «erlaubt» sind. Sie stellen grundlegende Schlussregeln des moralischen Argumentierens dar. Man spricht von einer so genannten *«deontischen»* Logik. Wir wollen einige wichtige Schlussregeln der deontischen Logik kurz vorstellen.[38]

Meistens sind Handlungen nicht umstandslos geboten, verboten oder erlaubt. Es müssen bestimmte Umstände vorliegen. Es ist geboten (verboten, erlaubt), den Sachverhalt Z herbeizuführen, falls Umstände der Art U vorliegen. Solche Aussagen nennen wir *«Normen»*.

Das System unserer Normen sollte konsistent sein. Was geboten ist, darf nicht verboten sein, und was verboten ist, darf nicht erlaubt sein. Das ist ein erstes Prinzip der deontischen Logik:

> *Konsistenzprinzip I:* *Wenn Z herbeizuführen geboten ist, dann ist die Herbeiführung von Z nicht verboten.*

Logische Zusammenhänge sind auch in normativen Kontexten zu respektieren:

> *Konsistenzprinzip II:* *Wenn die Aussage, dass Z der Fall ist, die Aussage, dass Z' der Fall ist, logisch impliziert und wenn es geboten ist, Z herbeizuführen, dann ist es auch geboten, Z' herbeizuführen.*

Oft ist es geboten, etwas zu tun, falls man etwas anderes tut. Zum Beispiel kann es geboten sein, einmal begonnene Dinge konsequent zu Ende zu bringen. Wer als Erster bei einem Unfallverletzten ist und den Notarzt ruft, muss dann auch dem Unfallverletzten im Rahmen seiner Möglichkeiten so lange beistehen, bis der Notarzt eingetroffen ist.

> *Prinzip der konsequenten Pflichterfüllung:* *Wenn es geboten ist, auch Z' herbeizuführen, falls man Z herbeiführt, dann ist es geboten, Z' herbeizuführen, falls es geboten ist, Z herbeizuführen.*

Der Zweck heiligt nicht jedes Mittel. Auch das ist ein allgemein anerkanntes moralisches Prinzip:

Prinzip der moralischen Angemessenheit der Mittel: Wenn es verboten ist, Z' herbeizuführen, Z aber nur über Z' hergestellt werden kann, dann kann es nicht geboten sein, Z herbeizuführen.

Es gilt auch: Wenn es geboten ist, Z herbeizuführen, und wenn die Herbeiführung von Z' das einzige oder beste Mittel ist, Z herbeizuführen, dann ist es geboten, Z' herbeizuführen. Es besteht eine Pflicht zum zweckrationalen Handeln.

Auch dass Dinge sich kausal ausschließen, ist moralisch relevant:

Prinzip der kausalen Konsistenz: Wenn es geboten ist, Z herbeizuführen, und wenn Z' herbeizuführen verhindert, dass Z eintreten kann, dann ist es verboten, Z' herbeizuführen.

Die Moral regelt, was Menschen zu tun und zu unterlassen haben. Was hingegen außerhalb der Handlungs- und Einflussmöglichkeiten einer Person oder gar der Menschheit überhaupt steht, kann nicht Gegenstand von Verboten oder Geboten sein. Zum Beispiel kann es für niemanden geboten sein, etwas logisch Unmögliches herbeizuführen.

Das Prinzip «Sollen impliziert Können»: Wer Z nicht herbeiführen kann, für den ist es nicht geboten, Z herbeizuführen.

Es kann nicht moralisch verlangt werden, dass bei einem Unfall alle Augenzeugen sofort den Notarzt telefonisch verständigen. Im Gegenteil, jemand sollte sich in der Zeit auch um den Verletzten kümmern. Trotzdem sollte auf jeden Fall irgendjemand den Notarzt anrufen, und das heißt: Jeder ist verpflichtet sicherzustellen, dass irgendjemand den Notarzt auch tatsächlich herbeiruft:

Das Prinzip der Verantwortung für arbeitsteilige Pflichten: Wenn es für mindestens eine Person X geboten ist, den Sachverhalt Z herbeizuführen, dann ist es (für alle) geboten, den Sachverhalt herbeizuführen, dass irgendjemand Z herbeiführt.

Mit diesen Prinzipien ist noch keine einzige interessante inhaltliche Norm gewonnen und begründet. Der Begründung inhaltlicher Normen sollten wir uns jetzt zuwenden. Wir tun gut daran, erst einmal ein Beispiel zu betrachten.

14.3 Ein Beispiel für ein Argument aus der Ethik

Der Philosoph Norbert Hoerster versucht, im Zusammenhang mit dem Embryonenschutz das Recht auf Leben zu begründen. Er vertritt dabei die These, dass allein das

> Überlebensinteresse [...] auf fundamentaler Ebene einen guten Grund darstellt, Lebewesen das Recht auf Leben einzuräumen.
>
> Wir wollen ausgehen von einem beliebigen erwachsenen Menschen M. M ist, das darf man annehmen, mit dem Phänomen des Überlebensinteresses bei sich selbst und anderen vertraut. Dann stellt zunächst einmal das eigene Überlebensinteresse, das M besitzt, für ihn einen guten Grund dar, die Institutionalisierung jedenfalls des eigenen Rechts auf Leben zu wünschen und sich in der Praxis hierfür einzusetzen. Denn diese Institutionalisierung dient ohne Zweifel seiner Lebenssicherheit und damit seinem Überlebensinteresse.
>
> Bei realistischer Betrachtung aber kann M die Institutionalisierung seines Rechts auf Leben nur unter der Bedingung erreichen, dass er bereit ist, allen anderen menschlichen Individuen mit einem Überlebensinteresse ebenfalls das Recht auf Leben zuzugestehen. Er muss sich seinen eigenen Lebensschutz durch das Zugeständnis fremden Lebensschutzes gleichsam erkaufen.
>
> [...] Unsere heutige Gesellschaft ist eine anonyme Großgesellschaft. Wenn diese Gesellschaft nicht von vornherein jedem Individuum mit einem eigenen Überlebensinteresse das Recht auf Leben zugesteht, sondern gewisse diskriminierende Ausnahmen macht, kann letzten Endes niemand sicher sein, dass eines Tages nicht auch eine jener Minderheiten, denen er selber angehört – und jeder gehört in dieser oder jener Hinsicht gewissen Minderheiten an, – diskriminiert wird. Auch

gibt es gewisse Minderheiten (wie beispielsweise die der Behinderten), zu denen jedermann urplötzlich (etwa durch einen Verkehrsunfall) selbst gehören kann. Und schließlich kann eine Gesellschaft, die Minderheiten das Recht auf Leben abspricht, natürlich in keiner Weise auf die Loyalität und freiwillige Kooperation dieser Minderheiten zählen [...].

Was spricht nun vom Standpunkt einer interessenorientierten Ethik aus für die Notwendigkeit der Verknüpfung zwischen Überlebensinteresse und Lebensrecht? Der Grundgedanke dieser Ethik ist, dass alle Mitglieder einer Gesellschaft eine normative Institution oder Norm vernünftigerweise dann akzeptieren und in Geltung setzen, wenn diese Norm ein gewisses Interesse schützt, das sie alle haben und dessen Schutz ihnen allen mehr wert ist als die mit der Normgeltung für sie ebenfalls verbundene Einschränkung ihres Handelns: Ich profitiere von der Norm, wonach ich fremdes Leben respektieren muss, falls diese Norm bewirkt, dass die anderen auch mein Leben respektieren.[39]

So wie Hoerster sein Argument selber formuliert, muss es zunächst in folgender Weise rekonstruiert werden:

1. Normalerweise will ein Mensch überleben.

---

2. Also will er schon aus wohlverstandenem eigenen Interesse, dass für ihn das Recht auf Leben institutionell garantiert ist.
3. Solange das Recht auf Leben nicht mindestens für alle menschlichen Wesen mit einem Überlebensinteresse institutionell garantiert ist, ist das Recht auf Leben auch für jeden Einzelnen nicht hinreichend garantiert.

---

4. Also will der Einzelne schon aus wohlverstandenem eigenen Interesse, dass das Recht auf Leben mindestens für alle menschlichen Wesen mit einem Überlebensinteresse institutionell garantiert ist.

---

5. Also ist es moralisch geboten, dass das Recht auf Leben für mindestens alle menschlichen Wesen mit einem Überlebensinteresse institutionell garantiert ist.

Das Argument ist nicht unplausibel. Doch schlüssig ist es nur in einer ausführlicheren Version:

1. Ein rationaler Mensch will überleben.
2. Für ihn selber das Recht auf Leben institutionell zu garantieren, ist in der sozialen Welt für sein Überleben notwendig.
3. Ein rationaler Mensch weiß, dass er ohne eine solche institutionelle Garantie seines Rechts auf Leben kaum überleben wird.
4. Wenn eine rationale Person will, dass p der Fall ist, und wenn sie weiß, dass q eine notwendige Bedingung für p ist, dann will eine rationale Person aus wohlverstandenem eigenen Interesse, dass q der Fall ist.

---

5. Also will ein rationaler Mensch schon aus wohl verstandenem eigenen Interesse, dass für ihn selber das Recht auf Leben institutionell garantiert ist.
6. Solange das Recht auf Leben nicht für mindestens alle menschlichen Wesen mit einem Überlebensinteresse institutionell garantiert ist, ist das Recht auf Leben auch für jeden Einzelnen nicht hinreichend garantiert.
7. Ein rationaler Mensch weiß um diesen Zusammenhang.

---

8. Also will ein rationaler Mensch schon aus wohlverstandenem eigenen Interesse, dass mindestens für alle menschlichen Wesen mit einem Überlebensinteresse das Recht auf Leben institutionell garantiert ist.
9. Alles das herbeizuführen, was durch Handlungen oder Unterlassung von Handlungen realisiert werden kann und jeder rationale Mensch schon aus wohlverstandenem eigenen Interesse garantiert wissen will, ist moralisch geboten.

---

10. Also ist es moralisch geboten, das Recht auf Leben mindestens für alle menschlichen Wesen mit einem Überlebensinteresse institutionell zu garantieren.

Die zusätzliche Prämisse 4 behauptet, dass eine rationale Person sich um die kausalen Bedingungen kümmert, ohne die sie das von ihr Angestrebte nicht erreichen kann. Das ist nichts anderes als das Prinzip der Zweckrationalität. Die Prämisse 9 formuliert Hoersters Version der Moralbegründung. Er verteidigt eine, wie er sie nennt, «interessenorientierte Ethik», eine Ethik, in der Gebote und Verbote auf der Basis wohlverstandener Interessen rational handelnder Personen zu begründen sind. Bei Hoerster und allen, die eine ähnliche Ethikkonzeption vertreten, fungiert die Prämisse 9 als fundamentales Schlussprinzip der Ethik.

Noch ein Wort zu den Prämissen 3 und 7. In ihnen wird einem rationalen Menschen das Wissen um bestimmte kausale Zusammenhänge zugeschrieben. Wieso dürfen wir das unterstellen? Nun, indem Hoerster darlegt, dass und warum das Recht auf Leben nur dann garantiert ist, wenn es ohne Ausnahme für alle Menschen mit Überlebensinteressen garantiert ist, glaubt er eben gute Gründe angegeben zu haben, die sich jede Person, denkt sie nur gründlich über die Bedingungen menschlichen Lebens nach, zu Eigen machen und in diesem Sinne zu ihrem Wissen zählen wird. Eine Person, die das nicht weiß, hat jedenfalls nicht gründlich genug nachgedacht, und sie ist weniger rational als die von Hoerster angenommene Person.

Verwendet man die Prämissen 4 und 9 als eigenständige Schlussregeln, so lässt sich das Argument von Hoerster vereinfacht darstellen:

1. Ein rationaler Mensch will überleben.
2. Für ihn selber das Recht auf Leben institutionell zu garantieren, ist notwendig, damit er überlebt.

↓

Prinzip der Zweckrationalität

↓

3. Also will ein rationaler Mensch schon aus wohlverstandenem eigenen Interesse, dass für ihn selber das Recht auf Leben institutionell garantiert ist.
4. Solange das Recht auf Leben nicht für alle menschlichen Wesen mit einem Überlebensinteresse institutionell garantiert ist, ist das Recht auf Leben für niemanden hinreichend garantiert.

↓

Prinzip der Zweckrationalität

↓

5. Also will ein rationaler Mensch schon aus wohlverstandenem eigenen Interesse, dass mindestens für alle menschlichen Wesen mit einem Überlebensinteresse das Recht auf Leben institutionell garantiert ist.

↓

Fundamentalprinzip einer interessenorientierten Ethik: *Alles herbeizuführen, was durch Handlungen oder Unterlassung von Handlungen realisiert werden kann und jeder rationale Mensch schon aus wohlverstandenem eigenen Interesse garantiert wissen will, ist moralisch geboten.*

↓

6. Also ist es moralisch geboten, das Recht auf Leben für alle menschlichen Wesen mit einem Überlebensinteresse institutionell zu garantieren.

Der Übergang von Aussage 5 zur Konklusion 6 mit Hilfe des Fundamentalprinzips einer interessenorientierten Ethik entspricht einer immer und immer wieder geübten Form moralischen Argumentierens. Handlungen oder Handlungsweisen werden unter Normen bzw. Normen unter generellere Normen subsumiert.

Argumentationsmuster für die Beurteilung von Handlungen durch Subsumtion unter eine Norm

1. In der zu beurteilenden Situation S liegen die Umstände U vor.
2. Es ist geboten (verboten, erlaubt), den Sachverhalt Z herbeizuführen, falls Umstände der Art U vorliegen.

---

3. Also ist es in der zu beurteilenden Situation S geboten (verboten, erlaubt), den Sachverhalt Z herbeizuführen.

14.4 Oberste moralische Prinzipien

Wir wenden uns nun der Frage zu, ob es oberste moralische Prinzipien gibt und wie sie sich, wenn überhaupt, ohne naturalistische Fehlschlüsse begründen lassen. Welche Eigenschaften sollten oberste Prinzipien der Moral erfüllen?
– Ein solches Prinzip muss hinreichend generell sein, sollen sich

mit ihm möglichst viele spezielle moralische Fragen regeln lassen.
- Jedermann sollte sich auf das Prinzip einlassen können, sobald er hinreichend über die Moral und ihre Grundlagen nachdenkt.
- Das Prinzip sollte sich möglichst auf das beziehen, was für Menschen tatsächlich handlungsmotivierend und handlungswirksam ist.

Ob es Grundnormen mit diesen drei Eigenschaften geben kann, ob möglicherweise die drei Eigenschaften gar nicht miteinander verträglich sind, das ist in der ethischen Debatte umstritten; und soweit Philosophen überhaupt die Existenz einer oder mehrerer Grundnormen bejahen, sind sie sich über deren Inhalt uneinig. Im Folgenden seien exemplarisch einige normative Prinzipien genannt, die von Philosophen als moralische Grundnorm vorgeschlagen worden sind:

Aristoteles: «Als selbstgenügsam gilt uns dasjenige, was für sich allein das Leben begehrenswert macht und vollständig bedürfnislos. Für etwas Derartiges halten wir die Glückseligkeit [...]. So scheint also die Glückseligkeit das vollkommene und selbstgenügsame Gut zu sein und das Endziel des Handelns.»[40]

Kant: «Handle so, dass die Maxime deines Willens jederzeit zugleich als Prinzip einer allgemeinen Gesetzgebung gelten könne.»[41]

John Stuart Mill: «Die Auffassung, für die die Nützlichkeit oder das Prinzip des größten Glücks die Grundlage der Moral ist, besagt, dass alle Handlungen insoweit und in dem Maße moralisch richtig sind, als sie die Tendenz haben, Glück zu befördern, und insoweit moralisch falsch, als sie die Tendenz haben, das Gegenteil von Glück zu bewirken. Unter ‹Glück› [happiness] ist dabei Lust [pleasure] und das Freisein von Unlust [pain], unter ‹Unglück› [unhappiness] Unlust und das Fehlen von Lust verstanden.»[42]

Wilhelm Kamlah: «Beachte, dass die Anderen bedürftige Menschen sind wie du selbst, und handle demgemäß!»[43]

Ursula Wolf: Die Konzeption des generalisierten Mitleids besteht im Kern in der Einstellung, «auf andere Wesen Rücksicht zu nehmen, insofern sie leidensfähig sind, oder anders gesagt darin, alle leidensfähigen Wesen als leidensfähige Wesen zu berücksichtigen».[44]

Lassen sich solche obersten Grundnormen ihrerseits noch mit Argumenten begründen? Wie lässt sich ein naturalistischer Fehlschluss dabei vermeiden? Oder muss ein noch allgemeineres normatives Prinzip bemüht werden? Wir wollen im Folgenden diese Fragen an zwei Beispielen diskutieren, dem Verallgemeinerungsprinzip und dem Moralprinzip der Diskursethik.

14.5 Das Prinzip der Verallgemeinerung

Betrachten wir folgendes an Kant angelehnte Beispiel. Eine Person ist in Geldnöten. Um ihnen zu entfliehen, will sie sich Geld leihen. Sie erschleicht sich das Geld jedoch mit einem vorsätzlich falschen Versprechen. Obwohl sie das Geld gar nicht zurückzahlen kann und will, verspricht sie dem Geldverleiher die Zurückzahlung zu einem vereinbarten Termin. Trotzdem hält die Person ihre Handlungsweise wegen ihrer Geldnöte für gerechtfertigt. Demnach handelt sie nach der Maxime: Brauchst du Geld, leihe es dir unter dem falschen Versprechen, es gemäß einer bestimmten Verabredung zurückzuzahlen! Viele argumentieren in folgender Weise für das Moralwidrige der Maxime:

1. Annahme um des Arguments willen: *Jeder handelt nach der Maxime: Wer Geld braucht, der leihe es sich mit dem falschen Versprechen, es gemäß einer bestimmten Verabredung zurückzuzahlen.*
2. Wenn jeder nach dieser Maxime handelte, so würde sehr schnell fast niemand mehr Geld verleihen, da er davon ausgehen muss, es niemals zurückzubekommen.
3. Die Institution des Geldleihens auf der Basis von Versprechen wäre zerstört.
4. Es ist aber gut, dass Menschen sich gelegentlich unter anderem durch das Verleihen von Geld aus Schwierigkeiten heraushelfen.

---

5. Die Maxime, dass es demjenigen, der Geld braucht, erlaubt ist, sich Geld unter falschen Versprechen zu leihen, lässt sich nicht verallgemeinern.

---

6. Also ist es verboten, sich Geld zu leihen mit dem falschen Versprechen, es zurückzuzahlen.

Das Argument basiert wesentlich darauf, dass man sich überlegt, was passieren würde, handelten alle so wie eine einzelne Person, und ob man die Folgen akzeptieren oder wollen kann. Das entspricht einer ganz wichtigen Argumentationsweise: Oftmals werden Handlungen oder Maximen nach ihren Folgen beurteilt. Hier das wiederum unproblematische Argumentationsmuster:

Argumentationsmuster für die moralische Beurteilung einer Handlung anhand ihrer Folgen

1. In der zu beurteilenden Situation S treten mit der Handlung H die Folgen F ein.
2. Die Folgen F sind gut (schlecht).
3. Gutes herbeizuführen ist geboten bzw. erlaubt, Schlechtes herbeizuführen ist verboten.

---

4. Die Handlung H aktuell auszuführen, ist geboten (erlaubt, verboten).

Zurück zu unserem Beispiel. So, wie wir es hingeschrieben haben, ist es nicht schlüssig. Schauen wir uns das genauer an.

Normen der Art «Es ist geboten (verboten, erlaubt), unter den Umständen U den Sachverhalt Z herbeizuführen» gelten für jedermann. Angenommen, jemand argumentiert folgendermaßen: «Zwar unterscheiden sich die Umstände, unter denen die beiden Personen A und B handeln, in relevanter Hinsicht überhaupt nicht voneinander, auch handeln sie auf die gleiche Weise, und sogar die Folgen ihrer Handlung sind die gleichen, trotzdem ist der Person A nicht geboten, was der Person B geboten ist, und zwar aus dem einzigen Grund, dass A eben A ist und nicht B.» Wir lehnen eine solche Betrachtung als willkürlich ab. Wenn wir Normen aufstellen und uns beim Argumentieren auf sie berufen, gilt ein fundamentaler Gleichheitsgrundsatz.

Das formale Gleichheitsprinzip

Was unter bestimmten Umständen U geboten (verboten, erlaubt) ist, ist für jede einzelne Person geboten (verboten, erlaubt), insofern nur auf sie die Umstände U zutreffen.

Das formale Gleichheitsprinzip ist keine inhaltliche Norm, sondern eine formale Norm für Normen, die solche Normen ausschließt, in denen wesentlich Eigennamen von Personen vorkommen. «Es ist mit Ausnahme von Herrn X für alle anderen verboten, eine Person zu töten, wenn keine Notwehrsituation vorliegt» ist keine zulässige moralische Norm.

Das Prinzip der formalen Gleichheit verlangt: Wenn etwas geboten ist, ist es geboten, dass alle das Gebotene tun. Oder logisch umgekehrt formuliert: Kann es nicht geboten sein, dass alle etwas Bestimmtes tun, kann es auch für einen Einzelnen nicht geboten sein. Gibt es einen Sinn, in dem es nicht geboten sein könnte, dass alle einer bestimmten Maxime folgen? Verschiedene Gründe ließen sich dafür nennen. Wir betrachten drei in den Diskussionen der Moralphilosophen besonders wichtige.

(a) Es kann logisch, begrifflich oder kausal unmöglich sein, dass alle die Maxime befolgen.
(b) Es kann schlechte Folgen haben, wenn alle nach der Maxime handeln.
(c) Es kann den Interessen, die ein Einzelner durch die Befolgung der Maxime zu erreichen versucht, zuwiderlaufen, wenn alle nach der Maxime handeln.

Wir diskutieren die drei Fälle nacheinander. Bei Fall (a) wollen wir davon sprechen, dass sich die Maxime aus logischen, begrifflichen oder kausalen Gründen nicht *«verallgemeinern»* lässt. Ein einzelner im Kunstbetrieb Tätiger kann sich vornehmen, nur mit Fälschungen zu arbeiten. Alle im Kunstbetrieb Tätigen können dies aus logisch-begrifflichen Gründen jedoch nicht tun, weil der Begriff der Fälschung den des Originals voraussetzt und daher einige mit Originalen zu tun haben müssen, wollen andere nur mit Fälschungen arbeiten. Was folgt aus dieser Nichtverallgemeinerbarkeit?

1. Wenn etwas geboten ist, so ist es geboten, dass alle das Gebotene tun.
2. Wenn es geboten ist, dass alle einer Maxime folgen, dann muss es logisch, begrifflich und kausal möglich sein, dass alle der Maxime folgen.

---

3. Also kann eine Maxime, die aus logischen, begrifflichen oder kausalen Gründen nicht von allen befolgt werden kann, nicht geboten sein.

Sind Maximen, die sich aus logischen, begrifflichen oder kausalen Gründen nicht verallgemeinern lassen, für den Einzelnen sogar verboten, oder sind sie wenigstens erlaubt? Die Konklusion lässt das offen, sagt sie doch nur, dass die nicht verallgemeinerbaren Maximen nicht geboten sind.

Im Fall (b) ist die Maxime wegen inakzeptabler Folgen nicht verallgemeinerbar. Unser Beispiel mit dem Geldleihen fällt unter diesen Fall. Das Argument endet mit einem Verbot. Aber diese Konklusion ist ohne weitere Prämissen zu stark, wie das folgende Argument zeigt:

1. Wenn es geboten ist, dass unter den Umständen U auf die Weise H gehandelt wird, dann ist es geboten, dass alle unter den Umständen U auf die Weise H handeln.
2. Es hat inakzeptable Folgen, wenn alle unter den Umständen U auf die Weise H handeln.
3. Was schlechte Folgen hat, ist verboten.

---

4. Also ist es verboten, dass alle unter den Umständen U auf die Weise H handeln.

---

5. Also ist es nicht geboten, dass unter den Umständen U auf die Weise H gehandelt wird.

Warum folgt aus 4 nicht das strikte Verbot der Maxime? Auch wenn es verboten ist, dass alle unter den Umständen U auf die Weise H handeln, kann es trotzdem einem Einzelnen erlaubt sein. Es ist verboten, dass sich niemand um ein Unfallopfer kümmert, aber ein Einzelner muss sich nicht unbedingt um das Opfer kümmern, zum Beispiel weil es andere bereits tun. Allerdings kann nicht für jeden Einzelnen geboten sein, was für alle insgesamt verboten ist. Erneut muss offen bleiben, ob die wegen inakzeptabler Folgen nicht verallgemeinerbare Maxime sogar für den Einzelnen verboten ist.

Auch für Fall (c), wo es das individuelle Interesse durchkreuzt, wenn alle nach einer Maxime handeln, ist unser Beispiel des Geldleihens einschlägig:

1. Annahme um des Arguments willen: *Jeder handelt nach der Maxime: Wer Geld braucht, der leihe es sich unter dem falschen Versprechen, es gemäß einer bestimmten Verabredung zurückzuzahlen.*
2. Wenn jeder nach dieser Maxime handelte, so würde sehr schnell fast niemand mehr Geld verleihen. Die Institution des Geldleihens auf der Basis von Versprechen wäre zerstört.

---

3. Wer sich immer wieder einmal Geld leihen will, handelt also seinen Interessen langfristig mit der Befolgung der obigen Maxime zuwider. Die Maxime ist wegen zweckrationaler Befolgung eigener Interessen nicht verallgemeinerbar.

Verfolgt der nach der Maxime Handelnde seine Interessen zweckrational, so kann er nicht wollen, dass sich alle nach der Maxime richten. Doch warum sollte allein deshalb die Maxime schon verboten sein?

Vom Standpunkt der Logik spricht freilich nichts dagegen, ein Prinzip einzuführen, das Argumente wie das über das Geldleihen sofort schlüssig werden lässt:

1. Annahme um des Arguments willen: *Jeder handelt nach der Maxime: Wer Geld braucht, der leihe es sich mit dem falschen Versprechen, es gemäß einer bestimmten Verabredung zurückzuzahlen.*
2. Wenn jeder nach dieser Maxime handelte, so würde sehr schnell fast niemand mehr Geld verleihen, da er davon ausgehen muss, es niemals zurückzubekommen. Die Institution des Geldleihens auf der Basis von Versprechen wäre zerstört.
3. Es wäre aber schlecht, könnten Menschen sich nicht gelegentlich unter anderem durch das Verleihen von Geld aus Schwierigkeiten heraushelfen.

---

4. Die Maxime, dass es demjenigen, der Geld braucht, erlaubt ist, sich Geld unter falschen Versprechen zu leihen, lässt sich nicht verallgemeinern.

↓

<u>Prinzip der Verallgemeinerung:</u> Nach Maximen zu handeln, die sich nicht verallgemeinern lassen, ist verboten.

↓

5. Also ist es verboten, sich Geld zu leihen mit dem falschen Versprechen, es gemäß einer Verabredung zurückzuzahlen.

Wie moralphilosophisch überzeugend ist dieser logisch zulässige Schritt? Wie ließe sich das Prinzip begründen? Man könnte es zum Beispiel aus dem Prinzip der Fairness ableiten:[45]

1. Sei M eine Maxime, nach der zu handeln einer einzelnen Person P erlaubt, bestimmte ihrer Interessen I zu verfolgen.
2. Es hätte schlechte Folgen F, wenn alle nach der Maxime M handeln.
3. Diejenigen, die nicht nach der Maxime M handeln, können ihre Interessen I nicht verfolgen, obwohl sie sie eigentlich auch haben.

---

4. Diejenigen, die nicht nach der Maxime M handeln, tragen also die Lasten dafür, die inakzeptablen Folgen F zu vermeiden, während P sich daran nicht beteiligt.
5. Es ist jedoch unfair, wenn nicht alle gleichermaßen die Lasten zur Vermeidung allgemeiner Übel tragen.
6. Was unfair ist, ist verboten.

---

7. Also ist es verboten, nach einer Maxime, die sich wegen schlechter Folgen nicht verallgemeinern lässt, zu handeln.

Vom argumentationstheoretischen Standpunkt ist diese Begründung nicht aufregend. Sie beurteilt eine Handlungsweise (das individuelle Handeln nach der Maxime M), indem sie sie unter eine Norm (Verbot unfairen Handelns) subsumiert (vgl. 14.3). Eine oberste moralische Grundnorm ist das Prinzip der Verallgemeinerung allerdings jetzt nicht mehr. Dieser Platz gebührt stattdessen dem Prinzip der Fairness.

Lässt sich das Prinzip der Verallgemeinerung noch anders begründen, zum Beispiel stärker im Geiste der kantischen Ethik? Kants Ethik lebt von der Grundvoraussetzung, dass wir Menschen zur vernünftigen Selbstbestimmung verpflichtet sind. Lässt sich daraus das Prinzip der Verallgemeinerung gewinnen?

1. Es ist unbedingte Pflicht für jeden Einzelnen, sich in vernünftiger Weise selbstzubestimmen.
2. Wenn die vernünftige Selbstbestimmung jedermann unbedingt geboten ist, müssen sich alle gleichzeitig vernünftig selbstbestimmen können.

---

3. Also ist nur das Inhalt möglicher vernünftiger Selbstbestimmung eines Einzelnen, was mit der Selbstbestimmung aller anderen verträglich ist.
4. Nicht verallgemeinerbare Maximen können, wenn tatsächlich alle eigentlich daran interessiert sind, nach ihr zu handeln, nicht Teil der vernünftigen Selbstbestimmung eines Einzelnen sein.
5. Was nicht Teil der vernünftigen Selbstbestimmung eines Einzelnen sein kann, ist verboten.

---

6. Also ist es verboten, nach Maximen zu handeln, die sich nicht verallgemeinern lassen.

Der Zusatz in Prämisse 4 «wenn tatsächlich alle daran interessiert sind, nach der Maxime zu handeln» ist unverzichtbar. Denn es ist nicht einzusehen, warum es mir verboten sein soll, nach einer Maxime zu handeln, nach der die anderen gar nicht handeln wollen. Mich selbstbestimmt für eine solche Maxime zu entscheiden, kollidiert nicht mit den in freier Selbstbestimmung verfolgten Interessen der anderen. Normalerweise wird das Prinzip der Verallgemeinerung jedoch auf eine irreale Situation angewendet: «Stellen wir uns vor, alle würden so handeln ...». Die moralische Konsequenz des Verallgemeinerungstests wird nicht davon abhängig gemacht, ob tatsächlich alle so handeln oder handeln wollen. Versuchen wir, das in der Begründung ernst zu nehmen:

1. Gleichheitsprinzip vernünftiger Selbstbestimmung: Was ein Einzelner in vernünftiger Selbstbestimmung tun will, das muss jedem anderen prinzipiell auch möglich sein, tun zu wollen.

---

2. Wenn das, was ein Einzelner will, er nur dann im Sinne seiner Interessen wollen kann, wenn es den anderen gerade nicht möglich ist, es auch zu tun und tun zu wollen, so kann es nicht Teil der vernünftigen Selbstbestimmung des Einzelnen sein.

3. Bei Maximen, die aus logischen, begrifflichen, kausalen Gründen oder im Sinne zweckrationaler Interessenverfolgung nicht verallgemeinerbar sind, ist es für andere unmöglich, nach ihnen zu handeln oder handeln zu wollen.

---

4. Also können aus logischen, begrifflichen, kausalen Gründen oder im Sinne zweckrationaler Interessenverfolgung nicht verallgemeinerbare Maximen nicht Teil vernünftiger Selbstbestimmung des Einzelnen sein.
5. Was nicht Teil vernünftiger Selbstbestimmung des Einzelnen sein kann, ist verboten.

---

6. Also ist es verboten, nach Maximen zu handeln, die aus logischen, begrifflichen, kausalen Gründen oder im Sinne zweckrationaler Interessenverfolgung nicht verallgemeinerbar sind.

Wieder ist die Herleitung argumentationstheoretisch nicht spektakulär, und wieder kann man wohl einräumen, dass das Prinzip der vernünftigen Selbstbestimmung und das Gleichheitsprinzip vernünftiger Selbstbestimmung einsichtiger sind als das Prinzip der Verallgemeinerung. Vielleicht deshalb, weil das Prinzip der vernünftigen Selbstbestimmung inhaltlich ganz unbestimmt ist. Bei Kant freilich ist diese inhaltliche Unbestimmtheit theoretisch gewollt. Inhaltliche Vorgaben werden dem Einzelnen nicht gemacht, er darf und soll sich selber Ziele des Handelns und Lebens setzen. Trotz dieser inhaltlichen Unbestimmtheit scheint Kant zu hoffen, dass sich jede moralische Frage nach folgendem Muster lösen lässt:

1. Eine Handlung oder eine Maxime soll moralisch beurteilt werden.
2. Man subsumiert die Handlung unter eine Maxime bzw. formuliert die Maxime.
3. Man prüft, ob es logisch, begrifflich, kausal oder im Sinne der individuellen zweckrationalen Interessenverfolgung möglich ist, dass alle nach der Maxime handeln oder handeln wollen.
4. Fällt der Verallgemeinerungstest negativ aus, ist die Maxime bzw. das Handeln nach ihr verboten, fällt der Test positiv aus, ist die Maxime bzw. das Handeln erlaubt oder geboten.

Ließe sich jedes moralische Problem durch einen Verallgemeinerungstest wie in 3. lösen, wäre das Prinzip der Verallgemeinerung oberstes Moralprinzip und wäre dann seinem Gehalt nach gleichwertig mit dem Prinzip der vernünftigen Selbstbestimmung. Es ist jedoch fraglich, ob sich jede moralische Frage nach dem angegebenen Schema lösen lässt.[46] Zumindest Schritt 3 müsste wohl erweitert werden, und zwar um die Bedingung, dass eine Maxime auch dann nicht verallgemeinerbar ist, wenn die allgemeine Beachtung dieser Maxime inakzeptable Folgen hat (das ist der oben als (b) unterschiedene Fall der Nichtverallgemeinerbarkeit). Mit dieser Erweiterung ist allerdings sofort offensichtlich, dass das Prinzip der Verallgemeinerung nicht alleine oberstes moralisches Prinzip sein kann, weil sich nicht alle moralischen Fragen durch seine Anwendung lösen lassen. Denn nach welchen Kriterien sind die Folgen, die eintreten, wenn alle sich nach einer Maxime richten, als akzeptabel oder inakzeptabel zu beurteilen? Darüber gibt der Test der Verallgemeinerung keine Auskunft.

Wir können und müssen diese Probleme nicht weiter verfolgen. Wir wollen nicht in die Ethik einführen, sondern beschränken uns auf die Probleme des Argumentierens in der Ethik. Es sollte am Beispiel des Prinzips der Verallgemeinerung nur exemplarisch gezeigt werden, welche Probleme auftauchen, wenn man bestimmte Normen begründen oder gar als oberste moralische Prinzipien auszeichnen möchte. Wir wenden uns nun, wie angekündigt, dem zweiten Beispiel zu, dem Moralprinzip der Diskursethik.

14.6 Die Ethik des Argumentierens

Wie bei jedem Handeln kann man auch beim Diskutieren mit anderen viel falsch machen. Man kann sogar moralisch versagen. Denn auch beim Diskutieren haben wir Regeln zu beachten. Verletzt man sie, wird man von anderen dafür getadelt. In diesem Sinne gibt es eine Moral des Argumentierens. Die Ethik des Argumentierens denkt über diese Argumentationsmoral nach.

Was hat man beim Argumentieren und Diskutieren unbedingt zu beachten? Wenn wir miteinander diskutieren, wollen wir einander von der Wahrheit oder Richtigkeit bestimmter Aussagen überzeugen. Das kann nur gelingen, wenn wir wechselseitig verstehen, was jeder Teilnehmer einer Diskussion sagt. Sonst reden wir einfach aneinander vorbei. Darauf zielt das erste Gebot des Argumentierens und Diskutierens:

> *Das Gebot der Verständlichkeit:* *Man sollte so reden, dass man von seinen Gesprächspartnern auch wirklich verstanden wird.*

Manchmal äußern sich Diskussionsteilnehmer nur strategisch. Sie glauben selber nicht daran, was sie sagen, sondern wollen ihr Gegenüber im Gespräch wider besseres Wissen zum Gesagten überreden. Dem will das folgende Gebot vorbeugen:

> *Das Gebot der Wahrhaftigkeit:* *In einer ernsthaften Diskussion sollte man nur das äußern und nur dem zustimmen, was man selber nach bestem Wissen und Gewissen für wahr und richtig hält.*

Oft bekennen wir nicht freimütig, was wir wirklich denken. Es gibt viele Motive, Überzeugungen zu verschweigen, zum Beispiel Angst. Wir wissen, dass das eigentlich nicht so sein sollte. Wir akzeptieren mithin das folgende Gebot:

> *Das Gebot der Offenheit und Freiheit:* *In einer ernsthaften Diskussion sollte jeder alles, was er für richtig hält, erst einmal frei äußern dürfen. Die bloße Darstellung von Überzeugungen darf nicht unterdrückt oder von vornherein negativ sanktioniert werden.*

Werden Meinungen in einer Diskussion geäußert, sind sie deswegen noch lange nicht wahr oder richtig. Darüber sollen ja erst Gründe entscheiden. Jede Meinung muss sich prinzipiell kritische Einwände gefallen lassen. Dazu müssen wir erst einmal jede Meinung gleichermaßen ernst nehmen. Das regelt das vierte Gebot:

Das Gebot der fairen Prüfung aller Überzeugungen: In einer ernsthaften Diskussion sollte jede Überzeugung gleichermaßen ernst genommen und in fairer Weise Gründe und Gegengründe kritisch gegeneinander abgewogen werden.

Oft erkennt man nachträglich oder als Außenstehender, dass vieles unerörtert geblieben ist, weil bestimmte Personen bei der Diskussion nicht anwesend waren. Das gilt nicht zuletzt dort, wo es um die Interessen und Bedürfnisse von Menschen geht. Tendenziell hat man daher in einer ernsthaften Diskussion die zu berücksichtigenden Überzeugungen und Interessen über den Kreis der faktischen Gesprächsteilnehmer hinaus zu erweitern:

Das Gebot der Überwindung kontingenter Beschränkungen einer Diskussion: In einer ernsthaften Diskussion hat man sich darum zu bemühen, auch sachlich einschlägige Überzeugungen und Interessen von Personen außerhalb der Gruppe der faktischen Diskussionsteilnehmer zu berücksichtigen.

Zu diskutieren würde sinnlos, informierten sich alle nur wechselseitig über ihre jeweiligen Überzeugungen, hielten ansonsten aber eisern an ihren Meinungen fest. Indem das Für und Wider der Überzeugungen erörtert wird, sollte jeder einsehen, dass bestimmte der eigenen Überzeugungen gut begründet sind, während andere ausschließlich oder überwiegend nur Gründe gegen sich haben. Nur an den gut begründeten Überzeugungen sollten wir festhalten und die kritisierten fallen lassen:

Das Gebot der Orientierung an den Ergebnissen einer ernsthaften Diskussion: Jeder Diskussionsteilnehmer sollte alle diejenigen Überzeugungen, aber auch nur diejenigen übernehmen, die sich in einer ernsthaften Diskussion gut oder mit überwiegenden Gründen rechtfertigen lassen.

Diese sechs Gebote sind Verhaltensregeln für die Teilnehmer einer ernsthaften Diskussion. Einige Philosophen glauben, dass alle moralischen Fragen in ernsthaften Diskussionen geklärt werden müssen. Wenn das richtig ist, ergibt sich ein einfaches oberstes Moralprinzip. Handlungen sind moralisch gerechtfertigt genau dann, wenn sie solchen Normen folgen, denen alle Teilnehmer einer ernsthaften Diskussion zustimmen oder zustimmen könnten.

> *Das Moralprinzip der Diskursethik:* Orientiere dich in deinem Handeln an den Ergebnissen ernsthafter Diskussionen.

Was macht die Diskursethik für viele Philosophen so attraktiv? In der säkularen Moderne ist der Wille Gottes als plausible transzendente Grundlage der Moral weggebrochen. Seitdem sehen viele Philosophen das Problem, wie man jemanden überzeugen kann, dass er sich moralisch verhalten soll. Hier scheint die Diskursethik mit einem schwer zu widerlegenden Argument aufzuwarten. Wer ernsthaft nach Gründen fragt, warum er moralisch sein soll, fragt, warum er sich in seinem Handeln an den Ergebnissen ernsthafter Diskussionen orientieren soll. Doch wer ernsthaft und nicht zum bloßen Schein oder aus Spaß so fragt, der eröffnet damit eine ernsthafte Diskussion und verpflichtet sich bereits auf die Gebote ernsthafter Diskussionen. Die Diskursethiker glauben, dass eine ernsthafte Diskussion nie mit dem Ergebnis enden könne, man solle sich nicht an den Ergebnissen ernsthafter Diskussionen orientieren. Gesteht man ihnen diese These zu, schließen die Diskursethiker ihre Überlegungen zur Begründung der Diskursethik mit der Überlegung ab: Wenn man nicht ernsthaft gegen das Moralprinzip der Diskursethik argumentieren kann, scheint es gegen alle Einwände immun zu sein. Es scheint unwiderlegbar zu sein.[47]

Unübersehbar haben wir es hier mit einem transzendentalen Selbstanwendungsargument zu tun. Folgt man der eben skizzierten Beweisidee, so müsste eine logisch hieb- und stichfeste transzendentale Begründung für das Moralprinzip wohl so aussehen:

1. Wer ernsthaft bestreiten will, dass man sich in seinem Handeln an den Ergebnissen ernsthafter Diskussionen orientieren soll, orientiert sich jedenfalls in dieser Frage an den Ergebnissen ernsthafter Diskussionen und fordert auch andere dazu auf.
2. Wer sich auch nur in einer einzigen Frage an den Ergebnissen ernsthafter Diskussionen orientiert, muss sich auch in allen anderen moralisch relevanten Fragen so orientieren.

---

3. Also akzeptiert derjenige, der ernsthaft bestreiten will, dass man sich in seinem Handeln an den Ergebnissen ernsthafter Diskussionen orientieren soll, bereits insgesamt das Moralprinzip der Diskursethik.

---

4. Also ist es selbstwidersprüchlich, das Moralprinzip der Diskursethik mit Gründen ernsthaft bestreiten zu wollen.
5. Was nur um den Preis eines Selbstwiderspruchs zu bestreiten ist, kann mit Notwendigkeit nicht widerlegt werden.
6. Was mit Notwendigkeit nicht widerlegt werden kann, das gilt unbedingt.

---

7. Also gilt das Moralprinzip der Diskursethik unbedingt.

Das Argument hat zwei neuralgische Stellen. Zunächst ist schwer einzusehen, warum die Prämisse 2 und damit Konklusion 3 bzw. 4 gelten sollen. Offensichtlich selbstwidersprüchlich wäre es, sich für die Stützung des verschärften Verbots «Orientiere dich *niemals* in deinem Handeln an den Ergebnissen ernsthafter Diskussionen!» auf die Ergebnisse ernsthafter Diskussionen zu berufen. Doch dieser pragmatischen Inkohärenz macht sich derjenige, der ernsthaft das Moralprinzip der Diskursethik zur Diskussion stellt, nicht schuldig. Ihm reicht es schon, wenn das Moralprinzip nicht in jedem Falle zu befolgen ist. Sicher, er orientiert sich in dieser Frage an den Ergebnissen einer ernsthaften Diskussion und handelt insoweit im Einklang mit dem Moralprinzip der Diskursethik. Das drückt Prämisse 1 aus. Aber inkonsequent handelte er erst dann, würde er sich damit auch schon in jeder anderen Frage auf das diskursethische Moralprinzip festlegen oder verpflichten, wie es Prämisse 2 gerade behauptet. Sie ist jedenfalls unverzichtbar für eine transzendentale Begründung des diskursethischen Moralprinzips. Aber lässt sie sich verteidigen?

Fragen wir zunächst, wie das «muss» in Prämisse 2 zu verstehen ist. Man hat zwei Möglichkeiten. Es kann deskriptiv oder normativ gemeint sein. Deskriptiv gelesen besagt Prämisse 2 so viel wie: Es ist gar nicht möglich, sich nur in einer Frage oder in einigen wenigen Fragen an den Ergebnissen ernsthafter Diskussionen zu orientieren. Diese Lesart ist unplausibel. Zwar wird vielleicht menschheitsgeschichtlich gesehen alles, was sich überhaupt diskutieren lässt, irgendwann tatsächlich diskutiert. Den Einzelnen allerdings überfordert diese «Unendlichkeit» der Diskussionsthemen und Diskussionspartner. Jeder Einzelne ist ein endliches Individuum, er kommt gar nicht umhin, sein Denken, Reden und Diskutieren auf bestimmte Themen und bestimmte Personen zu begrenzen. In einem deskriptiven Sinne ist es nicht nur möglich, sondern alltägliche Realität, dass Einzelne in bestimmten Fragen auf das Argumentieren verzichten. Wer bestimmte Fragen diskutierend löst, ist daher niemals gezwungen, jede Frage diskutierend zu lösen. Dem Diskursethiker bleibt nur die Alternative, den Ausdruck «müssen» in Prämisse 2 ins Normative zu wenden. Wer eine Begründung für das diskursethische Moralprinzip verlangt, muss sich in einem normativen Sinne auch in allen anderen moralisch relevanten Fragen daran orientieren, will er sich nicht vorwerfen lassen, irrational, inkonsequent oder vielleicht sogar amoralisch zu sein. Allerdings hat sich der Diskursethiker vor einer *Petitio principii* in Acht zu nehmen. Man darf den Vorwurf, jemand sei irrational, inkonsequent oder amoralisch, nicht damit begründen, er richte sich nicht nach den Aussagen, die aus ernsthaften Diskussionen gut begründet hervorgehen. Dann nämlich flösse das Moralprinzip der Diskursethik schon in seine Begründung ein.

Diskursethiker erwecken nun oft den Eindruck, als ob sie Prämisse 2 in folgendem Sinne für wahr halten: Wer sich auch nur in einer einzigen moralisch relevanten Frage auf eine ernsthafte Diskussion einlässt, kann dann schon nicht mehr begründen, warum er sich in Bezug auf andere moralische Fragen auf einmal einer ernsthaften Diskussion verweigert. Warum sollte das wahr sein? Mit dieser These prognostizieren die Diskursethiker natürlich nicht das faktische Verhalten irgendwelcher empirischen Personen. Die Diskursethiker glauben vielmehr, dass sich eine Diskussionsverweigerung nicht rechtfertigen lasse. Woher wissen sie das? Vermutlich können sie keine guten Gründe erkennen, aber das ist zu wenig.

Diskursethiker müssen begründen, warum es keine guten Gründe geben kann. Das ist alles andere als trivial, und ich sehe nicht, dass sie bisher dieser Begründungspflicht nachgekommen sind.

Außerdem ist die These, dass derjenige, der sich auch nur in einer einzigen moralisch relevanten Frage auf Diskussionen eingelassen habe, seine Verweigerung, auch alle anderen Fragen zu diskutieren, nicht mehr begründen könne, in Wahrheit noch nicht die Prämisse 2 des obigen Arguments. Kann sich jemand nicht trotzdem in allen anderen Fragen ernsthaften Diskussionen entziehen? Natürlich kann er das. Moralisches Verhalten kann niemals argumentativ erzwungen werden. Der Diskursethiker wird unserem Moralskeptiker zwar vorhalten, ohne hinreichende Begründung weiteren Diskussionen zu entsagen. Doch erneut ist zu beachten, dass dieser Vorwurf nur dann Hand und Fuß hat, wenn aus der Unmöglichkeit, die besagte Weigerung zu begründen, folgt, dass sich der Moralskeptiker dann auch nicht mehr weigern solle oder dürfe. Aber schauen wir genau hin! Wann folgt denn aus einem Satz der Form «Es ist nicht begründet, nicht auf die Weise H zu handeln», dass man sich auf die Weise H verhalten soll? Nur dann, wenn alles zu unterlassen ist, was sich nicht begründen lässt. Das ist jedoch nur die ein wenig anders formulierte Norm, sich in seinem Tun von den Ergebnissen ernsthafter Diskussionen leiten zu lassen. Mithin setzt der Diskursethiker sein Moralprinzip bereits voraus, das er angeblich erst auf unwiderlegbare Weise transzendental begründen will.

Damit sind wir längst bei der zweiten Schwäche des obigen Arguments angekommen. Gestehen wir einmal alle Schritte des Arguments bis einschließlich Schritt 6 zu. Wieso ergibt sich daraus Konklusion 7? Dem diskursethischen Moralprinzip zufolge ist es geboten, nach den Ergebnissen ernsthafter Diskussionen zu handeln. Wieso hat man das Moralprinzip zu befolgen, wenn man es nicht widerlegen kann? Abermals ist das nur dann zwingend, wenn man nur solche Normen nicht befolgen muss, die sich mit Gründen widerlegen lassen. Das ist das diskursethische Moralprinzip, nur ein wenig anders formuliert. Erneut kommt eine Petitio principii zum Vorschein.

Machen wir zum Abschluss die beiden neuralgischen Schwachstellen einer transzendentalen Begründung der Diskursethik kenntlich:

Wer ernsthaft widerlegen will, dass man sich in seinem Handeln an den Ergebnissen ernsthafter Diskussionen orientieren soll, orientiert sich jedenfalls in dieser Frage an den Ergebnissen ernsthafter Diskussionen und fordert auch andere dazu auf.

↓

?

↓

Also ist es selbstwidersprüchlich, das Moralprinzip der Diskursethik mit Gründen ernsthaft widerlegen zu wollen.

↓

?

↓

Also ist das Moralprinzip der Diskursethik zu befolgen.

Wir müssen und können jetzt nicht abschließend diskutieren, ob sich die beiden Lücken schließen lassen. Es genügt anzuerkennen, dass sie geschlossen werden müssen.

14.7 Möglichkeiten und Grenzen moralischen Argumentierens

Wie eine überzeugende moralische Argumentation ablaufen muss, ist durch das vorher Gesagte offenkundig. Es gilt zu versuchen,

(a) ein oder mehrere allgemeine normative Prinzipien zu finden, die alle Diskussionsteilnehmer (möglichst ohne weitere Gründe) akzeptieren,
(b) von den Teilnehmern akzeptierte deskriptive Feststellungen ins Spiel zu bringen, und dann
(c) mit anerkannten Schlussregeln des moralischen Argumentierens die fragliche Norm oder das fragliche Werturteil daraus herzuleiten, wobei
(d) sich die als Prämissen benutzten allgemeinen normativen Prinzipien möglichst auf tatsächlich handlungswirksame Gründe der Diskussionsteilnehmer beziehen sollten.

Ob sich die Forderungen (a) bis (d) realisieren lassen, ist durch keine philosophische Theorie argumentativer Moralbegründung garantiert. Doch muss man deswegen nicht völlig pessimistisch sein. Wir lassen uns hin und wieder durch Diskussionen, die die Merkmale (a) bis (d) aufweisen, in moralischen Fragen überzeugen. Bemerkenswerterweise gelingen solche Einigungen, obwohl man sich über die obersten Normen oder über die philosophisch richtige Konzeption der Moralbegründung uneinig ist. Diskussionen über Normen und Werturteile setzen oft auf einer viel niedrigeren Stufe der Allgemeinheit an. Das kommt nicht von ungefähr. Unser Sinn für Moral und unser moralisches Urteilsvermögen bildet sich nicht an generellen Normen, sondern an konkreten Situationen und Handlungsweisen aus. Wir leben längst miteinander im Einvernehmen über viele konkrete moralische Beurteilungen, bevor wir anfangen, die Moral anhand allgemeiner Prinzipien zu begründen und zu systematisieren. Deshalb kommt der Dissens über moralphilosophische Grundsatzfragen bei vielen moralischen Debatten nicht zum Tragen. Und deshalb ist der Spielraum für fruchtbare moralische Diskussionen viel größer, als der moralphilosophische Dauerstreit der Philosophen vermuten lässt.

Man muss sich allerdings vor der Illusion hüten, konkrete moralische Fragen – und wirklich brennende moralische Fragen sind stets konkret – ließen sich immer und leicht durch deduktive Ableitungen aus fundamentalen Normen klären. Betrachten wir noch einmal das grundlegende Argumentationsmuster:

Argumentationsmuster für die Beurteilung von Handlungen durch Subsumtion unter eine Norm

1. In der zu beurteilenden Situation S liegen die Umstände U vor.
2. Es ist geboten (verboten, erlaubt), den Sachverhalt Z herbeizuführen, falls Umstände der Art U vorliegen.

---

3. Also ist es in der zu beurteilenden Situation S geboten (verboten, erlaubt), den Sachverhalt Z herbeizuführen.

Es muss eine konkrete Situation und ein konkretes Handeln unter eine allgemeinere Norm subsumiert werden. In der Darstellung des Musters erscheint das problemlos. Vom Standpunkt der Logik handelt es sich um die so genannte «Allspezialisierung» (siehe Anhang). Eine Allspezialisierung ist zum Beispiel der Übergang von der Aussage «Alle von 2 verschiedenen Primzahlen sind ungerade» zur Aussage «7 ist eine Primzahl und ungerade». Im mathematischen Beispiel ist dieser Schritt kinderleicht. Ganz anders bei normativen Prinzipien. Eine konkrete Tötungshandlung unter die Norm «Tötet jemand eine andere Person mit Vorsatz und mit Heimtücke, so ist die Tat als Mord zu bewerten und entsprechend höher zu bestrafen als ein Totschlag oder eine Körperverletzung mit Todesfolge» zu subsumieren, ist oftmals außerordentlich schwierig. Hat eine Person eine andere tatsächlich vorsätzlich und heimtückisch getötet? In Strafprozessen setzen sich Staatsanwaltschaft und Verteidigung oftmals lange und erbittert darüber auseinander, und auch die Richter tun sich nicht selten am Ende schwer, zu einer eindeutigen Bewertung zu kommen. Es gibt weder exakte Definitionen noch exakte und leicht anwendbare Kriterien dafür, wann jemand vorsätzlich oder heimtückisch handelt. Mithin bleibt ein ziemlich weiter Ermessensspielraum, ob die Begriffe «vorsätzlich» und «heimtückisch» richtig angewendet werden.

Nicht nur im Strafrecht stehen wir ständig vor dem Problem, *unter welche normativ relevante Beschreibung ein konkreter Einzelfall eigentlich fällt.* Überall bedienen sich normativ relevante Beschreibungen solcher Begriffe, die nicht exakt definiert werden können. Diese Begriffe bleiben immer mehr oder weniger vage. Daher gibt es kein eindeutiges Verfahren, das man nur anzuwenden hätte, um nach endlich vielen Schritten definitiv zu wissen, wie eine Handlung oder Maxime moralisch angemessen zu beschreiben und daher zu beurteilen ist. Vielmehr muss jemand über *Urteilskraft*[48] verfügen, die nur in der Erfahrung mit vielen konkreten Beispielen und Gegenbeispielen und unter der kritischen Stellungnahme anderer Personen heranreift. Das Modell logischer Deduktion aus generellen Prinzipien ist für das moralische Argumentieren letztlich nur bedingt tauglich. Dieses Modell ist dort angemessen, wo die Subsumtion eines Einzelfalls unter eine generelle Beschreibung ein harm- und problemloser Schritt ist. Bei der Subsumtion von einzelnen Handlungen und Maximen unter generellere Normen ist das eher selten der Fall.

15. Analogieargumente

15.1 Die Uhrenanalogie von Leibniz

Leibniz hat versucht, das Verhältnis von Seele und Körper durch einen Vergleich verständlich werden zu lassen:

> Man stelle sich zwei Wanduhren oder zwei Taschenuhren vor, die vollkommen miteinander übereinstimmen. Das kann nun *auf drei Weisen* geschehen. [...] *Die erste Weise*, diejenige des Einflusses, wurde von dem verstorbenen Huygens zu seinem großen Erstaunen experimentell erfahren. Er hatte zwei große Pendeluhren an ein und demselben Stück Holz befestigt. Die dauernden Schläge dieser Pendel hatten den Partikeln des Holzes gleiche Erschütterungen mitgeteilt. Aber da diese Erschütterungen nicht in ihrer Ordnung und ohne einander zu behindern bestehen konnten, solange die Pendel nicht übereinstimmten, ereignete es sich durch eine Art Wunder, dass sie, selbst wenn man ihre Schläge ganz ausdrücklich verwirrt hatte, bald wieder dazu zurückkehrten, gemeinsam zu schlagen, fast wie zwei Saiten, die gleich gestimmt sind.
>
> *Die zweite Weise*, zwei (obschon schlechte) Uhren immer übereinstimmen zu lassen, könnte darin bestehen, sie immer durch einen geschickten Arbeiter überwachen zu lassen, der sie in jedem Augenblick gleich einstellt. Das nenne ich den Weg des Beistandes.
>
> *Die dritte Weise* wird schließlich darin bestehen, zunächst die zwei Pendeluhren mit so viel Kunst und Genauigkeit herzustellen, dass man in der Folge ihrer Übereinstimmung sicher sein kann. Das ist der Weg des prästabilierten Zusammenstimmens.
>
> Setzen Sie nun die Seele und den Körper an die Stelle dieser beiden Uhren. Ihre Übereinstimmung oder Sympathie kann ebenfalls auf eine dieser drei Weisen statthaben. *Der Weg des Einflusses* ist der der Vulgärphilosophie. Da man sich aber weder materielle Teilchen noch immaterielle Arten oder Eigenschaften vorstellen kann, die von einer dieser Substanzen auf die andere übergehen könnten, ist man gezwungen, diese Meinung aufzugeben. *Der Weg des Beistandes* ist der des Systems der Gelegenheitsursachen. Aber ich halte dafür, dass man damit einen *Deus ex machina* in eine natürliche und gewöhnliche Sache eingreifen lässt, in die er sich nach der Vernunft nur in einer Weise einmischen dürfte, die mit allen anderen natürlichen Dingen zusammengeht. So bleibt nur meine Hypothese, das heißt *der Weg der prästabilierten*

Harmonie durch ein vorgreifendes göttliches Kunststück, welches jede dieser Substanzen von Anfang an so geschaffen hat, dass jede, indem sie nur ihren eigenen Gesetzen folgt, die sie mit ihrem Sein empfangen hat, dennoch mit der anderen übereinstimmt, ganz so, als gäbe es einen wechselseitigen Einfluss oder als hätte Gott über seine allgemeine Mitwirkung hinaus immer die Hand im Spiel.

Danach, glaube ich, brauche ich nichts zu beweisen, wenn man nicht will, dass ich beweise, dass Gott über alles verfügt, was er braucht, um sich dieses vorgreifenden Kunststücks bedienen zu können, wovon wir sogar bei den Menschen, soweit es sich um geschickte Leute handelt, Proben sehen.[49]

Die Überlegungen lassen sich gut nachvollziehen:

1. Hinsichtlich ihres Zusammenspiels verhalten sich Seele und Körper genauso wie zwei synchronisierte Uhren.
2. Die Synchronizität von Uhren lässt sich nur auf drei Weisen erklären,
   (a) durch wechselseitigen kausalen Einfluss der beiden Uhren (Weg des Einflusses),
   (b) durch den ständigen Eingriff eines Kontrolleurs, der die Uhren per Hand nachstellt (Weg des Beistands),
   (c) durch prästabilierte Harmonie, d. h. der Uhrmacher hat die Uhren gerade so sorgfältig im Voraus eingerichtet, dass sie ganz von alleine und ohne Wechselwirkung synchron laufen.

---

3. Also lässt sich das Zusammenspiel zwischen Seele und Körper nur auf drei Weisen erklären:
   (a) durch wechselseitigen kausalen Einfluss von Seele und Körper aufeinander,
   (b) durch den ständigen Eingriff eines Deus ex machina,
   (c) durch prästabilierte Harmonie, d. h. Gott hat Seele und Körper im Voraus so sorgfältig geplant, dass sie anschließend von ganz alleine und ohne Wechselwirkung passend aufeinander abgestimmt sind.
4. Die kausale Wechselwirkung zwischen materiellen Körpern und Seele ist unmöglich; die Erklärung durch die ständigen Eingriffe eines Deus ex machina ist unplausibel.

---

5. Also ist das Zusammenspiel von Seele und Körper nur durch die von Gott eingerichtete prästabilierte Harmonie zwischen Seele und Körper zu erklären.

Der Übergang von den Prämissen 1 und 2 zur Konklusion 3 ist unproblematisch. Wenn Seele und Körper genauso miteinander zusammenstimmen wie zwei synchronisierte Uhren und sich die Synchronizität von Uhren in dreifacher Weise erklären lässt, so gilt dies auch für den Einklang von Seele und Körper. Andernfalls würden wir nicht von «gleichem Verhalten» reden. Hinter dem Ausdruck «verhalten sich genauso wie» in Prämisse 1 steht also eine generelle analytische Aussage: Verhalten sich Gegenstände X in Bezug auf den Aspekt Z* genauso wie Gegenstände Y in Bezug auf den Aspekt Z, trifft auf Gegenstände Y in Bezug auf den Aspekt Z S zu und entspricht der Sachverhalt S* hinsichtlich des Aspekts Z* dem Sachverhalt S, so trifft auf Gegenstände X S* zu. Man kann diese analytisch wahre Aussage als *«Analogieprinzip»* bezeichnen. Argumente mit dem Analogieprinzip als Schlussregel heißen *«Analogieargumente»*. Fügen wir in unsere Darstellung das Schlussprinzip, das den Übergang von den ersten beiden Prämissen zur Konklusion 3 rechtfertigt, ein:

1. Hinsichtlich ihres Zusammenspiels verhalten sich Seele und Körper genauso wie synchronisierte Uhren.
2. Die Synchronizität von Uhren lässt sich nur erklären
   (a) durch wechselseitigen kausalen Einfluss der beiden Uhren,
   (b) durch den ständigen Eingriff eines Kontrolleurs oder
   (c) durch prästabilierte Harmonie.

↓

Analogieprinzip

↓

3. Also lässt sich das Zusammenspiel von Seele und Körper nur erklären
   (a) durch wechselseitigen kausalen Einfluss von Seele und Körper aufeinander,
   (b) durch den ständigen Eingriff eines Deus ex machina oder
   (c) durch prästabilierte Harmonie, für die Gott gesorgt hat.
4. Die direkte kausale Wechselwirkung zwischen materiellen Körpern und Seele ist unmöglich; die Erklärung durch die ständigen Eingriffe eines Deus ex machina ist unplausibel.

---

5. Also ist das Zusammenspiel von Seele und Körper nur durch die von Gott eingerichtete prästabilierte Harmonie zwischen Seele und Körper zu erklären.

Es hat den Anschein, als ob Analogieargumente wegen des analytisch wahren Analogieprinzips unproblematische deduktiv schlüssige Argumente wären. Doch der Schein trügt. Die Crux dieser Argumente liegt in der für sie unverzichtbaren Prämisse, wonach sich bestimmte Gegenstände hinsichtlich eines Aspekts genauso verhalten wie andere Gegenstände hinsichtlich eines anderen Aspekts. Woher weiß man, um bei unserem Beispiel zu bleiben, dass Seele und Körper sich zueinander verhalten wie zwei synchronisierte Uhren?

Hier entsteht ein grundsätzliches Dilemma. Entweder man weiß das bereits definitiv, und dann weiß man es schon für alle Eigenschaften, die in den Aspektvergleich einzubeziehen sind, also insbesondere für die in der Konklusion genannte Eigenschaft. Das Analogieargument kommt zu spät. Oder man will sich erst durch das Analogieargument davon überzeugen, dass der Aspektvergleich eine bestimmte einschlägige Eigenschaft einschließt. Doch dann stützt man sich auf die Prämisse, dass sich beide Gegenstände in allen für den Vergleich relevanten Eigenschaften gleichen, eine Prämisse, deren Wahrheit frühestens mit der Wahrheit der Konklusion feststeht. Das Argument kommt zu früh. Analogieargumente zählen daher nicht zu den deduktiv schlüssigen Argumenten. Trotzdem wird überall mit Analogien argumentiert. Wie ist das zu rechtfertigen?

Bleiben wir erst einmal bei dem Argument von Leibniz. Könnte er den Uhrenvergleich nicht einfach weglassen?

1. Das Zusammenspiel von Seele und Körper lässt sich nur auf drei Weisen erklären,
   (a) durch wechselseitigen kausalen Einfluss von Seele und Körper aufeinander,
   (b) durch den ständigen Eingriff eines Deus ex machina,
   (c) durch prästabilierte Harmonie.
2. Die kausale Wechselwirkung zwischen materiellen Körpern und Seele ist unmöglich; die Erklärung durch die ständigen Eingriffe eines Deus ex machina ist unplausibel.

---

3. Also ist das Zusammenspiel von Seele und Körper nur durch die von Gott eingerichtete prästabilierte Harmonie zwischen Seele und Körper zu erklären.

Allein, wird hier überhaupt etwas erklärt? Ist es nicht ein unerklärliches Wunder, dass seelische Vorgänge und körperliche Vorgänge miteinander koordiniert sind? Ich bewege den Arm genau dann, wenn ich den Entschluss fasse, den Arm zu bewegen, obwohl mein bewusster Entschluss angeblich keinen Einfluss auf meinen Arm hat. Auf diesen Einwand kontert Leibniz mit dem Uhrenvergleich: «Die prästabilierte Harmonie ist sehr wohl eine gute Erklärung, denn bereits menschliche Uhrmacher vermögen den Gang von Uhren im Voraus so fein einzurichten, dass die Uhren synchron laufen. Was einem menschlichen Uhrmacher glückt, gelingt Gott allemal. Natürlich, seelische Vorgänge und körperliche Aktionen miteinander zu koordinieren ist unendlich viel komplizierter als zwei Uhren zu synchronisieren, aber Gott ist menschlichen Uhrmachern auch an Intelligenz und Wissen so unendlich überlegen, dass es geradezu gotteslästerlich wäre, ihm die prästabilierte Harmonie von Seele und Körper nicht zuzutrauen.»[50] Offensichtlich will Leibniz durch die Analogie die prästabilierte Harmonie von Seele und Körper vom Ruch des Rätselhaften befreien. Wer das Zusammenspiel von Seele und Körper durch prästabilierte Harmonie erklärt, verwandelt das auf den ersten Blick Unvertraute in das uns bestens Vertraute.

15.2 Strukturen, Analogien, Modelle

Wir wollen Analogien genereller betrachten. Analogien handeln von mindestens zwei verschiedenen Wirklichkeitsausschnitten W und W^*. Bestimmte Objekte, Eigenschaften, Beziehungen in dem einen Wirklichkeitsausschnitt W entsprechen bestimmten Objekten, Eigenschaften, Beziehungen in W^*. Bleiben wir bei unserem Beispiel:

Seele	~	*Uhr 1*
Körper	~	*Uhr 2*
Realisierung des von der Seele Gewollten durch Körperbewegungen	~	*Synchronizität der Uhren*

Eine Analogie besagt nun: Die Objekte, Eigenschaften und Beziehungen in W verhalten sich genauso zueinander, wie sich die ihnen in W* zugeordneten Objekte, Eigenschaften und Beziehungen zueinander verhalten. Bestimmten wahren Sätzen über Objekte, Eigenschaften und Beziehungen in W entsprechen wahre Sätze über die jeweils zugeordneten Objekte, Eigenschaften und Beziehungen in W*.

Wird das von der Seele Gewollte nicht mehr durch Körperbewegungen realisiert, so ist die Seele oder der Körper gestört.	~	*Laufen die beiden Uhren auf einmal nicht mehr synchron, ist mindestens eine der beiden Uhren gestört.*
Die Realisierung des von der Seele Gewollten durch Körperbewegungen muss entweder durch kausale Wechselwirkung, ständige korrigierende Intervention oder durch prästabilierte Harmonie erklärt werden.	~	*Die Synchronizität zweier Uhren muss entweder durch kausale Wechselwirkung, ständige korrigierende Intervention oder durch prästabilierte Harmonie erklärt werden.*

Betrachten wir die illustrierte Sachlage ganz allgemein. W und W* seien zwei verschiedene Wirklichkeitsausschnitte. B sei eine Menge von wahren Aussagen über W. Die Sätze in der Menge B müssen den Wirklichkeitsausschnitt W nicht vollständig beschreiben. B stelle einfach eine Menge von wahren Sätzen über W dar. Wir nehmen nun an, dass die beiden folgenden Bedingungen erfüllt sind:

(a) Man kann Objekten aus dem Wirklichkeitsbereich W* Objekte aus W zuordnen, Eigenschaften von Objekten aus W* Eigenschaften von Objekten aus W und Relationen zwischen Objekten aus W* Relationen zwischen Objekten aus W.

(b) Jede Aussage über den Wirklichkeitsausschnitt W aus der Aussagenmenge B interpretiert man gemäß den Zuordnungen (a) um zu einer Aussage über den Wirklichkeitsausschnitt W*. Auf diese Weise gewinnt man eine Menge B* wahrer Aussagen über W*.

Sind diese beiden Bedingungen erfüllt, wollen wir sagen, dass zwischen W und W* eine *Analogie* besteht. Die beiden Wirklichkeitsausschnitte haben eine gemeinsame *Struktur*. Die Sätze aus B und aus B* beschreiben jeweils diese Struktur, einmal als in W, das andere Mal als in W* realisierte. Besitzen zwei Wirklichkeitsausschnitte W und W* in bestimmter Hinsicht dieselbe Struktur, dann lassen sich die Verhältnisse in dem einen Wirklichkeitsausschnitt W wiedergeben, illustrieren und veranschaulichen durch die ihnen analog zugeordneten Verhältnisse in dem anderen Wirklichkeitsausschnitt W*. Dient die Struktur eines Wirklichkeitsausschnitts W* in dieser Weise zur Darstellung der Struktur eines anderen Wirklichkeitsausschnitts W, ist W* ein *Modell* für W. Genau in diesem Sinne ist für Leibniz die Synchronizität zweier Uhren ein Modell für das Verhältnis von Seele und Körper.

Analogieargumente genügen dem folgenden generellen Muster:

Argumentationsmuster für Analogieargumente

1. Gegenstand a verhält sich hinsichtlich des Aspekts A genauso wie Gegenstand b hinsichtlich des Aspekts B.
2. Hinsichtlich des Aspekts B trifft auf b der Sachverhalt F zu.
3. Dem Sachverhalt F entspricht hinsichtlich des Aspekts A der Sachverhalt F* für den Gegenstand a.

↓

<u>Analogieprinzip:</u> *Gelten folgende drei Dinge: (a) Gegenstände X verhalten sich in Bezug auf den Aspekt Z* genauso wie Gegenstände Y in Bezug auf den Aspekt Z; (b) auf Gegenstände Y trifft hinsichtlich Z S zu; (c) der Sachverhalt S* hinsichtlich Z* entspricht dem Sachverhalt S hinsichtlich Z, dann gilt auch: Auf Gegenstände X trifft S* zu.*

↓

4. Also trifft auf a F* zu.

15.3 Humes teleologischer Gottesbeweis

Betrachten wir zunächst ein weiteres Beispiel für ein Analogieargument. In seiner Schrift «Dialoge über natürliche Religion» lässt David Hume drei Personen über die Eigenschaften Gottes streiten. Im Mittelpunkt der Auseinandersetzung steht das folgende Argument:

> Seht Euch um in der Welt; betrachtet das Ganze und jeden Teil; Ihr habt darin nichts als eine einzige große Maschine, die in eine unendliche Anzahl kleinerer Maschinen geteilt ist, deren jede wieder bis zu einem gewissen Grade Unterteilungen gestattet, die menschliche Sinne und Fähigkeiten nicht mehr zu verfolgen und zu erklären vermögen. Alle diese verschiedenen Maschinen und selbst ihre kleinsten Teile sind einander mit einer Genauigkeit angepaßt, die jedermann, der sie jemals betrachtet hat, in staunende Bewunderung versetzt. Die wunderbare Angemessenheit von Mitteln und Zwecken in der ganzen Natur gleicht genau, wenn sie auch weit darüber hinausgeht, den Hervorbringungen menschlicher Kunst, menschlicher Absicht, Weisheit und Einsicht. Da also die Wirkungen einander gleichen, werden wir nach allen Regeln der Analogie zu dem Schluß geführt, dass auch die Ursachen einander gleichen und dass der Urheber der Natur dem Geist des Menschen einigermaßen ähnlich ist, freilich im Besitz viel größerer Fähigkeiten, entsprechend der Größe des Werkes, das er hervorgebracht hat. Durch diesen Beweis a posteriori und durch diesen Beweis allein begründen wir zugleich das Dasein einer Gottheit und ihre Ähnlichkeit mit menschlichem Geist und Verstand.[51]

Dieses Argument wird als *«teleologischer Gottesbeweis»* bezeichnet. Teleologie ist die Lehre von den Zielen oder Zwecken. In dem Argument wird von der Zweckmäßigkeit, mit der die Dinge in der Welt eingerichtet sind, auf die überragende Intelligenz Gottes geschlossen.[52]

1. Die Dinge in der Natur sind genauso zweckmäßig aufeinander abgestimmt wie Maschinen und die Teile von Maschinen.
2. Im Fall der Maschinen verlangt die zweckmäßige Abstimmung eine planende Intelligenz des Ingenieurs.
3. Gott ist der Schöpfer der Natur.

↓

Analogieprinzip

↓

4. Also ist Gott ein geistiges Wesen mit einer überragenden Intelligenz.

Die Analogie ist offenkundig:

Maschine	~	*Natur*
Ingenieur	~	*Gott*
Zweckmäßige Abgestimmtheit der einzelnen Bestandteile einer Maschine	~	*Zweckmäßige Abgestimmtheit der einzelnen Bestandteile der Natur*

Auf diese Weise entsprechen wahren Sätzen über Maschinen und Ingenieure wahre Sätze über die Natur und Gott, zum Beispiel:

Die zweckmäßige Abstimmung der verschiedenen Bestandteile einer Maschine verlangt von dem Ingenieur als Urheber der Maschine die Fähigkeit zur intelligenten Planung.	~	*Die zweckmäßige Abstimmung der verschiedenen Bestandteile der Natur verlangt von Gott als dem Urheber der Natur die Fähigkeit zur intelligenten Planung.*

Mit Hilfe der Analogie wird aus dem unzweifelhaft wahren Satz auf der linken Seite der Satz auf der rechten Seite gewonnen. Doch ist der Satz auf der rechten Seite wahr, weil der Satz auf der linken Seite wahr ist? Das ist weiterhin nicht beantwortet. Die Schwierigkeit liegt offenkundig in der Prämisse 1 des Arguments. Alle Eigenschaften Gottes müssen wir erschließen, eben unter anderem mit dem Analogieargument. Doch woher wissen wir, dass sich die Gleichheit zwischen Natur und Maschinen auch auf die Ursachen für den zweckmäßigen Aufbau von Natur und Maschinen erstreckt, wie Prämisse 1 behauptet? Das wissen wir erst dann, wenn wir unter anderem wissen, dass Gott aufgrund seiner überragenden Intelligenz das Universum so geschaffen hat, wie ein Ingenieur mittels seiner Intelligenz verschiedene Teile kunstvoll zu einer Maschine zusammengesetzt hat. Sollte das nicht erst durch das Analogieargument erschlossen und begründet werden?

15.4 Analogieargumente und die Suche nach der Einheit der Welt

Die Analogieargumente können im Allgemeinen die Wahrheit ihrer Konklusion nicht garantieren, denn es besteht die eben erläuterte prekäre zirkuläre Abhängigkeit zwischen der Konklusion eines solchen Arguments und dem Wahrheitsnachweis für die entscheidende Analogieprämisse. Warum erfreuen sich Analogieargumente trotzdem so großer Beliebtheit? Eine kleine Fallunterscheidung lässt das deutlicher werden.

Fall 1: Die Konklusion kann unabhängig von dem Analogieargument verifiziert werden. Diese unabhängige Überprüfung kann mit zwei verschiedenen Resultaten enden:

Fall 1.1: Die Konklusion stellt sich als richtig heraus. Mit dem Analogieargument ist dann vor allem der Nachweis gelungen, dass sich der in der Konklusion dargestellte Sachverhalt in ein strukturelles Muster einfügt, das in verschiedenen Wirklichkeitsbereichen anzutreffen ist.

Fall 1.2: Die Konklusion wird als falsch erkannt. Das Analogieargument war trotzdem nicht unnütz: Wir haben mit seiner Hilfe eine interessante Hypothese über die strukturelle Einheitlichkeit der Welt entdeckt; und es war wichtig, sie zu überprüfen und ihre Falschheit explizit zu enthüllen.

Fall 2: Die Konklusion kann nicht unabhängig von dem Argument verifiziert werfen. Das ist in Humes, aber auch in Leibniz' Argument so. Die Wahrheit der Konklusion bleibt unsicher. Aber für diese Unsicherheit werden wir entschädigt. Der in der Konklusion beschriebene Sachverhalt wird durch das Argument in ein schon bekanntes strukturelles Muster eingefügt. Insofern befriedigt das Argument unser theoretisches Bedürfnis, die Einheitlichkeit der Welt zu erfassen und darzustellen.

«Einheitlichkeit und Einheit der Welt», damit ist das zentrale Stichwort gefallen. Die Wissenschaften sind arbeitsteilig organisiert. Die Wirklichkeit teilen sie untereinander in disparate Forschungsfelder auf, die unabhängig voneinander erkundet werden können. Diese Arbeitsteilung hat sich bewährt. Trotzdem sind die Wissenschaftler hochzufrieden, finden sie strukturelle Muster, die sie in einem Wirklichkeitsausschnitt aufgedeckt haben, in einem anderen Wirklichkeitsausschnitt wieder. Das schon erworbene Wissen über den einen Wirklichkeitsausschnitt kann dann auf den anderen übertragen werden, der eine Wirklichkeitsausschnitt wird zum Modell für den anderen. Was in den Einzelwissenschaften beginnt, wird in der Philosophie zu Ende gebracht. Die Philosophie fragt systematisch nach dem Zusammenhang, nach der Einheit der Welt. Was macht die Welt zu einem einheitlichen Ganzen, eben zu einer einzigen Welt? Worin besteht die Einheit der Welt?

Wir können uns hier nicht mit den Antworten im Einzelnen auseinander setzen. Es reicht, an zwei grundsätzliche Antworten aus der Geschichte der Philosophie und der Wissenschaften zu erinnern:

1. Allem Geschehen in der Welt liegen dieselben Bausteine und ihr Zusammenwirken nach denselben Gesetzen zugrunde.
2. Überall in der Welt kehren dieselben fundamentalen strukturellen Muster immer wieder.

Schon aus diesen beiden Antworten wird deutlich, warum Analogieargumente in den Wissenschaften wie in der Philosophie so beliebt sind. Sie sind es,

(a) weil Analogieargumente eine Einheitlichkeit der Welt mittels wiederkehrender Strukturen darstellen, und, das ist die erkenntnistheoretische Kehrseite derselben Medaille,
(b) weil sie das noch Unvertraute und Unverstandene mit dem uns schon Vertrauten und Verstandenen erklären und damit ein tief sitzendes kognitives Bedürfnis des Menschen befriedigen.

Das lässt sich an David Humes Argument sofort illustrieren. In der teleologischen Perspektive begreifen wir die Welt insgesamt als das Ergebnis sinnvoll geplanter Handlungen, die Welt weist eine teleologische, eine Handlungsstruktur auf. Was ist uns vertrauter als die Perspektive des Handelns? Das Argument ordnet die zweckmäßige Abstimmung zwischen den Dingen und Ereignissen im Universum in dieses handlungsanaloge Muster ein und zieht daraus weitere Folgerungen.

Analogieargumente sind, wie wir gesehen haben, problematisch. Allerdings ist das nur dramatisch, sollte die Wahrheit der Konklusion in erster Linie und allein durch ein Analogieargument sichergestellt werden. Nach unserer Lesart antworten Analogieargumente jedoch nicht auf eine schlichte Wahrheitsfrage. Sie antworten auf die Frage: Angenommen, zwischen den Wirklichkeitsausschnitten W und W* gilt die Strukturgleichheit S, welche Sachverhalte müssen in W* bestehen angesichts der in W bestehenden Sachverhalte? Bringt uns ein Analogieargument zu der Einsicht, dass in W* p* der Fall sein muss, weil im anderen Wirklichkeitsausschnitt W p der Fall ist, ist damit weder bewiesen, dass p* der Fall ist, noch dass die Wirklichkeitsausschnitte W und W* dieselbe Struktur S realisieren. Doch zum Glück lässt sich in hinreichend vielen Fällen unabhängig von dem Analogieargument überprüfen, ob der *per analogiam* erschlossene Sachverhalt p* im Wirklichkeitsausschnitt W* besteht. Sollte das nicht der Fall sein, kann uns das veranlassen, auch die unterstellte Strukturhypothese zu revidieren. Jede Strukturhypothese bleibt hypothetisch. Definitiv beweisbar ist sie nicht, immer muss mit ihrer Revision aufgrund besonderer Erfahrungen gerechnet werden. Diese Einsicht gehört zum Einmaleins zeitgenössischer Erkenntnis- und Wissenschaftstheorie.

Doch so sehr sich jede konkrete Strukturhypothese eines Tages als falsch herausstellen kann, so wenig können Philosophie und Wissenschaften ohne Strukturhypothesen auskommen. Denn, und das ist eine der großartigen Einsichten Kants, eine in lauter logisch voneinander unabhängige Einzeldaten zerfallene Welt wäre eine Welt, die wir jedenfalls nicht gemeinsam und auf eine objektive Weise erkennen könnten. Für eine objektive Erkenntnis müssen die einzelnen Beobachtungsdaten untereinander verknüpft werden. Erst so werden sie Teil der einen von uns erkennbaren Welt. Kant spricht von der «synthetischen Einheit der Erfahrung».

Man kann sich Kants Einsicht einfach klar machen. Angenommen, jemand behauptet, einen Sachverhalt beobachtet zu haben. Um eine objektive Tatsache handelt es sich erst, wenn auch andere diesen Sachverhalt beobachten können und hinreichend oft auch tatsächlich beobachten. Nun lässt sich derselbe Sachverhalt durch andere Beobachter häufig gar nicht mehr wahrnehmen. Unmittelbar nach einer Explosion ist es schon zu spät, um sie selber noch wahrnehmen zu können. Aber kurz nach der Explosion erwarten die zu spät Gekommenen zumindest, noch Spuren zu sehen, Rauchschwaden, Zerstörungen, geschockte Augenzeugen und vieles andere mehr, sonst keimt bei ihnen sofort der Zweifel auf, es sei gar nichts explodiert. Genau das ist es, was Kant behauptet: Eine Explosion ist nur dann ein objektives Ereignis in der uns gemeinsamen Welt, wenn sie verknüpft ist mit hinreichend vielen anderen Ereignissen in der Welt. Eine Explosion ohne jede Spuren ist keine Explosion im Sinne eines erkennbaren objektiven Ereignisses. Deshalb ist für Kant Erkennen vor allem ein Verknüpfen oder, wie er sagt, eine «Synthesis». Mit dieser Einsicht Kants lassen sich Analogieargumente transzendental rechtfertigen:

1. Eine in lauter voneinander logisch unabhängige Daten zerfallende Welt ist eine für uns Menschen weder gemeinsam erkennbare noch objektivierbare Welt.
2. Erkennbare und objektivierbare Sachverhalte in der Welt müssen hinreichend inferentiell vernetzt sein, und zwar je dichter, um so besser.[53]
3. Die Einordnung von Sachverhalten in Strukturmuster, die in möglichst vielen Wirklichkeitsbereichen realisiert sind, erhöht die inferentielle Dichte zwischen den einzelnen Sachverhalten.

---

4. Solange also keine unabhängigen Wahrheitsüberprüfungen dagegen sprechen und zu einer bisher bewährten Hypothese über eine bereichsübergreifende Struktur S keine bessere Alternative in Sicht ist, ist die in das Strukturmuster S logisch eingeordnete Beschreibung eines Sachverhalts epistemisch besser und gehaltvoller als die Beschreibung eines Sachverhalts, die von den Beschreibungen der übrigen Sachverhalte in der Welt logisch unabhängig ist.
5. Ohne Analogieargumente lassen sich oftmals Sachverhalte gar nicht in übergreifende Strukturmuster einordnen.[54]

---

6. Ohne also immer wieder Konklusionen von Analogieargumenten zu akzeptieren, ist die objektivierbare Erkenntnis einer uns gemeinsamen Welt gar nicht möglich.

---

7. Solange also keine unabhängigen Wahrheitsüberprüfungen dagegen sprechen und keine bessere Strukturhypothese in Sicht ist, sollten die Konklusionen von Analogieargumenten akzeptiert werden.

Das Argument folgt der typisch transzendentalen Fragestellung der Philosophie als einer Disziplin höherer Ordnung. Welche Eigenschaften der Welt folgen allein aus der Tatsache, dass wir uns erkennend auf sie beziehen? Eine wichtige Teilantwort lautet: Die Sachverhalte in der Welt müssen über Strukturmuster miteinander zusammenhängen, sodass man aus der Strukturbeschreibung hinreichend viele Sachverhalte aus anderen Sachverhalten logisch erschließen kann. Die Möglichkeit, die Welt zu erkennen, bereichsübergreifende Strukturen, die eine Einheit der Welt stiften, und die Unverzichtbarkeit von Analogieargumenten sind aus transzendentaler Perspektive verschiedene Seiten ein und derselben Sache.

15.5 Schlüsse auf die beste Erklärung als Analogieargumente

Das Uhrenargument von Leibniz zur prästabilierten Harmonie zwischen Seele und Körper lässt sich auch als ein Schluss auf die beste Erklärung verstehen:

1. Seele und Körper sind aufeinander abgestimmt.
2. Dass Gott wie ein Uhrmacher durch prästabilierte Harmonie Seele und Körper aufeinander abgestimmt hat, erklärt die Abstimmung zwischen Seele und Körper am besten.

↓

Schluss auf die beste Erklärung

↓

3. Also beruht die Abstimmung zwischen Seele und Körper auf einer von Gott ins Werk gesetzten prästabilierten Harmonie.

Mit dem Argument von John Locke zur Identität einer Person sind wir bereits einem Schluss auf die beste Erklärung begegnet. Betrachten wir Lockes Argument erneut:

1. Wir machen den wachen Sokrates nicht für die Gedanken des schlafenden Sokrates verantwortlich.
2. Die Annahme, dass die Identität einer Person in der Identität ihres Bewusstseins besteht, erklärt am besten, warum wir den wachen Sokrates nicht für die Gedanken des schlafenden Sokrates verantwortlich halten.

↓

Schluss auf die beste Erklärung

↓

3. Die Identität einer Person besteht in der Identität ihres Bewusstseins.

Auch das Argument von Locke zielt auf eine Struktur, die Einheit stiftet. Personen müssen sich für ihre Handlungen verantworten. Diese Praxis wird unter anderem durch den Grundsatz geregelt, dass eine Person nur das zu verantworten hat, was sie selber getan hat. Nun werfen wir dem wachen Sokrates nicht vor, was der schlafende gedacht hat. Steht das mit unserem Grundsatz im Einklang, dass die für eine Tat zur Verantwortung gezogene Person und der Täter ein und dieselbe Person sein muss? Nach John Locke schon. Wir müssen nur richtig verstehen, wann wir ein und dieselbe Person vor uns haben. Sein Argument lässt sich von daher auch folgendermaßen aufziehen:

1. Wir halten den wachen Sokrates nicht für das verantwortlich, was der schlafende Sokrates denkt.
2. Eine Person X ist verantwortlich für eine Tat H, wenn der Täter von H und X ein und dieselbe Person ist.

---

3. Also sind der wache und der schlafende Sokrates verschiedene Personen.
4. Sind X und Y zwei verschiedene Personen, so muss es etwas geben, was X von Y unterscheidet.

5. Die Unterschiede betreffen entweder den Körper oder das Bewusstsein.
6. Auf den Körper bezogene Unterschiede kommen im Falle des wachen und des schlafenden Sokrates als Unterscheidungsmerkmale nicht in Frage.

---

7. Also bleiben nur Unterschiede im Bewusstsein des wachen und des schlafenden Sokrates: der schlafende und der wache Sokrates haben nicht «an demselben Bewusstsein teil» (so wörtlich John Locke)

---

8. Also ist die für die Identität einer Person entscheidende Eigenschaft nicht ihr numerisch identischer Körper, sondern die Einheit ihres Bewusstseins.

So betrachtet beantwortet das Argument von Locke die Frage, welche Kriterien für die Identität einer Person maßgeblich sind, falls wir die Praxis, Personen zur Verantwortung zu ziehen, einheitlich durch dasselbe Prinzip regeln wollen. Zielt das Argument auf eine solche strukturelle Einheit, rückt es ganz in die Nähe eines Analogiearguments: Die Begründung dafür, den wachen Sokrates nicht verantwortlich zu machen für die Gedanken des schlafenden Sokrates, soll völlig gleich (analog) sein zu der üblichen Begründung, einer Person die Tat eines anderen nicht vorzuhalten. Man könnte das Argument von daher noch einmal anders präsentieren:

1. Wir ziehen den wachen Sokrates nicht für das zur Verantwortung, was der schlafende Sokrates denkt.
2. Hinsichtlich der Verantwortung behandeln wir den wachen und den schlafenden Sokrates genauso, wie wir die Verantwortung wacher Personen regeln.
2. Wir ziehen eine prinzipiell schuldfähige Person nur dann nicht für eine Tat zur Verantwortung, wenn sie nicht mit dem Täter identisch ist.

↓

Analogieprinzip

↓

3. Also können wacher und schlafender Sokrates nicht identisch sein.

Am Rest des Arguments ändert sich nichts gegenüber der ursprünglichen Rekonstruktion.

Das Analogieargument von Leibniz haben wir in einen Schluss auf die beste Erklärung umformuliert, John Lockes Schluss auf die beste Erklärung haben wir in ein Analogieargument verwandelt. Diese Transformationsmöglichkeiten kommen nicht von ungefähr. Um das zu verstehen, werfen wir einen kurzen Blick auf den Begriff der Erklärung.

Einem Physiker werden paradigmatische Beispiele für gute physikalische Erklärungen vorgeführt. Andere Fälle soll er dann hinreichend ähnlich zu den beispielhaft guten Erklärungen erklären. Zum Beispiel erklären Physiker die Bewegung von Billardkugeln nach dem Stoß mit ihren Bewegungen vor dem Stoß unter Zuhilfenahme der Stoßgesetze. Das ist bis zum heutigen Tage eine paradigmatisch gute physikalische Erklärung. Als im 19. Jahrhundert die Physiker die idealen Gasgesetze aus dem Verhalten der Moleküle ableiteten, indem sie das Verhalten der Moleküle in der gleichen Weise erklärten wie das Verhalten von Billardkugeln in der klassischen Makrophysik, zögerte niemand, das als großartige Erklärung der Gasgesetze und der Natur der Wärme zu akzeptieren. Diese Haltung der Physiker ist in jeder Hinsicht sinnvoll. Übertragen die Physiker eine schon vertraute Erklärungsart auf einen neuen Phänomenbereich, kommen sie mit der Technik des Erklärens viel schneller und besser zurecht. So ist etwa die Mathematik schon hinreichend ausgearbeitet und muss für die neuen Anwendungen nicht erst noch mühsam erfunden werden. Es wird das Neue und bisher Unvertraute auf eine vertraute Weise erklärt. Und inhaltlich gewinnt die Welt mit den analogen Erklärungen die strukturelle Einheitlichkeit, an der den Physikern ebenso wie uns allen so sehr gelegen ist.

Deshalb gilt oft eine Erklärung als eine gute, ja als die beste Erklärung, die das Unvertraute auf eine uns vertraute Weise an schon Bekanntes strukturell so weit wie eben möglich anschließt. Diese Anschlussmöglichkeit wird durch Analogieargumente demonstriert. Deshalb lassen sich viele Analogieargumente so leicht in Schlüsse auf die beste Erklärung und umgekehrt umwandeln.

Kehren wir noch einmal zu Leibniz zurück. Leibniz erklärt das Wechselspiel zwischen Seele und Körper damit, dass Gott im Voraus Seele und Körper aufeinander abgestimmt hat. Mit dieser Erklärung erreicht er zweierlei: Das Verhältnis von Leib und Seele wird uns vertraut gemacht, indem wir darin eine Handlungsstruktur wiederfinden. Und das Zusammenspiel von Seele und Körper wird so erklärt, wie schon die wohlvertraute Ganggleichheit von Uhren erfolgreich erklärt wurde.

15.6 Metaphern in der Philosophie

Die Vorrede zur zweiten Auflage der «Kritik der reinen Vernunft» enthält eine berühmte Passage:

> Als Galilei seine Kugeln die schiefe Ebene mit einer von ihm selbst gewählten Schwere herabrollen, oder Torricelli die Luft ein Gewicht, das er sich im Voraus dem einer ihm bekannten Wassersäule gleich gedacht hatte, tragen ließ [...]: so ging allen Naturforschern ein Licht auf. Sie begriffen, dass die Vernunft nur das einsieht, was sie selbst nach ihrem Entwurfe hervorbringt, dass sie mit Prinzipien ihrer Urteile nach beständigen Gesetzen vorangehen und die Natur nötigen müsse, auf ihre Fragen zu antworten, nicht aber sich von ihr gleichsam am Leitbande gängeln lassen müsse; denn sonst hängen zufällige, nach keinem vorher entworfenen Plane gemachte Beobachtungen gar nicht in einem notwendigen Gesetze zusammen, welches doch die Vernunft sucht und bedarf. Die Vernunft muss mit ihren Prinzipien, nach denen allein übereinkommende Erscheinungen für Gesetze gelten können, in einer Hand, und mit dem Experiment, das sie nach jenen ausdachte, in der anderen Hand, an die Natur gehen, zwar um von ihr belehrt zu werden, aber nicht in der Qualität eines Schülers, der sich alles vorsagen lässt, was der Lehrer will, sondern eines bestallten Richters, der die Zeugen nötigt, auf die Fragen zu antworten, die er ihnen vorlegt. Und so hat sogar die Physik die so vorteilhafte Revolution ihrer Denkart lediglich dem Einfalle zu verdanken, demjenigen, was die Vernunft selbst in die Natur hineinlegt, gemäß, dasjenige in ihr zu suchen (nicht ihr anzudichten), was sie von dieser lernen muss, und wovon sie für sich selbst nichts wissen würde. [...]
>
> Bisher nahm man an, alle unsere Erkenntnis müsse sich nach den Gegenständen richten; aber alle Versuche, über sie a priori etwas durch Begriffe auszumachen, wodurch unsere Erkenntnis erweitert würde, gingen unter dieser Voraussetzung zunichte. Man versuche es daher einmal, ob wir nicht in den Aufgaben der Metaphysik damit besser fortkommen, dass wir annehmen, die Gegenstände müssen sich nach unserer Erkenntnis richten, welche so schon besser mit der verlangten

> Möglichkeit einer Erkenntnis derselben a priori zusammenstimmt, die über Gegenstände, ehe sie uns gegeben werden, etwas festsetzen soll. Es ist damit ebenso, als mit den ersten Gedanken des Kopernikus bewandt, der, nachdem es mit der Erklärung der Himmelsbewegungen nicht gut fort wollte, wenn er annahm, das ganze Sternheer drehe sich um den Zuschauer, versuchte, ob es nicht besser gelingen möchte, wenn er den Zuschauer sich drehen, und dagegen die Sterne in Ruhe ließ.[55]

Dieser Text steckt voller Analogien. Kant analogisiert sowohl die experimentelle Forschung in den Naturwissenschaften mit der Befragung eines Zeugen durch einen Richter als auch eine für Kant dringende methodische Revolution in der Metaphysik mit den umstürzlerischen Neuerungen in der Astronomie durch Kopernikus. Dabei geht es Kant um die Frage, ob in der Metaphysik apriorische Erkenntnisse über die Welt möglich sind, also Sätze, die durch einzelne Erfahrungen (Beobachtungen, Experimente) weder begründet werden müssen noch widerlegt werden können. Kants Grundgedanke ist einfach: Erfahrungsunabhängig können wir das von der Welt wissen, was wir selber zum Zustandekommen der Erfahrungen beisteuern. Erfahrungen kommen nicht ohne unsere kognitiven Aktivitäten zustande. Das sieht man schon am naturwissenschaftlichen Experiment. Die Naturforscher führen im Experiment Bedingungen herbei, die die Natur zwingen, sich so zu verhalten, dass über eine Gesetzeshypothese entschieden werden kann. Birgt diese Vorgehensweise das Erfolgsgeheimnis der Physik, sollte sie dann nicht auch das Erfolgsgeheimnis einer zukünftigen Metaphysik als Wissenschaft bereithalten?

Kant will ein in der Philosophiegeschichte wirkungsmächtiges Bild für den Erkenntnisvorgang durch ein neues Bild ablösen. Wir haben uns Erfahrungen nicht so vorzustellen, dass Gegenstände draußen in der Welt auf unsere Sinne einwirken und über diese Einwirkungen Vorstellungen der Dinge in unserem Bewusstsein hervorrufen. Es handelt sich um das Wachstafelmodell der Erfahrung, das der Empirismus bevorzugt. In diesem Wachstafelmodell sind wir zur Passivität verurteilt, nur die Welt draußen wirkt auf uns ein. Kant hingegen betont immer und immer wieder, dass wir Erfahrungen machen und dieses «Machen» wirklich als ein geistiges Handeln begreifen sollten. Die «Kritik der reinen Vernunft» verabschiedet das Bild vom Bewusstsein als einer Wachstafel zugunsten eines anderen Bildes: Wir sollen uns das Erfahrungmachen vorstellen nach dem Modell des Herstellens von Artefakten aus vorgegebenem Material. In folgendem Analogieargument gründet Kants «kopernikanische Revolution der Denkart»:

1. Das Erfahrungmachen verhält sich zu den Gegenständen der Erfahrung wie das Planen und Herstellen zu den schließlich hergestellten Artefakten.
2. Diejenigen Eigenschaften der Artefakte, die wir im Entwurf vorab festgelegt und dann nach Plan hergestellt haben, können wir im Vorhinein aufgrund der Pläne kennen, ohne die Artefakte erst empirisch untersuchen zu müssen.

↓

Analogieprinzip

↓

3. Also können wir das von Gegenständen der Erfahrung a priori wissen, was wir diesen Gegenständen von uns aus an Bedingungen und Eigenschaften auferlegen, um sie dadurch allererst zu Gegenständen unserer Erfahrung zu machen.

↓

Analogieprinzip

↓

4. Also sind diejenigen Sätze a priori wahre Sätze über die Welt, die als Regeln und Pläne dienen, um aus einem Gegenstand einen Gegenstand objektiver Erfahrung zu machen.
5. In den Entwürfen und Plänen sind Eigenschaften der Artefakte festgelegt, die wir ihnen vorschreiben.

↓

Analogieprinzip

↓

6. Die synthetischen Grundsätze a priori beinhalten Gesetze der Erfahrungsgegenstände, die der Verstand ihnen «vorschreibt».

Kant ordnet folgende Gegenstände und Prozesse einander analog zu:

Erfahrungsgegenstände	~	Artefakte
Sinnlichkeit und Verstand als Erkenntnisvermögen	~	Ingenieur
Erfahrungen machen	~	Herstellen von Artefakten
Synthetische Grundsätze a priori	~	Plan und Entwurf für die Herstellung der Artefakte

Ein so berühmter Satz von Kant wie «Der Verstand schreibt der Natur ihre Gesetze vor» ergibt sich geradezu zwingend aus der Analogie, mit der Kant den Problemen der Metaphysik zu Leibe rückt.

Die Rede vom «Verstand, der der Natur die Gesetze vorschreibt», ist metaphorisch, genauso wie die Rede von der Erfahrung «als einem Herstellen von Gegenständen aus vorgegebenem Material» oder vom Bewusstsein «als einer Wachstafel, in der die Dinge aus der Welt ihre Eindrücke hinterlassen» oder von der «kopernikanischen Revolution der Denkart». Wird mit Ausdrücken, mit denen ursprünglich ein Wirklichkeitsausschnitt W beschrieben wurde, auf einmal ein anderer Wirklichkeitsausschnitt W* beschrieben, werden Ausdrücke von W auf W* «übertragen», dann werden die Ausdrücke in Bezug auf W* metaphorisch gebraucht. Metaphorisch gebrauchte Ausdrücke sind *Metaphern*.

Da Modelle und Analogien für die Wirklichkeitserkenntnis ohne Alternative dastehen, wimmelt es in den Wissenschaften bis tief hinein in die Mathematik und die mathematisierten Naturwissenschaften nur so von Metaphern. Trotzdem haben Metaphern nicht den besten Ruf. Häufig ist der Vorwurf zu hören: «Das ist doch nur metaphorisch». Im Kontext der Wissenschaften ist dieser Vorwurf dann berechtigt, wenn die Metaphern nicht in einer hinreichenden strukturellen Gleichheit zwischen den beteiligten Wirklichkeitsausschnitten gründen. Schließlich lässt sich mit Metaphern keine strukturelle Gleichheit herbeireden, wo keine vorhanden ist. Daher sind Metaphern in der Wissenschaft nur in dem Maße sachdienlich, wie die beteiligten Wirklichkeitsausschnitte tatsächlich strukturgleich sind.

Ein wichtiger Aspekt im Verhältnis zwischen Metaphern und strukturellen Analogien ist dabei zu beachten. Metaphern bürgern sich oft ein, bevor man sich der Strukturgleichheit auch nur halbwegs sicher ist. Bestätigen sich die strukturellen Übereinstimmungen, sind die Metaphern nachträglich gerechtfertigt, wenn nicht, waren sie vorschnell; vielleicht wirft man ihnen dann sogar vor, dass die Forschung ihretwegen auf Abwege geraten und unnötig aufgehalten worden sei.

Ein schönes Beispiel, wie sich Metaphern frühzeitig festgesetzt und sich für Philosophie und Wissenschaft teils segensreich, teils hinderlich ausgewirkt haben, sind die Metaphern vom Gehirn als Computer und vom Computer als Elektronengehirn. Aus der Sicht der Neurobiologie war der Vergleich zwischen Gehirn und Computer nur bedingt förderlich. Zwar stimmen Gehirn und ein herkömmlicher Computer in bestimmten Aspekten strukturell überein. Aber inzwischen überwiegen für die Neurobiologen die gravierenden Unterschiede zwischen Gehirnen und Computern. In der Hirnforschung ist die Metapher vom Gehirn als Computer ziemlich außer Gebrauch gekommen. Umgekehrt orientierten sich die Computerfachleute aus der «Künstlichen Intelligenz» stark am Gehirn und entwickelten einen neuen und erfolgreichen Typus von Computer, die neuronalen Netze.

In der Philosophie wurde unter dem Eindruck der aus den Wissenschaften eingesickerten Metapher vom Gehirn als Computer noch eine ganz andere Analogie systematisch verfolgt. Wie verhalten sich unsere mentalen Bewusstseinszustände zu den physischen Zuständen unseres Organismus, insbesondere zu den Gehirnzuständen? In diesem Zusammenhang regte die Computermetapher des Gehirns vielversprechende philosophische Überlegungen an. Computer sind einerseits physikalische Maschinen in der Welt. Sie haben eine bestimmte Hardware. Andererseits gibt es Computerprogramme, die so genannte Software. Die Computerprogramme werden auf physikalisch realisierten Computern implementiert und ausgeführt. Dabei kann dasselbe Computerprogramm auf physikalisch höchst unterschiedlichen Computern ausgeführt werden. Einige Philosophen beuteten die Metapher vom Gehirn als Computer systematisch aus: Wenn das Gehirn einem Computer vergleichbar ist, verhält sich dann vielleicht das Gehirn zum Geist wie die Hardware eines Computers zu seiner Software?

Betrachten wir die Analogie etwas genauer. Computer sind Turingmaschinen. Was Turingmaschinen genau sind, muss uns jetzt nicht interessieren. Man kann jedenfalls an Turingmaschinen üblicherweise zweierlei unterscheiden: zum einen die Turingmaschine als physikalisches Objekt mit physikalischen oder, wie sie in diesem Zusammenhang oft genannt werden, «strukturellen» Zuständen, zum anderen die Programme, die die Maschine ausführt. Diese Programme werden durch eine so genannte «Maschinentafel» beschrieben. Die Maschinentafel charakterisiert verschiedene Zustände funktional, indem sie festlegt, wie die Maschine in dem betreffenden Zustand jeweils auf einen bestimmten Input reagiert und in welchen Zustand sie anschließend übergeht. Diese Zustände werden als «logische Zustände» bezeichnet. Dieselben logischen Zustände können durch ganz unterschiedliche physikalische Zustände realisiert werden.

Gehirnzustände	~	*physikalische Zustände einer Turingmaschine*
mentale Bewusstseinszustände	~	*logische Zustände einer Turingmaschine*

Die entscheidende Analogie besagt nun: In kausaler, semantischer, logischer und erkenntnistheoretischer Hinsicht verhalten sich Gehirnzustände zu mentalen Bewusstseinszuständen genauso wie die physikalischen Zustände einer Turingmaschine zu ihren logischen Zuständen. Insbesondere sind Bewusstseinszustände wie die logischen Zustände einer Turingmaschine funktional charakterisierte Zustände, die auf ganz unterschiedliche Weise physikalisch realisiert werden können. Dieser Ansatz wird daher auch «Funktionalismus» genannt. Eine Reihe von Philosophen glaubt, mit dem Funktionalismus das Leib-Seele-Problem lösen zu können. Eine besonders weit reichende These hat in diesem Zusammenhang Hilary Putnam aufgestellt:

> Man kann das Körper-Geist-Problem nicht länger für ein echtes theoretisches Problem halten und glauben, dass eine «Lösung» auch nur das geringste Licht auf die Welt werfen würde, in der wir leben. Denn es ist völlig klar, dass kein erwachsener Mensch, der bei vollem Verstande ist, das Problem der «Identität» oder «Nicht-Identität» von lo-

> gischen oder strukturellen Zuständen einer Maschine überhaupt ernst nehmen würde – nicht weil die Antwort offensichtlich ist, sondern weil es offensichtlich von keinerlei Wichtigkeit ist, wie die Antwort lautet. Aber wenn das sogenannte «Körper-Geist-Problem» nichts als eine andere Ausformung derselben logischen und linguistischen Fragen ist, dann muss es genau ein solch leerer Streit um Worte sein.
>
> Häufig ist es eine wichtige Einsicht, dass zwei Probleme mit verschiedenem Gegenstand in allen logischen und methodologischen Hinsichten gleich sind. In diesem Falle hier bringt die Einsicht die Erkenntnis mit sich, dass jeder Schluß, zu dem man beim Körper-Geist-Problem gelangen könnte, auch – und aus denselben Gründen – für den Fall der Turingmaschine gezogen werden müßte.[56]

Die Metapher vom Gehirn als Computer ist von Putnam und anderen Philosophen nicht erfunden worden. Sie haben diese Metapher vielmehr aufgeschnappt und sie in ein philosophisches Forschungsprogramm mit der zentralen Maxime umgemünzt: 1. Konstruiere zu jeder philosophischen These und jedem philosophischen Argument zum Verhältnis von Gehirnzuständen und mentalen Bewusstseinszuständen eine analoge These und ein analoges Argument zum Verhältnis von strukturellen und logischen Zuständen einer Turingmaschine; 2. analysiere die These und das Argument zur Turingmaschine; 3. übertrage anschließend die Ergebnisse zurück auf die philosophische These und das philosophische Argument. Diese Maxime befolgt Putnam in seinem Aufsatz «Geist und Maschine» und argumentiert dort fortlaufend nach dem Muster:

1. In kausaler, semantischer, logischer und erkenntnistheoretischer Hinsicht verhalten sich Gehirnzustände zu mentalen Bewusstseinszuständen genauso wie die physikalischen Zustände einer Turingmaschine zu ihren logischen Zuständen.
2. In Bezug auf das Verhältnis von Gehirnzuständen und mentalen Zuständen wird eine These T mit dem Argument A von Philosophen vertreten.
3. Die analoge These T* auf der Grundlage des Arguments A* für das Verhältnis von physikalischen und logischen Zuständen einer Turingmaschine ist aber aus (kausalitätstheoretischen, logischen, semantischen oder erkenntnistheoretischen) Gründen G irrelevant oder absurd.

↓

Analogieprinzip

↓

4. Also ist die mit dem Argument A begründete These T zum Verhältnis von physikalischen Gehirnzuständen und mentalen Bewusstseinszuständen aus denselben Gründen G irrelevant oder absurd.

Putnam argumentiert also dafür, dass das Leib-Seele-Problem ein philosophisches Scheinproblem ist.

Selbstverständlich beweisen die Computermetaphern für das Gehirn gar nichts. Nur in dem Maße, wie sich die durch die Analogien des Funktionalismus erschlossenen strukturellen Übereinstimmungen zwischen Geist und Gehirn auf der einen Seite, physikalischen und logischen Zuständen der Computer auf der anderen Seite als richtig herausstellen und der Funktionalismus die wichtigsten Fragen im Zusammenhang des Leib-Seele-Problems zufrieden stellend beantworten könnte, wären Metaphern wie «der Geist ist die Software des Gehirns» und ähnliche gerechtfertigt. Ja, dann wären sie sogar ausgesprochen gute Metaphern, die sprachlich angemessen auf eine strukturelle Entdeckung reagieren.

16. Sprachkritische Argumente

Während Einzelwissenschaften über Sachverhalte in der Welt reden, reden Philosophen darüber, wie wir über Sachverhalte in der Welt reden. Die Philosophie «steigt auf» von den Sachverhalten erster Stufe zum Reden über Sachverhalte als Sachverhalte zweiter Stufe. Man nennt das den «semantischen Aufstieg». Bei ihrem semantischen Aufstieg haben die Philosophen eine verblüffende Entdeckung gemacht: Man kann nicht philosophieren ohne Sprache, aber die Sprache kann uns beim Philosophieren einen argen Streich spielen und uns in die Irre gehen lassen.

16.1 «Sein ist offenbar kein reales Prädikat»[57]

Anselm von Canterbury hat einen berühmten Gottesbeweis vorgelegt, den so genannten «ontologischen Gottesbeweis»:

> Also, Herr, der Du die Glaubenseinsicht gibst, verleihe mir, dass ich, soweit Du es nützlich weißt, dass Du bist, wie wir glauben, und das bist, was wir glauben. Und zwar glauben wir, dass Du etwas bist, über dem nichts Größeres gedacht werden kann. [...] Und sicherlich kann «das, über dem Größeres nicht gedacht werden kann» nicht im Verstand allein sein. Denn wenn es wenigstens im Verstande allein ist, kann gedacht werden, dass es auch in Wirklichkeit existiere – was größer ist. Wenn also «das, über dem Größeres nicht gedacht werden kann», im Verstande allein ist, so ist eben «das, über dem Größeres nicht gedacht werden kann», über dem Größeres gedacht werden kann. Das aber kann gewiss nicht sein. Es existiert also ohne Zweifel «etwas, über dem Größeres nicht gedacht werden kann» sowohl im Verstand als auch in Wirklichkeit.[58]

Man kann das Argument von Anselm in dieser Weise rekonstruieren:

1. Annahme um des Arguments willen: *Gott ist das Wesen, über das hinaus ein vollkommeneres Wesen nicht gedacht werden kann, aber er existiert nicht.*

---

2. Also kann ich mir über Gott hinaus ein vollkommeneres Wesen denken, nämlich das Wesen, das alle Vollkommenheitseigenschaften Gottes besitzt und darüber hinaus eine weitere, nämlich zu existieren.
3. Das widerspricht der Definition Gottes als eines Wesens, über das hinaus sich kein vollkommeneres Wesen denken lässt.

---

4. Also ist die Annahme falsch. Gott als das Wesen, über das hinaus kein vollkommeneres Wesen gedacht werden kann, muss existieren.

Anselms Beweis ist ein Paradebeispiel für die Philosophie als einer Disziplin höherer Ordnung, die fragt, welche Sachverhalte bereits aus der Art und Weise folgen, wie wir uns als vernünftige Personen auf die Welt beziehen. Anselms Gottesbeweis gibt eine Teilantwort.

Die Existenz Gottes folgt bereits aus der Tatsache, dass wir ein Wesen denken können, über das hinaus nichts Vollkommeneres gedacht werden kann. Anselm wendet in seinem Gottesbeweis den Grundsatz der Philosophie als Disziplin höherer Ordnung an. Der Sachverhalt zweiter Stufe, dass wir uns widerspruchsfrei ein Wesen denken können, über das hinaus nichts Vollkommeneres gedacht werden kann, und der Sachverhalt erster Stufe, dass Gott existiert, passen nur in einer Weise kohärent zusammen: Gott muss existieren, damit wir ihn widerspruchsfrei als das vollkommenste Wesen denken können.

Der Beweis ist verblüffend. Lange Zeit hat man darüber gerätselt, wo der Fehler liegen könnte. Die berühmteste und von vielen (keineswegs von allen) Philosophen geteilte Kritik am ontologischen Gottesbeweis stammt von Kant: «Sein ist offenbar kein reales Prädikat». Um das als Einwand gegen Anselm zu erkennen, müssen wir einen Teil des Arguments genauer analysieren:

1. Gott ist das Wesen, über das hinaus nichts Vollkommeneres gedacht werden kann.
2. Gott kommen alle Vollkommenheitsprädikate zu.
3. Existiert Gott nicht, fehlt ihm mindestens ein Vollkommenheitsprädikat.
4. Fehlt einem Wesen X ein Vollkommenheitsprädikat P, kann ich mir ein Wesen Y denken, dem alle Vollkommenheitsprädikate von X zukommen, aber darüber hinaus auch das Prädikat P.
5. Zwei Wesen, denen nicht dieselben Prädikate zukommen, sind verschieden.
6. Ein Wesen, das mehr Vollkommenheitsprädikate als ein anderes Wesen besitzt, ist vollkommener als das zweite.

---

7. Wenn Gott nicht existiert, kann ich mir ein Wesen denken, das vollkommener als Gott ist, insofern ihm alle Vollkommenheitsprädikate Gottes zukommen und es darüber hinaus auch noch existiert.

Das Argument lebt davon, dass «existieren» ein Vollkommenheitsprädikat und damit insbesondere ein Prädikat ist. Ohne diese Prämisse ist der Übergang zur Konklusion 7 und damit der ontologische Gottesbeweis insgesamt nicht schlüssig. Insofern trifft Kants Diktum tatsächlich einen neuralgischen Punkt. Doch wie begründet Kant seinen Einwand? Eines seiner Argumente läuft folgendermaßen:

1. Annahme um des Arguments willen: *«Existieren» ist ein Prädikat.*
2. Angenommen, ich denke mir ein Ding, dem die Prädikate $P_1, \ldots, P_n$ zukommen.
3. Wenn ich dann feststelle, dass dieses Ding tatsächlich existiert, kommt diesem Ding neben den Prädikaten $P_1, \ldots, P_n$ auch noch das Prädikat «existieren» zu.
4. Kommen zwei Dingen unterschiedliche Prädikate zu, so sind sie verschieden.

---

5. Also wären das von mir gedachte Ding, dem die Prädikate $P_1, \ldots, P_n$ zukommen, und das Ding, von dem ich dann feststelle, dass es existiert, verschiedene Dinge.
6. Diese Folgerung ist jedoch absurd, denn ich kann ja den Sachverhalt folgendermaßen beschreiben: Das Ding, das ich mir als ein Ding mit den Prädikaten $P_1, \ldots, P_n$ gedacht habe, existiert. Das Ding, das ich mir vorher gedacht habe, und das tatsächlich so, wie ich es mir denke, existierende Ding sind ein und dasselbe.

---

7. Also ist die Annahme falsch, «existieren» sei ein Prädikat.

Kants Kritik am ontologischen Gottesbeweis ist typisch für eine sprachkritische Überlegung. Die grammatische Ähnlichkeit von Sätzen wie «Peter raucht» und «Peter existiert» verführt uns zu der Auffassung, «existieren» sei ebenso ein Prädikat für Dinge und Personen wie der Ausdruck «rauchen». Dieser sprachliche Irrtum ist im Alltag harmlos und bleibt dort unbemerkt. Aber beim Philosophieren, beim Nachdenken über die «letzten Fragen» verleitet er zu folgenschweren Fehlschlüssen.

16.2 «Das Gespenst in der Maschine»

Gilbert Ryle[59] greift eine Auffassung des menschlichen Geistes an, die nach seiner Überzeugung Descartes am klarsten artikuliert und die großen Einfluss auf die neuzeitliche Metaphysik ausgeübt hat:

> Jeder Mensch hat Körper und Geist. Jeder sieht den Körper; den Geist sieht nur der Geist selbst. Der Körper ist äußerlich, der Geist innerlich. Der Geist verursacht die menschlichen Handlungen; der Körper führt

die Befehle des Geistes aus. Der Körper ist mechanischen Gesetzen unterworfen, er ist unfrei; der Geist ist keinen mechanischen Gesetzen unterworfen, er ist frei. Der Geist erkennt, fühlt, denkt, will, erinnert sich. Am besten und mit völliger Klarheit erkennt er und ist ihm bewusst, was er fühlt, denkt, will; was dagegen von der Außenwelt in ihn eindringt, birgt Fehlerquellen und muss auf seine Richtigkeit erst geprüft werden, und aus den Wahrnehmungen muss die Außenwelt mittels besonderer Vermögen rekonstruiert werden. Von anderen Geistern hat er nur indirekt Kenntnis: er sieht nur Körper anderer Menschen und schließt aus ihrem Verhalten, dass sie mit Geistern ausgestattet sind. Aber er hat keinen direkten Zugang zu ihnen, und kein anderer Geist hat Zugang zu ihm.[60]

Ryle selber nennt diese weit verbreitete Theorie des Geistes polemisch den «Mythos vom Gespenst in der Maschine»: Der menschliche Organismus ist eine mechanische Maschine, in welcher der Geist wie ein Gespenst unsichtbar und auf geheimnisvolle Weise die kausalen Fäden zieht und die Organismusmaschine bewegt. Betrachten wir ein Teilstück dieser metaphysischen Theorie des Geistes genauer, und zwar die Auffassung, dass der Geist die menschlichen Handlungen verursacht und der Körper die Befehle des Geistes ausführt. Das führt zu der Behauptung:

(a) Geistige Willensakte und Absichten sind Ursachen für Handlungen und damit für Körperbewegungen.

Da man Willensakte und Absichten nicht sehen kann, weiß man nicht, wie Willensakte und Absichten es fertig bringen, physische Körperbewegungen kausal hervorzurufen. Wie kommt jemand wie Descartes dazu, These (a) zu behaupten? Nun, bereits im Alltag reden wir davon, dass Absichten und der Wille Handlungen verursachen. Im Alltag sagen wir Dinge wie:

(b) X tut h, weil er die Absicht/den Willen hat, h zu tun.

Oder drücken es auch so aus:

(c) X tut h absichtlich/willentlich.

Wie funktionieren die Ausdrücke «willentlich» oder «absichtlich», nach welchen Regeln verwenden wir sie? Dass jemand etwas absichtlich tut, zeigt sich an der Art und Weise, wie er es tut, was er vorher getan hat und nachher noch tun wird. Man sagt, dass X h absichtlich oder willentlich tut, nur dann zu Recht, wenn man unter anderem Folgendes beobachtet oder erwartet:

- X kündigt (möglicherweise auf Befragen) an, h zu tun, vorausgesetzt, er schadet mit dieser Ankündigung nicht seinen Absichten.
- Wird X dafür kritisiert, h getan zu haben, rechtfertigt er sich mit Gründen, er nennt zum Beispiel Zwecke, die er verfolgt und mit h zu erreichen versucht.
- In dem Zeitraum, in dem X h tut, steht er nicht unter Drogen oder Alkohol.
- In einer gewissen zeitlichen Umgebung seiner Handlung h tut X nichts, was den Gründen zuwiderläuft, die er für die Rechtfertigung von h nennt, und falls er doch etwas h und den mit h verbundenen Zwecken oder Interessen Entgegenstehendes tut und darauf aufmerksam gemacht wird, gibt er zu, einen Fehler gemacht zu haben, gibt seinem Ärger über dieses Missgeschick Ausdruck, oder er korrigiert sich selber von alleine, etc.

Die Wörter «absichtlich» oder «willentlich» werden in Bezug auf eine Handlung h dann richtig gebraucht, wenn h Teil eines umfassenderen Lebensabschnitts des Handelnden ist, in welchem er neben h auch noch charakteristische andere Dinge unter geeigneten Umständen oder Bedingungen tut. Die Wörter «absichtlich» oder «willentlich», bezogen auf eine Handlung, machen darauf aufmerksam, dass die fragliche Handlung in einen umfassenderen Kontext gehört, in dem der Handelnde charakteristische Verhaltensmuster zeigt und sich die fragliche Handlung diesem Verhaltensmuster fügt. Die Wörter «absichtlich» und «willentlich» sind Dispositionswörter. Eine Disposition ist der Zustand, sich auf eine bestimmte Weise zu verhalten, falls bestimmte Umstände oder Bedingungen eintreten. So sind zum Beispiel Zerbrechlichkeit von Glas oder Löslichkeit von Zucker Dispositionen. Eine Fensterscheibe ist zerbrechlich, da sie zerbricht, falls sie zum Beispiel von einem harten Gegenstand getroffen wird oder sie jemand zu Boden fallen lässt; Zucker ist löslich, da er sich auflöst, falls er in Wasser geschüttet wird. Genauso beschreiben die Ausdrücke «absichtlich» und «willentlich» Dispositionen, also die Tendenz und Bereitschaft eines Handelnden, in der zeitlichen Umgebung einer absichtlichen oder willentlichen Handlung weitere charakteristische Dinge zu tun, falls bestimmte Umstände und Bedingungen eintreten sollten.

Betrachten wir nun noch einmal unsere Aussage (b). Wenn die Ausdrücke «Absicht» und «Wille» Substantivierungen der Dispositionswörter «willentlich» und «absichtlich» sind, dann ist der Satz (b) zu vergleichen mit dem Satz

(d) Die Scheibe ist zerbrochen, weil sie zerbrechlich war.

So reden wir zwar, aber trotzdem ist uns klar, dass Zerbrechlichkeit nicht das verursachende Ereignis ist. Eine Scheibe zerbricht nicht allein deshalb, weil sie zerbrechlich ist, sie zerbricht, weil sie zum Beispiel von einem Stein getroffen wird. (d) muss also unterschieden werden von

(e) Die Scheibe ist zerbrochen, weil sie von einem Stein getroffen wurde.

Vor diesem Hintergrund ist (d) deshalb folgendermaßen zu lesen:

(d_1) Die Scheibe ist zerbrochen unter Umständen, unter denen zerbrechliche Scheiben typischerweise zu zerbrechen pflegen.

Ist (d) eigentlich wie (d_1) zu lesen, so nennt nur (e) ein verursachendes Ereignis dafür, dass die Scheibe zerbrochen ist. (d) nennt überhaupt keine bestimmte Ursache. Wendet man diese Analyse auf unseren Satz (b) an, so ist er in Wahrheit zu lesen als:

(b_1) X folgt einem Handlungsmuster unter Umständen, die erwarten lassen, dass er h zusammen mit den und den anderen charakteristischen Dingen tut.

(b_1) nennt keine Ursache für die Handlung h. Damit sind wir bei dem Fehler, den Ryle an der cartesianischen Theorie diagnostiziert.

1. Der Cartesianer versteht Sätze der Art «X handelte auf die Weise h, weil X die Absicht/den Willen hatte, h zu tun» auf die gleiche Weise wie Sätze der Art «Die Glasscheibe ist zerbrochen, weil sie von einem Stein getroffen wurde».
2. Der Ausdruck «von einem Stein getroffen werden» bezeichnet ein verursachendes Ereignis.

---

3. Also bezeichnen die Ausdrücke «Wille» und «Absicht» innere verursachende Ereignisse («innere Episoden») für Handlungen oder Körperbewegungen.
4. Wie geistige Episoden körperliche Bewegungen kausal hervorrufen können, ist jedoch ein Rätsel.

---

5. Solange also der Cartesianer Sätze der Art «X handelte auf die Weise h, weil X die Absicht/den Willen hatte, h zu tun» auf die gleiche Weise wie Sätze der Art «Die Glasscheibe ist zerbrochen, weil sie von einem Stein getroffen wurde» versteht, gibt es ein kausales Rätsel.
6. Die Ausdrücke «Wille» und «Absicht» sind aber Dispositionswörter wie die Ausdrücke «Zerbrechlichkeit» und «zerbrechlich».

---

7. Also ist der Satz «X handelte auf die Weise h, weil er die Absicht/den Willen hatte, h zu tun» analog zu dem Satz zu verstehen «Die Glasscheibe ist unter Umständen zerbrochen, unter denen zerbrechliche Glasscheiben üblicherweise zu Bruch gehen».

---

8. Also ist die Aussage «X handelte auf die Weise h, weil er die Absicht/den Willen hatte, h zu tun» richtigerweise zu verstehen als die Aussage «X folgte einem Verhaltensmuster unter Umständen, die erwarten lassen, dass X h zusammen mit anderen charakteristischen Dingen tut».

---

9. Also: So wenig wie der Ausdruck «zerbrechlich» und der Satz «Die Glasscheibe ist unter Umständen zerbrochen, unter denen zerbrechliche Glasscheiben üblicherweise zu Bruch gehen» verursachende Ereignisse benennen, so wenig benennen die Ausdrücke «Absicht» und «Wille» und der Satz «X handelte auf die Weise h, weil X die Absicht hatte, h zu tun» verursachende Ereignisse.

---

10. Also werfen wahre Sätze wie «X handelte auf die Weise h, weil er die Absicht/den Willen hatte, h zu tun» nicht das Rätsel auf, wie innere geistige Episoden körperliche Bewegungen kausal auslösen können.

Der Cartesianer missversteht Dispositionsausdrücke als Wörter für verursachende Ereignisse. Das vermeintliche metaphysische Rätsel, wie es der Geist wohl anstellt, den Körper kausal zu beeinflussen, ist ein Scheinproblem, es löst sich in Wohlgefallen auf, sobald man die vermeintlichen Kausalbehauptungen über die Wirkungen des Geistes korrekt analysiert hat.

16.3 «Das Nichts nichtet»

Rudolf Carnap hat einen berühmt-berüchtigten Aufsatz mit dem programmatischen Titel «Überwindung der Metaphysik durch logische Analyse der Sprache»[61] geschrieben. In diesem Aufsatz kritisiert Carnap die Metaphysik in scharfer Form:

> Auf dem Gebiet der Metaphysik (einschließlich aller Wertphilosophie und Normwissenschaft) führt die logische Analyse zu dem negativen Ergebnis, dass die vorgeblichen Sätze dieses Gebietes gänzlich sinnlos sind. Damit ist eine radikale Überwindung der Metaphysik erreicht, die von den früheren antimetaphysischen Standpunkten aus noch nicht möglich war. [...] Die Metaphysik gilt uns nicht als «bloßes Hirngespinst» oder «Märchen». Die Sätze eines Märchens widerstreiten nicht der Logik, sondern nur der Erfahrung; sie sind durchaus sinnvoll, wenn auch falsch. Die Metaphysik ist kein «Aberglaube»; glauben kann man an wahre und an falsche Sätze, aber nicht an sinnlose Wortreihen. Auch nicht als «Arbeitshypothesen» kommen metaphysische Sätze in Betracht; denn für eine Hypothese ist das Ableitungsverhältnis zu (wahren oder falschen) empirischen Sätzen wesentlich, und das fehlt gerade bei Scheinsätzen.[62]

Carnap erläutert diese generelle These an Sätzen, die er aus Martin Heideggers Freiburger Antrittsvorlesung «Was ist Metaphysik?» aus dem Jahre 1929 zusammengestellt hat:

> Erforscht werden soll das Seiende nur und sonst – nichts; das Seiende allein und weiter – nichts; das Seiende und darüber hinaus – nichts. Wie steht es um dieses Nichts? – – Gibt es das Nichts nur, weil es das Nicht, d. h. die Verneinung gibt? Oder liegt es umgekehrt? Gibt es die Verneinung und das Nicht nur, weil es das Nichts gibt? – – Wir behaupten: Das Nichts ist ursprünglicher als das Nicht und die Verneinung. – –

> Wo suchen wir das Nichts? Wie finden wir das Nichts? – – Wir kennen das Nichts. – – Die Angst offenbart das Nichts. – – Wovor und warum wir uns ängsteten, war ‹eigentlich› – nichts. In der Tat: das Nichts selbst – als solches – war da. – – Wie steht es um das Nichts? – – Das Nichts selbst nichtet.[63]

Carnap begründet sein Urteil, die heideggerschen Sätze seien sinnlos mit dem Zusammenhang zwischen dem Ausdruck «das Nichts» und der Verneinung. Auf diesen Zusammenhang spielt Heidegger selber ausdrücklich an. Wir verneinen Aussagen mit dem Ausdruck «nicht» bzw. der Wendung «es ist nicht der Fall, dass ...». Carnap kritisiert Heideggers Verwendung des Ausdrucks «das Nichts» bzw. «nichts». Er sieht nur zwei Möglichkeiten, wie man diesen Ausdruck in Heideggers Text auffassen kann. Entweder mit dem Ausdruck «Nichts» ist in Wahrheit der logische Ausdruck für die Verneinung von Aussagen gemeint, dann produzierte Heidegger deshalb schon Unsinn, weil er ihn innerhalb seiner Sätze in die syntaktische Position eines typischen Eigennamens einrücken lässt. Es wäre dann so, als würde man in der Aussage «Lorenz Krüger ist der Sohn von Gerhard Krüger» an die Stelle des Eigennamens «Gerhard Krüger» den Ausdruck «obwohl» einsetzen, was den syntaktischen Unsinn «Lorenz Krüger ist der Sohn von obwohl» produziert. Oder Heidegger verwendet den Ausdruck «das Nichts» tatsächlich als Eigennamen, dann, so Carnap, verabsäumte er es anzugeben, welchen Gegenstand er benennt, und damit sei der Ausdruck «das Nichts» bedeutungslos und erzeugte in allen Sätzen, in denen er vorkommt, ein Bedeutungsdefizit.

Diese logischen und semantischen Verhältnisse sind allerdings nicht auf Anhieb klar. Die Heideggerschen Sätze scheinen so ähnlich gebildet zu sein wie völlig verständliche Aussagen der Umgangssprache. In der nachfolgenden Tabelle, die ich mit kleinen Abweichungen vom Original wiedergebe, versucht Carnap verständlich zu machen, wie man zu der irrigen Meinung gedrängt werden kann, der Ausdruck «Nichts» sei ein Eigenname, obwohl es sich in Wahrheit um die Negation handelt.

I. Sinnvolle Sätze der üblichen Sprache	**II. Entstehung von Sinnlosem aus Sinnvollem in der üblichen Sprache**	**III. Logisch korrekte Sprache**
A. Was ist draußen? Draußen ist Regen.	A. Was ist draußen? Draußen ist nichts.	A. Es gibt nicht etwas, was draußen ist. $\neg(\exists x).dr(x)$.
B. Wie steht es um diesen Regen? 1. Wir kennen den Regen. 2. Der Regen regnet.	B. «Wie steht es um dieses Nichts? 1. «Wir suchen das Nichts» «Wir finden das Nichts» «Wir kennen das Nichts» 2. «Das Nichts nichtet.» 3. «Es gibt das Nichts nur, weil ...»	B. Alle diese Formen können überhaupt nicht gebildet werden.

Durch die Satzreihe «Was ist draußen?», «Draußen ist nichts», «Wie steht es um dieses Nichts», «Wir kennen das Nichts», «Das Nichts selbst nichtet» möchte Carnap uns glauben machen, Heidegger hätte den Ausdruck «nichts» bzw. «es gibt nicht etwas, für das gilt: ...» fälschlicherweise als Eigenname missverstanden. Doch warum ignoriert Carnap, was er mit zwei Sätzen Heideggers selber zitiert: «Die Angst offenbart das Nichts» und «Wovor und warum wir uns ängsteten, war ‹eigentlich› – nichts»? Heidegger sagt noch mehr und Deutlicheres:

> Zwar ist die Angst immer Angst vor ..., aber nicht vor diesem oder jenem. Die Angst vor ... ist immer Angst um ..., aber nicht um dieses oder jenes. Die Unbestimmtheit dessen jedoch, wovor und warum wir uns ängstigen, ist kein bloßes Fehlen der Bestimmtheit, sondern die wesentliche Unmöglichkeit des Bestimmbaren.

Und etwas später heißt es bei Heidegger weiter, und der Schlusssatz ist der von Carnap zitierte:

> Daß die Angst das Nichts enthüllt, bestätigt der Mensch selbst unmittelbar dann, wenn die Angst gewichen ist. In der Helle des Blicks, den die frische Erinnerung trägt, müssen wir sagen: Wovor und warum wir uns ängsteten, war ‹eigentlich› – nichts.[64]

Will man Heideggers Ausdruck «das Nichts» durch Satzreihen einen Kontext verschaffen, wie Carnap es polemisch tut, muss es ein ganz anderer sein. Man denke an einen Therapeuten im Gespräch mit einem Klienten. Therapeut: Wovor haben Sie Angst? Klient: Ich weiß nicht, vor nichts Bestimmtem. Irgendwie vor allem und nichts. Therapeut: Haben Sie Angst vor dem Tod? Klient: Nicht vor dem Sterben. Ich habe davor Angst, überhaupt nicht mehr da zu sein, nicht und nichts zu sein. Obwohl ich mich frage, wovor ich da eigentlich überhaupt Angst habe. Therapeut: Flößt Ihnen der Gedanke, Angst zu haben, ohne benennen zu können wovor, Angst und Schrecken ein? Klient: Ja, irgendwie schon. Es ist nichts Bestimmtes, wovor ich Angst habe, aber dass es nichts Konkretes ist, gerade das macht mir Angst. Sobald dieser Gedanke einer Angst vor nichts von mir Besitz ergriffen hat, scheint mir alles in meinem Leben auf einmal irgendwie bedeutungslos und nichtig zu sein.

Was hielten wir von einem Therapeuten, der nach der Antwort des Patienten, er habe vor allem und nichts Angst, mit dem Einwand käme: «Ein bisschen mehr Logik, wenn ich bitten darf. Wenn Sie vor nichts Angst haben, haben Sie keine Angst; denn es gehört zur logischen Syntax des Ausdrucks ‹Angst haben›, dass derjenige, der vor nichts Angst hat, keine Angst hat. Sie haben also gar keine Angst oder Sie sagen nicht, was Sie eigentlich meinen. Machen Sie sich das bitte klar und antworten Sie auf meine Fragen in Zukunft nur in sinnvollen Sätzen. Konsultieren Sie im Zweifelsfall ein Lehrbuch der Logik. Mit Ihren sinnlosen Äußerungen kommen wir jedenfalls nicht weiter!»? Natürlich: Wir hielten den Therapeuten nicht für einen logisch gewitzten und scharfsinnigen Mann, sondern für einen Ignoranten, der als Therapeut seinen Beruf verfehlt hat.

Man muss eigentlich nicht viel von Heidegger lesen, um zu wissen: Heidegger analysiert das menschliche Dasein.

> Das metaphysische Fragen muss im Ganzen und aus der wesentlichen Lage des fragenden Daseins gestellt werden,

heißt es zu Beginn der Freiburger Antrittsvorlesung.[65] Keine Daseinsanalyse kann das Phänomen der Angst aussparen. Bei Heidegger nimmt es einen prominenten Platz ein. Das Unbestimmte der Angst, die alles einbezieht und doch nicht auf etwas Bestimmtes zielt, das Radikale der Angst, in der es um Sein und Nichtsein geht, ihr Zusammenhang mit der Endlichkeit des Daseins und dem Tod, der am Ende alles vernichtet und der das Dasein in der Welt insgesamt als nichtig erscheinen lässt, all dieses und noch mehr klingt in dem von Carnap logisch zensierten Heidegger-Satz «Das Nichts nichtet» an. Mit Tillich lassen sich Heideggers Sätze über das Nichts weiter aufklären:

> ... die Angst hat kein Objekt, oder paradox ausgedrückt, ihr Objekt ist die Negation jedes Objektes. [...] Das einzige Objekt ist die Bedrohung selbst, aber nicht das Woher der Bedrohung, weil das Woher der Bedrohung das «Nichts» ist.[66]

Im Kontext einer Daseins- und Angstanalyse versteht man Sätze wie «Das Nichts nichtet» sehr gut. Man kann diesen Satz durchaus für eine gelungene sprachschöpferische Leistung Heideggers halten. Offensichtlich ringt Heidegger um einen angemessenen, plastischen Ausdruck, um sich und seinen Lesern das Phänomen der Angst auf eine nicht banale und nicht stereotype und damit nicht verharmlosende Weise zu vergegenwärtigen. Warum soll der Satz «Das Nichts nichtet» nicht phänomenangemessen sein, wenn man Heideggers Analyse des menschlichen Daseins folgt (und man kann dieser Analyse ja folgen, wenn auch nicht unbedingt mit Zustimmung)?

Heidegger begeht in «Sein und Zeit» oder in der Freiburger Antrittsvorlesung keinen der von Carnap behaupteten logisch-syntaktischen oder semantischen Fehler. Weder verletzt Heidegger die logische Syntax, indem er etwa logische Operatoren als Eigennamen oder Prädikate missdeutet, noch unterlässt er es, den Wörtern einen Bezug auf empirische Gegenstände zu verschaffen. Im Gegenteil, Heidegger geht im Blick auf seine philosophischen Themen und Anliegen mit der Alltagssprache und der Sprache der philosophischen Tradition sehr bewusst und durchaus adäquat um. Das wird klar, wenn man sich vor Augen führt, wogegen sich Heidegger richtet.

Unter anderem, aber nicht zuletzt richtet sich Heidegger gegen den Cartesianismus. Von Anfang an ist der Cartesianismus dualistisch. Da gibt es auf der einen Seite das Ich, das sich seiner selbst und seiner mehr oder weniger reichen Innenwelt auf unüberbietbar sichere Weise bewusst ist. Auf der anderen Seite gibt es die Außenwelt, von der das Ich etwas zu wissen glaubt. Für Heidegger ist schon diese Ausgangsbeschreibung windschief: hier Innenwelt des Bewusstseins, dort bewusstseinstranszendente Außenwelt, und nur angesichts dieser vermeintlich voraussetzungsfreien und plausiblen Ausgangsbeschreibung beherrscht dann das Problem, die Subjektivität der Bewusstseinsinnenwelt mit der Objektivität der materiellen Außenwelt zusammenzufügen, die philosophische Tagesordnung. Bereits mit dieser vermeintlich harmlosen Ausgangsbeschreibung ist die neuzeitliche Philosophie gänzlich auf dem Holzweg, so Heidegger.

Deshalb setzt Heidegger der cartesianischen Beschreibung eine neue Beschreibung entgegen. In der nachfolgenden Tabelle habe ich einige Inhalte dieser Heideggerschen Neubeschreibung gegen Beschreibungen im cartesianischen Geiste gestellt.

Beschreibung im cartesianischen Stil	**Heideggers Neubeschreibung**
1. Ich bin da. Ich bin mir inaktiv kontemplierend bewusst, da zu sein. Mein Ich oder mein Bewusstseins-Selbst ist eine Substanz. Es bedarf der Welt nicht, um ich selbst zu sein.	1. Ich bin nicht da ohne Welt, so als könnte ich ohne Welt überhaupt da sein. Mein Da-sein = In-der-Welt-sein. Ich bin nicht inaktiv kontemplierend erst einmal für mich selber da, ich bin besorgend in der Welt, ich gehe besorgend mit anderen Menschen und mit Dingen um. Mein Dasein ist Besorgend-in-der-Welt-mit-anderen-sein.

2. Wenn ich auch unzweifelhaft existiere, so ist doch nicht klar und sicher, ob die Welt da draußen existiert und ob sie so beschaffen ist, wie ich glaube, dass sie beschaffen ist. Wie kann ich mich der Existenz der Außenwelt und ihrer wahren Eigenschaften vergewissern? Es ist ein Skandal der Philosophie, dass die Existenz der Außenwelt bisher nicht zweifelsfrei bewiesen worden ist.	2. Mein Dasein ist Besorgend-in-der-Welt-mit-anderen-sein, ich kann mir gar nicht meiner Selbst bewusst sein, ohne mich meines Daseins als eines In-der-Welt-seins bewusst zu sein. Es stellt sich nicht das Problem, dass ich mir meiner selbst bereits bewusst bin und mich nun auch noch zusätzlich der Realität der Außenwelt vergewissern müsste. Nicht dass die Außenwelt bisher nicht zweifelsfrei in der Philosophie bewiesen worden ist, ist ein Skandal der Philosophie, sondern dass die Philosophie glaubt, dies beweisen zu müssen, und so tut, als könne sie dies leisten.
3. Die Dinge draußen in der Welt sind ganz anders als wir selber als Bewusstsein. Die konstitutive Eigenschaft der Dinge in der Welt ist, dass sie ausgedehnt sind. Weil sie ausgedehnt sind, sind sie ganz anders beschaffen als meine Bewusstseinszustände, die nicht räumlich ausgedehnt sind.	3. Die Dinge sind primär für uns in der Welt vorhanden als Vorkommnisse in den Tätigkeiten des Besorgens; bei Werkzeugen ist diese Weise, wie Dinge zu Dingen unserer Welt werden, besonders augenfällig; Werkzeuge stellen gewissermaßen den Prototyp dafür dar, ein Ding in der Welt zu sein, in der auch wir Menschen sind. Dinge sind «Zeug». Insofern die Dinge das, was sie sind, nur sind als Teil unserer Tätigkeiten des Besorgens, als Dinge, mit denen wir praktisch handelnd umgehen, die wir (mit den Händen) begreifen und ergreifen, sind sie nicht schlicht «Vorhandenes», vielmehr sind sie für uns «Zuhandenes».

Man hat Heidegger immer wieder dafür kritisiert, nicht wirklich und schon gar nicht nachvollziehbar zu argumentieren. Trotzdem sollte man Heidegger nicht zum Vorwurf machen, dass er den Cartesianismus nicht explizit, nicht Argument für Argument, These für These widerlegt. Wer nämlich gegen den Cartesianismus argumentiert und seine Thesen widerlegen will, übernimmt, wenn auch nur zitierend, notgedrungen ein Stück weit die Beschreibungen des Cartesianismus; und hier steckt für den Kritiker des Cartesianismus ein sprachliches Problem, für das Heidegger eine hohe Sensibilität zeigt. Denn zum Cartesianismus kann man sprachlich leicht verführt werden. Wir alle sind mit Sätzen vertraut wie «Ich weiß, dass ich jetzt hier an meinem Computer sitze». Diese Sätze haben die grammatische Form «Ich weiß, dass p». Da gibt es also ein Ich-Subjekt und seine mentalen Inhalte, die auf die Welt als Nicht-Ich bezogen sind. Aber bei dieser schon grammatisch festgeschriebenen Dualität lässt sich die Frage kaum mehr vermeiden, wie die Bewusstseinsinhalte auf die Welt bezogen sein können und wie sich verbürgen lässt, dass sie auch wirklich von der Welt handeln. Wer sich an solch ganz gewöhnlichen Ich-Sätzen wie «Ich weiß, dass p der Fall ist» orientiert, ist, aus der Perspektive Heideggers, dem Cartesianismus schon auf den Leim gegangen.

Für Heidegger gibt es nicht mich mit meinen Bewusstseinsinhalten auf der einen Seite und die Welt auf der anderen. Ich bin von Anfang an in der Welt, und allmählich entwickelt sich daraus überhaupt erst das Bewusstsein und die konfrontative Trennung zwischen der eigenen Innenwelt und der Welt «draußen». Erst dann entsteht in Heideggers Augen die Illusion, das Ich sei durch einen Abgrund von der Außenwelt getrennt. Statt zu sagen «Ich bin in der Welt» oder gar «Ich bin mir bewusst, in der Welt zu sein» wäre es eigentlich viel angemessener, nur vom «In-der-Welt-sein» zu sprechen. In dieser Bindestrichausdrucksweise wird der Vorstellung von einem Ich mit Innenwelt, das von der Außenwelt getrennt ist, keinerlei sprachlicher Vorschub geleistet. «Wie bin ich mit der Welt verbunden?» ist eine sinnvolle Frage. Würde man auf den Ausdruck «ich» verzichten, ja, hätte man ihn gar nicht zur Verfügung, sondern nur das heideggersche «In-der-Welt-sein», so täte sich der Cartesianismus viel schwerer, von unseren Köpfen Besitz zu ergreifen. «Wie ist mein In-der-Welt-sein mit der Welt verbunden?» wäre eine komische Frage und verlangte keine tiefsinnige Antwort. Es läge hier kein philosophisches Rätsel vor; und darauf dass beim Cartesianismus mit der Frage nach der Existenz und Erkennbarkeit der so genannten Außenwelt eine grundverkehrte Ausgangsfrage vorliegt, die sich, wenn wir unser alltägliches Dasein richtig verstehen, eigentlich verbietet, genau darauf will Heidegger unter anderem in «Sein und Zeit» hinaus.

Wir sollten diese Überlegungen nicht missverstehen: Heidegger will nicht unsere Sprache reformieren, er will nicht auf das Wort «Ich» oder auf Ich-Sätze verzichten. Aber als Analytiker des menschlichen Daseins misstraut er der Sprache. Deshalb verfremdet er zumindest die Sprache durch seine berühmt-berüchtigten Bindestrichwörter und andere grammatische Konstruktionen. Er passt die Sprache seiner philosophischen Sicht der Dinge an und verhilft seiner philosophischen Sicht der Dinge so zu einem sprachlichen Startvorteil. Mit seiner eigentümlichen, durchaus im ersten Augenblick befremdlichen Sprache will Heidegger die sprachlich suggerierte Plausibilität des Cartesianismus durchkreuzen; die Beschreibung des Cartesianismus will er durch eine «Neubeschreibung» verdrängen. Um der philosophischen Sache willen ist er in «Sein und Zeit» und in anderen Schriften sprachschöpferisch und sprachverfremdend tätig.

16.4 Der «linguistic turn»

Was zeigen unsere drei Beispiele? Die Philosophie hat immer auch einen Kampf zu führen gegen die Unzulänglichkeiten und Verführungen der Sprache. Das Philosophieren lotet die Möglichkeiten der Sprache aus. Und es stößt an die Grenzen der Sprache. Der Verstand kann sich dabei, wie es Wittgenstein formuliert hat, «Beulen holen». Das Muster der Argumente, mit denen philosophische Probleme durch Analyse der Sprache zum Verschwinden gebracht werden, ist das folgende:

Argumentationsmuster für die sprachkritische Auflösung philosophischer Rätsel

1. Sätze der Art S gleichen in ihrer grammatischen Oberflächenerscheinung Sätzen der Art S'.
2. Zu Sätzen der Art S' gehören sinnvolle Fragen der Art X'.
3. Fragen der Art X' im Zusammenhang mit Sätzen der Art S' entsprechen Fragen der Art X im Zusammenhang mit Sätzen der Art S.
4. Fragen der Art X sind philosophisch rätselhaft.

---

5. Also entstehen Fragen der Art X, indem Sätze der Art S wie Sätze der Art S' gedeutet werden.
6. Logisch und semantisch korrekt und tief gehend analysiert gleichen aber Sätze der Art S Sätzen der Art S''.
7. Zu Sätzen der Art S'' gibt es keine sinnvollen Fragen, die der Frage X im Zusammenhang mit Sätzen der Art S entsprechen.

---

8. Also verschwinden Fragen der Art X, werden die mit ihr im Zusammenhang stehenden Sätze S richtig und das heißt nicht nach dem Muster von Sätzen der Art S', sondern nach Art der Sätze S'' verstanden.

Lösen sich alle Probleme der Philosophie durch Sprachanalyse auf? Kondensiert jede Philosophie zu einem «Tröpfchen Sprachkritik», wie Wittgenstein sagt, der sich für diese Auffassung mit großer Radikalität in seinem «Tractatus logico-philosophicus» stark gemacht hat?

> 4.112 Der Zweck der Philosophie ist die logische Klärung der Gedanken. Die Philosophie ist keine Lehre, sondern eine Tätigkeit. Ein philosophisches Werk besteht wesentlich aus Erläuterungen. Das Resultat der Philosophie sind nicht «philosophische Sätze», sondern das Klarwerden von Sätzen. Die Philosophie soll die Gedanken, die sonst, gleichsam, trübe und verschwommen sind, klar machen und scharf abgrenzen.

> 6.53 Die richtige Methode der Philosophie wäre eigentlich die: Nichts zu sagen, als was sich sagen lässt, also Sätze der Naturwissenschaft – also etwas, was mit Philosophie nichts zu tun hat –, und dann immer,

> wenn ein anderer etwas Metaphysisches sagen wollte, ihm nachzuweisen, dass er gewissen Zeichen in seinen Sätzen keine Bedeutung gegeben hat. Diese Methode wäre für den anderen unbefriedigend – er hätte nicht das Gefühl, dass wir ihn Philosophie lehrten – aber sie wäre die einzig streng richtige.[67]

Es ist hier nicht der Ort, sich mit dieser radikalen These auseinander zu setzen. Auch wenn Wittgenstein und andere sprachanalytische Philosophen über das Ziel hinausgeschossen sein sollten, so haben sie doch dem Philosophieren und philosophischen Argumentieren Grundsätze mit auf den Weg gegeben, die zu beherzigen der Philosophie Not tut.

Die Grundsätze sprachkritischen Philosophierens

- *Wenn du über einen Gegenstand X philosophierst, beginne damit, dir die Weisen zu vergegenwärtigen, wie man sinnvoll über X reden kann; vergewissere dich, dass der Gegenstand X und das mit X verbundene philosophische Problem nicht einfach durch verunglückte, ungeschickte oder semantisch missverstandene Rede erzeugt ist!*
- *Dann siehe zu, was es nach Sprachkritik und Sprachanalyse noch philosophisch Substantielles über X zu sagen gibt!*
- *Doch was immer du über X philosophisch sagst, das sage am Ende klar und einfach!*

Teil 4:

Dialektische Strukturen in der Philosophie

Der Ausdruck «Dialektik» gehört zu den schillerndsten der Philosophie. Hält man sich an den griechischen Wortursprung διαλέγεσθαι (dialegesthai = sich unterhalten), so kann man Dialektik zunächst als die Kunst und die Theorie des vernünftigen Gesprächs und der Argumentation auffassen. Gespräche und Diskussionen mit anderen werden schnell kontrovers, These stößt auf Gegenthese, Argument auf Gegenargument. So verwundert es nicht, dass die wechselhafte Geschichte des Begriffs der Dialektik auch einen Traditionsstrang umfasst, wonach sich *Dialektik* als die Kunst und Theorie der kontroversen Argumentation charakterisieren lässt. Im Folgenden verwenden wir den Ausdruck «Dialektik» in dieser Bedeutung.

17. Argumente kritisieren Argumente

Der einsame Denker ist sprichwörtlich. Philosophen denken gerne für sich alleine nach. Dann argumentieren sie auch für sich alleine. Aber kein Philosoph kann seinen Kollegen immer aus dem Weg gehen. Philosophen treffen auf Philosophen, nicht immer von Angesicht zu Angesicht, Philosophen lesen wechselseitig ihre Texte oder schreiben sich Briefe. Dann nehmen auch die Argumente des einen Philosophen Bezug auf Argumente des anderen. Die Philosophen diskutieren miteinander.

Man kann kooperativ oder kontrovers miteinander diskutieren. Diskutiert man kooperativ, unterstützt man sich wechselseitig und erarbeitet sich gemeinsam die Argumente. Der eine trägt die eine, der andere eine andere Prämisse bei. Man stachelt sich wechselseitig durch Fragen nach der Plausibilität der Prämissen oder nach der Schlüssigkeit des Arguments an. Da mehreren Personen oft mehr ein- und auffällt als einem Einzelnen, werden Lücken schneller geschlossen und unplausible Prämissen eher durch evidentere ersetzt, als dies einem «einsamen» Denker gelingt. Beim kontroversen Diskutieren hingegen ist man unterschiedlicher Meinung, und jeder möchte den Mitdiskutanten von dessen falschen Meinungen abbringen und zur eigenen Meinung herüberziehen. Natürlich, in Diskussionen zwischen realen Menschen aus Fleisch und Blut vermischen sich Kooperation und Kontroverse oft schwer entwirrbar miteinander. Doch wenn man sich einen Überblick verschaffen will, wie sich Argumente in Diskussionen aufeinander beziehen, ist die Unterscheidung von kooperativen und kontroversen Diskussionen hilfreich.

17.1 Einwände gegen ein Argument

Argumente bestehen aus Aussagen. Wer wissen will, wie Argumente zueinander logisch stehen können, muss zuvor die möglichen logischen Beziehungen zwischen Aussagen klären.

1. *Logische Unabhängigkeit*: Aus p folgt weder q noch die Negation von q und umgekehrt aus q weder p noch die Negation von p.
2. *Logische Implikation*: Die Aussage q folgt logisch aus der Aussage p.
3. *Logische Äquivalenz*: Die Aussagen implizieren sich logisch wechselseitig.
4. *Kontradiktorischer Gegensatz*: Die Aussage p impliziert logisch die Negation der Aussage q und umgekehrt. Die Aussage «Aristoteles ist der größte Logiker der Antike gewesen» verhält sich kontradiktorisch zur Aussage «Aristoteles ist nicht der größte Logiker der Antike gewesen».
5. *Konträrer Gegensatz*: Aus der Aussage p folgt logisch die Negation von q, aber nicht umgekehrt aus der Negation von q die Aussage p. Aus der Aussage «Das Kleid ist einfarbig rot» folgt zwar, dass das Kleid nicht einfarbig schwarz ist, aber wenn das Kleid nicht einfarbig schwarz ist, muss es deshalb noch lange nicht einfarbig rot sein, es kann ja auch blau oder gelb sein. Die Aussagen «Das Kleid ist einfarbig rot» und «Das Kleid ist einfarbig schwarz» sind konträre Aussagen. Konträre Aussagen können nicht zugleich wahr, sehr wohl jedoch beide falsch sein.

Sind die Prämissen und die Konklusion des einen Arguments logisch unabhängig von den Prämissen und der Konklusion des anderen, haben die Argumente gar nichts miteinander zu tun. Obwohl sie einander nicht widerstreiten, ist das für kooperative Diskussionen zu wenig. Argumente in kooperativen Diskussionen sollten sich stützen.

Sich stützende oder ergänzende Argumente

Ein Argument A_1 stützt ein Argument A_2, wenn
- *die Konklusion von A_1 eine der Prämissen von A_2 ist;*

Ein Argument A_1 ergänzt ein Argument A_2, wenn
- *A_1 und A_2 dieselbe Konklusion haben, ohne sich in den Prämissen zu widersprechen.*

In einer kontroversen Diskussion sind die Diskutanten Kontrahenten. Man hält wichtige Überzeugungen des anderen für falsch. Man widerspricht der Konklusion oder der Prämisse eines Arguments des Kontrahenten. Folgende Beziehungen zwischen Argumenten sind hier einschlägig: Die Konklusion des Arguments A ist eine konträre Aussage zu einer der Prämissen des Arguments B. Dann kann man mit dem Argument A eine Prämisse des Arguments B angreifen. Oder die Konklusion des einen Arguments ist konträr zur Konklusion des anderen Arguments. Mit der eigenen Konklusion widerspricht man der anderen Konklusion. Allerdings, wenn beide Argumente schlüssig sind, können sie sich nur dann in ihren Konklusionen widersprechen, falls mindestens eine Prämisse eines der beiden Argumente falsch ist.

Zwei Argumente können in der Konklusion übereinstimmen, beide schlüssig sein und sich dennoch in den Prämissen widersprechen. Wenn eine Aussage K sowohl aus der Prämisse P als auch aus der Prämisse Nicht-P logisch folgt, so gilt die Konklusion K vom Standpunkt der Logik als logisches Gesetz. Denn was immer der Fall ist, ob P oder Nicht-P wahr ist, stets ist K wahr. Und eines von beiden ist vom Standpunkt der klassischen Logik immer der Fall (siehe Anhang). Die beiden Argumente «K, weil P» und «K, weil Nicht-P» widersprechen sich nicht, obwohl sich ihre Prämissen widersprechen. Sie ergänzen sich vielmehr zu der Feststellung, dass

K logisch wahr ist. Ist die gemeinsame Konklusion zweier schlüssiger Argumente jedoch nicht logisch wahr, widersprechen sich die zwei Argumente, falls sie sich in Prämissen widersprechen. Jemand kann gegen das Argument des anderen vorbringen: «Ich teile zwar deine Auffassung, dass die Konklusion K wahr ist, aber du begründest K nicht richtig, denn eine deiner Prämissen ist falsch. Hier hast du ein Argument für K, das von deiner falschen Prämisse keinen Gebrauch macht.» Freilich zeigt sein eigenes Argument nicht, dass die Prämisse des anderen falsch ist. Das leistet nur ein Argument, dessen Konklusion eine konträre Aussage zur Prämisse des Kontrahenten ist.

Sich widerstreitende Argumente

Zwei Argumente widerstreiten genau dann einander, wenn eine der Prämissen oder die Konklusion des einen Arguments eine konträre Aussage zu einer Prämisse oder zur Konklusion des anderen Arguments darstellt (es sei denn, die gemeinsame Konklusion beider Argumente ist logisch wahr).

Mit einem Argument wird behauptet, dass (a) die Prämissen wahr sind und (b) die Konklusion wahr sein muss, falls die Prämissen wahr sind. Deshalb kann man ein Argument kritisieren, indem man gegen die Behauptung (a) oder gegen die Behauptung (b) argumentiert. Wer die Prämisse eines Arguments für falsch hält und sich dabei, wie wir hier immer annehmen, nicht auf eigene Wahrnehmungen, Zeugen oder Experten beruft, wird seinen Kontrahenten durch ein Argument zu überzeugen versuchen, das eine Konklusion hat, die zur fraglichen Prämisse im Argument des Kontrahenten konträr ist. Dabei sollte man den Gesprächspartner möglichst bei seinen eigenen Überzeugungen packen. Man sollte so weit wie eben möglich nur auf solche Prämissen zurückgreifen, die der Gesprächspartner für wahr hält.

Ein Argument kann man auch deshalb ablehnen, weil es nicht schlüssig ist. Das haben wir in 6.2 schon erörtert.

Bisher haben wir nicht mehr als das logische Einmaleins für kontroverse Diskussionen vorgerechnet. Alles erscheint noch einfach und übersichtlich. Aber das Interessante und Spannende philosophischer Debatten beginnt nach dem logischen Einmaleins. Die Kritik eines philosophischen Arguments gewinnt und verlangt oft eine Raffinesse, die einen die Übersicht schnell verlieren lässt. Wie man sie trotzdem behalten kann, soll im Folgenden an zwei Beispielen illustriert werden.

17.2 Temperaturen fühlen und sehen

Mit dem ersten Beispiel kehren wir zum Gedankenexperiment von Churchland über die Temperaturseher zurück. Hier ist sein Argument zunächst noch einmal im Zusammenhang. (Hinter einige Sätze werde ich die Bemerkungen «Basiert nur auf B_1» bzw. «Basiert nur auf B_2» setzen, die sich auf den nachfolgenden kritischen Vergleich zwischen dem Argument von Churchland und einem Gegenargument beziehen und später erläutert werden.)

1. Annahme um des Arguments willen: *Die Wörter «kalt», «warm» und «heiß» beziehen sich unmittelbar auf die Sinnesempfindungen.* (Basiert nur auf B_1.)
2. Der Ausdruck A_1 ist nur dann die richtige Übersetzung des Ausdrucks A_2, wenn sich A_1 auf dieselben Gegenstände bezieht wie A_2.

---

3. Also müsste das Temperaturseherwort «kalt» mit schwarz, «warm» mit grau und «heiß» mit weiß übersetzt werden. (Basiert nur auf B_1.)
4. Bedeutet bei den Temperatursehern «kalt» schwarz, «warm» grau und «heiß» weiß, so gilt:
   (a) Der Temperatursehersatz «Feuer ist heiß» ist genau dann wahr, wenn Feuer weiß ist;
   (b) der Temperatursehersatz «Lebensmittel halten sich besser an kalten Orten» ist genau dann wahr, wenn Lebensmittel sich besser an schwarzen Orten halten;
   (c) der Temperatursehersatz «Ein warmer Körper erwärmt bei Berührung einen kalten Körper» ist genau dann wahr, wenn ein grauer Körper einen schwarzen Körper bei Berührung grau werden lässt;
   (d) der Temperatursehersatz «Heiße Körper verursachen auf der Haut schmerzhafte Wunden» ist genau dann wahr, wenn weiße Körper auf der Haut schmerzhafte Wunden verursachen. (Basiert nur auf B_1.)

5. Feuer ist nicht weiss, Lebensmittel halten sich nicht an schwarzen Orten besser als an weißen usw.

---

6. Also erweisen sich die Temperatursehersätze in dieser Übersetzung alle als komplett falsch.
7. Alle Temperatursehersätze sind aber wahr. (Basiert nur auf B_2.)

---

8. Also ist es falsch, dass sich die Wörter «kalt», «warm» und «heiß» auf Sinnesempfindungen beziehen. Sie tun das weder bei den Temperatursehern noch bei uns.

Zweifel gegen das Argument stellen sich ein, sobald man darüber nachdenkt, wie wir Beobachtungsbegriffe wie «warm» und «kalt» verwenden. Zunächst, so scheint es, bezeichnen «warm» und «kalt» unsere Empfindungen. Allerdings steht dem entgegen, dass wir die Dinge selber «warm» oder «kalt» nennen. Doch lässt sich das leicht aufklären: Im 19. Jahrhundert haben die Wissenschaftler erkannt, dass unsere Warm- und Kaltempfindungen durch die durchschnittliche kinetische Energie (Bewegungsenergie) der Moleküle, aus denen feste Körper, Flüssigkeiten oder Gase bestehen, hervorgerufen werden. Trotzdem, es scheint so, als ob zwei Thesen den Gebrauch der Wörter «kalt», «warm» und «heiß» beschreiben können.

These B_1: Beobachtungsbegriffe wie «warm» und «kalt» bezeichnen Empfindungen.
These B_2: Beobachtungsbegriffe wie «warm» und «kalt» bezeichnen die durchschnittliche kinetische Energie der Moleküle eines Stoffes.

Churchland lehnt die These B_1 ab und will sie durch sein Argument widerlegen. These B_2 aber unterschreibt er (siehe auch weiter unten). Außerdem schließen sich die beiden Thesen für Churchland aus. Churchland argumentiert nach folgender Strategie (in diesem Abschnitt nummeriere ich die Aussagen in den Argumenten einfach fortlaufend):

9. Nehmen wir um des Arguments willen an, B_1 sei richtig.

↓

Komplexe deduktiv schlüssige Argumentation

↓

10. Ein Temperatursehersatz wie «Lebensmittel halten sich an kalten Orten besser als an warmen» muss nach B_1 übersetzt werden in «Lebensmittel halten sich an schwarzen Orten besser als an weißen» und scheint insofern eine falsche Überzeugung der Temperaturseher auszudrücken.
11. Temperaturseher bringen aber mit dem Satz «Lebensmittel halten sich an kalten Orten besser als an warmen» etwas völlig Richtiges zum Ausdruck (nämlich im Einklang mit B_2, dass Lebensmittel in einer Umgebung mit geringer kinetischer Energie ihrer Moleküle langsamer chemisch zersetzt werden als in Umgebungen mit hoher kinetischer Energie ihrer Moleküle).

↓

Annahmewiderlegung

↓

12. Also ist B_1 (im Gegensatz zu B_2) falsch.

Gegen das Argument von Churchland lässt sich einwenden:

13. Warm-, Kaltempfindungen werden bei uns ausschließlich ausgelöst durch die Größe der mit der Bewegung der Moleküle eines Stoffes verbundenen Energie.
14. Die Wörter «warm» und «kalt» bedeuten bei uns in vielen Kontexten die Warm- und Kaltempfindungen. (B_1)
15. Da diese Empfindungen aber relativ zuverlässige Detektoren für die Größe der Bewegungsenergie der Moleküle eines Stoffes sind, bezeichnen sie auch die durchschnittliche kinetische Energie der Moleküle eines Stoffes. (B_2)
16. Die Temperaturseher haben optische Schwarz-, Grau-, Weißempfindungen ausschließlich aufgrund der mit der Bewegung der Moleküle eines Stoffes verbundenen elektromagnetischen Strahlung.

17. Die Sprache der Temperaturseher funktioniert genauso wie unsere Sprache.

↓

Annahmewiderlegung

↓

18. Also bedeuten die Wörter «warm» und «kalt» in der Temperatursehersprache in vielen Kontexten die Schwarz-, Grau- und Weißempfindungen. Da diese Empfindungen über die elektromagnetische Strahlung zuverlässige Detektoren für die Bewegungsenergie der Moleküle eines Stoffes sind, bezeichnen sie auch die durchschnittliche kinetische Energie der Moleküle eines Stoffes.

---

19. Der Satz «Lebensmittel halten sich an kalten Orten besser als an warmen» meint in unserer Sprache: Lebensmittel an Orten, die wir aufgrund einer vergleichsweise geringen kinetischen Energie der Moleküle in der Umgebung als kalt empfinden, zerfallen chemisch wegen dieser geringen Bewegungsenergie der Moleküle langsamer als Lebensmittel in einer Umgebung mit einer höheren Bewegungsenergie, die wir als warm empfinden.
Die Temperaturseher meinen mit diesem Satz: Lebensmittel in Umgebungen, die wir bei optischem Kontakt aufgrund einer vergleichsweise geringen kinetischen Energie der Moleküle als schwarz empfinden, zerfallen chemisch wegen dieser geringen Bewegungsenergie der Umgebungsmoleküle langsamer als Lebensmittel in Umgebungen mit einer höheren Bewegungsenergie, die wir als hellgrau oder weiß empfinden.
20. Der Satz «Lebensmittel halten sich an kalten Orten besser als an warmen» drückt sowohl in der Übersetzung aus der Sprache der Temperaturseher in unsere Sprache als auch in der Bedeutung, die dieser Satz in unserer Sprache hat, eine wahre Überzeugung aus. (B_1 und B_2)
21. Ist ein Satz x in der Übersetzung nach der Übersetzungsregel y wahr, so zwingt die Anwendung der Übersetzungsregel y auf den Satz x nicht dazu, Sprechern, die den Satz x äußern, eine falsche Überzeugung zuzuschreiben.

---

22. Die Übersetzung des Temperatursehersatzes, wonach «warm» auch weiß, «kalt» auch schwarz bei den Temperatursehern bedeu-

tet, führt also keineswegs zu der absurden Konsequenz, den Temperatursehern durchgängig falsche Überzeugungen über Temperaturen zuzuschreiben.

21. Eine Reduktio ad absurdum einer These scheitert, wenn bei geringfügiger Modifikation einer Prämisse die Folgerung eines offenkundig falschen Satzes blockiert wird.
22. Wie der obere Teil des Arguments zeigt, muss die These «Beobachtungsbegriffe wie ‹warm› und ‹kalt› bezeichneten Empfindungen», die Churchland widerlegen will, nur präzisiert werden zu der These, dass «Beobachtungsbegriffe wie ‹warm› und ‹kalt› Empfindungen und außerdem mit Hilfe dieser Empfindungen detektierte physikalische Eigenschaften bezeichnen», um Churchlands Reduktio zu blockieren.

---

23. Das Gedankenexperiment mit den Temperatursehern liefert keinen Einwand gegen die These, dass Beobachtungswörter wie «warm» und «kalt» Empfindungen bezeichnen.

Das Gegenargument negiert mit der Prämisse 14 (Die Wörter «warm» und «kalt» bedeuten bei uns in vielen Kontexten die Warm- und Kaltempfindungen) die Konklusion 8 des Arguments von Churchland (Beobachtungsbegriffe wie «warm» und «kalt» bezeichnen keine Empfindungen). Bei oberflächlicher Betrachtung scheinen sich die beiden Argumente in folgender Weise zueinander zu verhalten:

Argument	**Gegenargument**
.	Nicht-A
.	.
.	.
———	———
A	C

Aber natürlich läge in dieser Konstellation kein Einwand gegen das linke Argument vor. Wer für A argumentiert, kann mit Fug und Recht erwidern: «Es mag schon sein, dass aus Nicht-A irgendeine Konklusion C folgt, ich dagegen argumentiere dafür, dass A der Fall ist, und mein Argument ist nicht dadurch widerlegt, dass aus Nicht-A die Konklusion C folgt». Tatsächlich verhalten sich das Argument von Churchland und das Gegenargument anders zueinander.

Bis Schritt 6 einschließlich beruht das Argument von Churchland auf der These B_1, wonach die Temperaturwörter sich unmittelbar auf die Warm-/Kaltempfindungen beziehen. Seine Prämisse 7 (Alle Temperatursehersätze sind aber wahr) kann er jedoch nur wegen These B_2, dass die Wörter und Sätze der Temperaturseher auf Wärme als durchschnittliche kinetische Energie referieren, behaupten. Das Gegenargument richtet sich gegen zwei Dinge: Erstens sind B_1 und B_2 miteinander verträglich, die Temperaturwörter können sich sowohl in unserer Sprache als auch in der der Temperaturseher auf die jeweiligen Sinnesempfindungen und außerdem auf die durchschnittliche kinetische Energie beziehen. Zweitens ergeben B_1 und B_2 zusammen eine Übersetzung, in der die Sätze der Temperaturseher über Wärmephänomene nicht falsch, sondern gerade wahr sind. Aus der Sicht des Gegenarguments ist damit auch Churchlands Fehler klar. Er behandelt die Thesen B_1 und B_2, als schlössen sie sich aus. Seine Übersetzungen der Sätze der Temperaturseher kann Churchland nur ableiten, weil er unterstellt, dass sich die Temperaturwörter bei den Temperatursehern nur auf deren Empfindungen und nicht auch auf die durchschnittliche kinetische Energie beziehen. Doch in Schritt 7 seines Arguments legt er auf einmal nur die These B_2 zugrunde. Da sich für ihn die Thesen offensichtlich auszuschließen scheinen, argumentiert er ab Schritt 7 so, als ob schon gezeigt worden wäre, dass B_1 falsch ist. Von diesem vermeintlichen Wissen darf er an dieser Stelle jedoch keineswegs Gebrauch machen, denn aus B_1 soll ja erst ein falscher Satz hergeleitet werden, um anschließend B_1 wegen dieser falschen Konsequenz zu verwerfen. Dieser B_1 widerlegende Satz darf nicht mit B_2 hergeleitet werden, da für Churchland B_2 genau dann wahr ist, wenn B_1 falsch ist. Insofern ist das Argument von Churchland eine *Petitio principii*, es wird als Prämisse verwendet, was durch das Argument erst gezeigt werden soll.

Churchlands Argument	das Gegenargument
Wenn B_1, dann ist die Übersetzung Ü richtig, wonach die Sätze der Temperaturseher falsch sind. Wenn B_2, dann sind die Sätze der Temperaturseher wahr. B_2 ist wahr.	Nur wenn B_1 und Nicht-B_2, dann ist die Übersetzung Ü richtig, in der die Sätze der Temperaturseher falsch sind. B_1 und B_2 sind miteinander verträglich. Wenn B_1 und B_2, dann ergibt sich nicht die Übersetzung Ü, sondern eine andere Übersetzung Ü' als richtige Übersetzung. In der Übersetzung Ü' sind die Sätze der Temperaturseher wahr.
Also ist die sich aus B_1 ergebende Übersetzung der Sätze der Temperaturseher nicht richtig.	Der Einwand, dass sich aus B_1 eine Übersetzung ergibt, in der die richtigen Überzeugungen der Temperaturseher als falsch erscheinen, fällt weg und trifft B_1 gar nicht.
Also ist B_1 falsch.	Also gibt es bis auf weiteres keinen Grund, B_1 für falsch zu halten.

17.3 Das chinesische und das erleuchtete Zimmer

Wir bleiben bei Churchland. Aber wir erweitern die Diskussionsrunde um seine Frau Patricia, ebenfalls Philosophin, und den Philosophen John Searle. Das Ehepaar Churchland verbündet sich gegen Searle. Der nämlich bestreitet, wir könnten jemals Computer bauen, die «Geist haben» wie wir. Searle hat sein Argument selber prägnant formuliert:

1. Computerprogramme sind formal (syntaktisch).
2. Dem menschlichen Denken liegen geistige Inhalte (Semantik) zugrunde.
3. Syntax an sich ist weder konstitutiv noch hinreichend für Semantik.

---

4. Programme sind weder konstitutiv noch hinreichend für Semantik und damit für das Denken und den Geist.

Die Prämisse 3 seines Arguments begründet Searle mit einem berühmten Gedankenexperiment über ein «chinesisches Zimmer»:

> Nun, stellen Sie sich vor, Sie wären in ein Zimmer eingesperrt, in dem mehrere Körbe mit chinesischen Symbolen stehen. Und stellen Sie sich vor, dass Sie (wie ich) kein Wort Chinesisch verstehen, dass Ihnen allerdings ein auf Deutsch abgefaßtes Regelwerk für die Handhabung dieser chinesischen Symbole gegeben worden wäre. Die Regeln geben rein formal – nur mit Rückgriff auf die Syntax und nicht auf die Semantik der Symbole – an, was mit den Symbolen gemacht werden soll. Eine solche Regel mag lauten: «Nimm ein Kritzel-Kratzel-Zeichen aus Korb 1 und lege es neben ein Schnörkel-Schnarkel-Zeichen aus Korb 2». Nehmen wir nun an, dass irgendwelche chinesischen Symbole in das Zimmer gereicht werden und dass Ihnen noch zusätzliche Regeln gegeben werden, welche chinesischen Symbole jeweils aus dem Zimmer herauszureichen sind. Die hereingereichten Symbole werden von den Leuten draußen «Fragen» genannt, und die Symbole, die Sie dann aus dem Zimmer herausreichen, «Antworten» – aber dies geschieht ohne Ihr Wissen. Nehmen wir außerdem an, dass die Programme so trefflich und Ihre Ausführung so brav sind, dass Ihre Antworten sich schon bald nicht mehr von denen eines chinesischen Muttersprachlers unterscheiden lassen. Da sind Sie nun in Ihrem Zimmer eingesperrt und stellen Ihre chinesischen Symbole zusammen; Ihnen werden chinesische Symbole hereingereicht und daraufhin reichen Sie chinesische Symbole heraus. In so einer Lage, wie ich sie gerade beschrieben habe, könnten Sie einfach dadurch, was Sie mit den formalen Symbolen anstellen, kein bisschen Chinesisch lernen.[68]

Die Moral von Searles Gedankenexperiment mit dem chinesischen Zimmer lässt sich in ein Argument kleiden:

1. Die Inputfolgen, bestehend aus chinesischen Schriftzeichen, sind auf Chinesisch formulierte sinnvolle Fragen, die Outputfolgen chinesischer Schriftzeichen sind auf Chinesisch formulierte sinnvolle Antworten auf die Fragen.
2. Das Outputverhalten des Menschen im chinesischen Zimmer lässt sich nicht unterscheiden von dem beobachtbaren Sprachverhalten eines Menschen, der tatsächlich Chinesisch versteht.
3. Der Mensch tut dasselbe, was ein Computer einzig tun kann, er transformiert syntaktische Zeichenfolgen nach syntaktischen Regeln in andere syntaktische Zeichenfolgen.
4. Das Gedankenexperiment ist gerade so konstruiert, dass klar ist: Der Mensch im chinesischen Zimmer versteht kein Chinesisch und kann durch das, was er dort tut, auch kein Chinesisch lernen.

---

5. Also sind Syntaxtransformationen und das durch sie verursachte Verhalten weder konstitutiv noch hinreichend, um eine Sprache wie Chinesisch zu verstehen.

---

6. Also kann kein Computer je eine natürliche Sprache wie Chinesisch lernen und verstehen.

Patricia und Paul Churchland wollen Searle widerlegen, indem sie sein Argument imitierend persiflieren. Zunächst präsentieren sie ein Argument, das Searles Argument gegen die KI genau nachgebildet ist:

1. Elektrizität und Magnetismus sind Kräfte.
2. Die wesentliche Eigenschaft von Licht ist die Helligkeit.
3. Kräfte an sich sind weder konstitutiv noch hinreichend für Helligkeit.

---

4. Elektrizität und Magnetismus sind weder konstitutiv noch hinreichend für Licht.

Natürlich ist die Konklusion offenkundiger Blödsinn. Freilich ist damit Searles Argument nicht widerlegt. Als Nächstes konstruieren die Churchlands ein Gedankenexperiment. In dem Gedankenexperiment lassen sie jemanden auftreten, der genauso wie Searle ein Szenario, ein Gedankenexperiment entwirft, mit dem er die angeblich offenkundige Wahrheit der Prämisse 3 des Arguments über das Licht begründen will.

> Stellen Sie sich einen dunklen Raum vor, in dem sich ein Mann befindet, der einen Stabmagneten oder einen elektrisch geladenen Gegenstand in der Hand hält. Wenn der Mann den Magneten auf und ab bewegt, dann müßte dieser nach Maxwells Theorie der künstlichen Helligkeit (KH) einen sich ausbreitenden Kreis elektromagnetischer Wellen und damit Helligkeit erzeugen. Aber wie jeder von uns, der mit Magneten oder geladenen Kugeln herumgespielt hat, nur zu gut weiß, produzieren ihre Kräfte (oder irgendwelche anderen Kräfte), selbst, wenn sie bewegt werden, keinerlei Helligkeit. Es ist somit unvorstellbar, dass man wirkliche Helligkeit einfach dadurch erzeugen kann, dass man Kräfte umherbewegt![69]

Der von den Churchlands fingierte Maxwell-Gegner will mit seiner Geschichte vom erleuchteten Zimmer die Prämisse 3 seines Pseudoarguments stützen. Das ergibt ein Argument, das dieselbe Funktion hat wie das Argument im Anschluss an Searles Gedankenexperiment vom chinesischen Zimmer.

1. Der Mann im verdunkelten Raum bewegt periodisch einen Magneten, erzeugt dadurch elektrische Kräfte und dadurch eine elektromagnetische Welle.
2. Der Mann tut das, was physikalische Gegenstände wie Magneten allein von sich aus können, nämlich sich zu bewegen und dabei elektromagnetische Kräfte und im Gefolge davon Felder zu erzeugen.
3. Doch das Gedankenexperiment mit dem verdunkelten Zimmer ist so konstruiert, dass offenkundig wahr ist: Das Zimmer bleibt dunkel, es zeigt sich keine Spur von Licht (Helligkeit).

---

4. Also sind elektrische Kräfte weder konstitutiv noch hinreichend, um Licht zu erzeugen.

---

5. Also kann durch bloßen Einsatz elektrischer Kräfte niemals Licht erzeugt werden.

An diesem Argument sind nicht nur die beiden Konklusionen offenkundig falsch. Es ist auch offenkundig, welche Prämissen falsch sind. Dass man durch manuelle Bewegungen eines Stabmagneten kein Licht erzeugt, ist wahr. Das beweist aber nicht, dass auf elektromagnetischem Wege kein Licht entsteht. Das folgt erst, wenn man die Konklusion des Arguments bereits als wahr voraussetzt. Es bedarf ganz anderer Vorrichtungen und periodischer Bewegungen, die um Zehnerpotenzen schneller sein müssen als die manuell realisierbaren. Ganz analoge Einwände kann man, so die Churchlands, gegen Searle geltend machen. Sie schreiben zunächst zum Argument des Maxwell-Gegners:

> Der arme Maxwell hätte es nicht leicht, gegen diese Logik anzukommen. Er könnte nur auf den folgenden drei Punkten beharren. Erstens nimmt Axiom 3 der obigen Beweiskette die Antwort auf die zu untersuchende Frage schon voraus und unterstellt trotz seiner intuitiven Plausibilität eine unbewiesene Behauptung als wahr. Zweitens demonstriert das Experiment mit dem erleuchteten Zimmer nichts, was für die Natur des Lichtes von Belang ist. Und drittens bedarf es, um Klarheit über die Natur des Lichtes und die Möglichkeit künstlicher Helligkeit zu schaffen, eines langfristig angelegten Forschungsprogramms zur Prüfung, ob unter angemessenen Bedingungen das Verhalten elektromagnetischer Wellen tatsächlich das Verhalten von Licht perfekt widerspiegele.
>
> Dies ist genau die Antwort, welche die klassische KI auf Searles Argument geben sollte. Obwohl Searles chinesisches Zimmer als «semantisch dunkel» erscheinen mag, berechtigt dieser Anschein nicht zu der Behauptung, dass regelgesteuerte Symbolmanipulation niemals semantische Phänomene erzeugen könne, insbesondere, wenn man ohne tieferes Verständnis der zu klärenden semantischen und kognitiven Phänomene lediglich mit dem gesunden Menschenverstand urteilt. Anstatt auf Kenntnisse der Leser über diese Dinge zu bauen, nutzt Searles Argumentation hemmungslos ihr Unwissen aus. [70]

Der Einwand der Churchlands gegen das Argument von Searle ist offenkundig ein Analogieargument.

1. Das Argument S von Searle gegen die KI verhält sich zum Gedankenexperiment mit dem chinesischen Zimmer genauso, wie sich das von den Churchlands konstruierte Argument (wir nennen es zur Abkürzung CH) gegen die Erklärbarkeit von Helligkeit durch elektro-magnetische Kräfte zum Gedankenexperiment mit dem erleuchteten Zimmer verhält.
2. Die Prämisse 3 des Arguments S wird durch das Gedankenexperiment mit dem chinesischen Zimmer genau dann gestützt, wenn die Prämisse 3 des Arguments CH in gleicher Weise durch das Gedankenexperiment mit dem erleuchteten Zimmer gestützt wird.

3. In Wahrheit stützt das Gedankenexperiment mit dem erleuchteten Zimmer nicht die Prämisse 3 des Arguments CH, es setzt voraus, was erst gezeigt werden soll, und gewinnt seine Plausibilität nur wegen des zu Maxwells Zeiten noch unausgereiften Zustands der Elektrotechnik.

↓

Analogieprinzip

↓

4. Also stützt das Gedankenexperiment mit dem chinesischen Zimmer auch nicht die Prämisse 3 des Arguments S gegen die KI, es setzt voraus, was erst bewiesen werden muss und gewinnt seine Plausibilität aus dem gegenwärtig noch unreifen Zustand der Computertechnik.

---

5. Da die Prämisse 3 des Arguments S gegen die KI ebenso wenig begründet ist wie die Prämisse des Arguments CH gegen die Erklärbarkeit von Licht durch elektromagnetische Kräfte, ist Searles Kritik an der KI gescheitert.

Die Kontroverse zwischen den Churchlands und Searle ist aufschlussreich. Im Kern ist der Einwand der Churchlands denkbar einfach. Für sie ist die Prämisse von Searle «Syntax an sich ist weder konstitutiv noch hinreichend für Semantik» falsch und erscheint nur wegen des gegenwärtig mangelhaften technischen Niveaus der Computertechnik plausibel. Aber hätten sie Searle nur vorgehalten: «Du kannst doch gar nicht wissen, wie sich die Computertechnik noch entwickeln wird, du bist viel zu vorschnell mit deinem Urteil», wäre der Einwand ziemlich wirkungslos als unter Niveau verpufft. Dazu ist Searles Argumentation, zumal sein Gedankenexperiment mit dem chinesischen Zimmer, einfach zu raffiniert. Es ist daher ihrerseits raffiniert von den Churchlands, wie sie Searle mit seinen eigenen Waffen Paroli bieten, indem sie eine analoge Argumentation zu der Searles aufbauen, deren Fehler so auf der Hand liegt, dass er nun auch als Fehler Searles plausibel wird und Gewicht bekommt.

Die Churchlands haben sich nicht an der logischen Form von Searles Argument orientiert, sie haben tiefer gebohrt und sind zu dem Argumentationsmuster, dem Searle folgt, vorgestoßen. Für dieses Argumentationsmuster haben sie einen weiteren Anwendungsfall konstruiert. Dieser Anwendungsfall ist ein so hanebüchen schlechtes Argument, dass es das Argumentationsmuster insgesamt und infolge davon auch Searles Argument zu diskreditieren vermag. Wirklich gute und raffinierte Kritik eines Arguments ist keine Sache bloß formaler Logik. Wie immer gilt es, von der Logik zur Topik überzugehen.

18. Widersprüche

Widersprüche in einer Philosophie sind für die allermeisten Philosophen der größte anzunehmende kognitive Unfall. Aus der Sicht der formalen Standardlogik stimmt etwas nicht, wenn jemand behauptet, p sei der Fall und sei zugleich nicht der Fall. Für die meisten Philosophen ist es ein logisches Sakrileg, am Prinzip vom ausgeschlossenen Widerspruch zu rütteln. Aber eben nur für die meisten Philosophen, keineswegs für alle. Einige logische Rebellen löcken wider das Tabu und erklären gewisse logische Widersprüche für wahr. Die Einschränkung «gewisse Widersprüche» ist freilich bitter nötig, denn selbst die tollkühnsten Philosophen lassen sich nicht zu dem Irrsinn hinreißen, jede Aussage und ihre logische Negation zugleich als wahr anzuerkennen. So etwas wäre das komplette logische Chaos, in welchem Wissen und Erkenntnis endgültig ausgespielt hätten, es wäre ein hochgradig pathologischer Fall, etwas für den Psychiater, nicht für den Logiker.

18.1 Der Umgang mit Widersprüchen

Wer auf der klassischen Logik beharrt, kann nur in einer Weise auf logisch sich kontradiktorisch widersprechende Aussagen reagieren. Er muss davon ausgehen, dass eine der beiden Aussagen wahr ist, die andere falsch, und deshalb wird er alles daran setzen herauszufinden, welche Aussage wahr und welche falsch ist. Bei konträren weiß er, dass mindestens eine falsch sein muss. Nichtsdestotrotz vermeiden wir es oftmals, einseitig für eine der beiden sich widersprechenden Aussagen Partei zu ergreifen. Nicht selten entsteht der

Eindruck eines Widerspruchs zwischen Aussagen nur deshalb, weil die Aussagen ungenau formuliert sind. Drückt man das, was man eigentlich sagen will, sorgfältiger aus, löst sich der Widerspruch in Wohlgefallen auf. Logische Widersprüche zwischen Aussagen lassen sich auf mindestens vier verschiedene Weisen beseitigen.

(a) *Richtige Identifikation des Bezugsgegenstandes*: In der ursprünglichen Formulierung hatte es den Anschein, als würde behauptet, dass auf ein und denselben Gegenstand a sowohl F als auch Nicht-F zutreffe. Bei genauerer Analyse stellt sich heraus, dass von einem Gegenstand b F und von einem von b verschiedenen Gegenstand c Nicht-F ausgesagt wird. Von Jan Müller berichten einige, er habe an der Vorstandssitzung teilgenommen, andere behaupten, er sei zur selben Zeit 100 km entfernt gesehen worden. Es stellt sich heraus, dass Jan Müller mit seinem ihm verblüffend ähnlich sehenden Zwillingsbruder Tilman verwechselt wurde.

(b) *Räumliche oder zeitliche Spezifizierung*: Man zeigt, dass die einander widersprechenden Aussagen sich auf verschiedene räumliche Teile oder zeitliche Abschnitte (Stadien) ein und desselben Gegenstandes beziehen. Auf den räumlichen Teil X des Gegenstandes a trifft F zu, auf den davon verschiedenen Teil Y von a trifft F nicht zu; zum Zeitpunkt t besitzt der Gegenstand a die Eigenschaft F, aber zu einem früheren oder späteren Zeitpunkt t' nicht. Der Apfel ist rot, und er ist zugleich grün. Es muss heißen: Der Apfel hat rote und zugleich andere, grüne Stellen auf seiner Oberfläche.

(c) *Relativierung auf verschiedene Perspektiven*: Man zeigt, dass sich die einander widersprechenden Aussagen auf ein und denselben Gegenstand aus unterschiedlichen Perspektiven oder von verschiedenen Erkenntnisstandpunkten aus beziehen. Relativiert auf die Perspektive A ist es wahr, vom Gegenstand a F auszusagen, relativiert auf die Perspektive B gilt von a Nicht-F. Der Stab erscheint gebogen, wenn er ins Wasser getaucht wird. Zieht man ihn heraus oder betastet ihn, gibt er sich als gerade zu erkennen.

(d) *Reformulierung mit adäquateren Begriffen*: Die einander widersprechenden Aussagen sind in Wahrheit mit unklaren und inadäquaten Begriffen formuliert. Benutzt man adäquatere Begriffe, verschwindet der Widerspruch. Jan Müller hat an der Vorstandssitzung teilgenommen, und er hat auch nicht teilgenommen. Jan

> Müller war zwar körperlich anwesend, hat aber die ganze Zeit geschlafen und vom Verlauf der Sitzung nichts mitbekommen, es war so, als ob er gar nicht teilgenommen hätte.

Mit keiner der vier Strategien schlägt man sich vorbehaltlos auf eine Seite des Widerspruchs. In den ersten drei Strategien (a) bis (c) wird eigentlich allen Aussagen teilweise Recht gegeben: Richtig verstanden, d. h. auf den richtigen Gegenstand bezogen, räumlich oder zeitlich richtig spezifiziert oder auf die angemessene Perspektive relativiert sind alle Aussagen wahr. In der vierten Strategie (d) gibt man keiner Aussage Recht, sondern wählt stattdessen ein besseres Vokabular. Wer eisern am Prinzip vom ausgeschlossenen Widerspruch festhält, wird stets auf eine dieser Strategien zugreifen, sollte sich ein logischer Widerspruch nicht direkt zugunsten einer Seite auflösen lassen.

18.2 Erklärung von Widersprüchen

Wieso entstehen Widersprüche? Nur, weil wir nicht aufpassen, nicht sorgfältig formulieren, uns in der Wortwahl vergreifen? Nicht immer. Widersprüche können Methode haben. Sie unterlaufen uns nicht zufällig. Und es kann eine tiefe philosophische Einsicht sein zu erklären, warum wir uns so verrennen. Das in der Geschichte der Philosophie eindrucksvollste Beispiel für eine philosophische Erklärung von Widersprüchen verdanken wir Kant. Wir wollen in seine Theorie einen kurzen Einblick nehmen.

Als Teil der physischen Welt erleben, entdecken und leiden wir darunter, dass die Welt und unser Leben unvollkommen, unfertig, unvollendet sind; und dies schließt ein, dass unser Erkennen und Denken der Welt stets unvollkommen, unfertig, unvollendet ist. Dagegen kämpfen wir an. So können wir gar nicht anders als beispielsweise zu versuchen, die Dinge zu Ende zu denken. Für Carl Friedrich von Weizsäcker ist Philosophie «weiterdenken»,[71] wo andere längst mit dem Denken aufgehört haben. Dinge zu Ende denken heißt, sie so zu denken, dass sie sich als ein abgeschlossenes Ganzes oder als Teile eines solchen erkennen lassen. Die intellektuelle Form dieses Zwangs vollzieht sich nach Kant in *«Vernunftschlüssen»*.[72] Das Argumentationsmuster für Vernunftschlüsse, wie Kant sie versteht, kann man in folgender Weise rekonstruieren:

1. Ein bedingter Gegenstand der Art S ist gegeben.
2. B_1, B_2, B_3... ist die Reihe der Bedingungen für Gegenstände der Art S.
3. Wenn ein Bedingtes gegeben ist, so ist auch die Totalität seiner Bedingungen gegeben.

---

4. Also ist die vollständige Reihe der Bedingungen B_1, B_2, B_3... als Totalität gegeben.
5. Die vollständige Reihe der Bedingungen B_1, B_2, B_3... als Totalität ist selber ein Objekt O der Erkenntnis.

---

6. Also ist die vollständige Reihe der Bedingungen B_1, B_2, B_3... als ein der Erkenntnis zugängliches Objekt der Erkenntnis gegeben.

Für Kant produziert man mit diesem Argumentationsmuster ständig Fehlschlüsse. Auf den ersten Blick lässt sich das freilich nicht erkennen. Auch in seiner Anwendung mündet das Argumentationsmuster nicht auf Anhieb in erkennbare Widersprüche.

1. E sei ein einzelnes physisches Ereignis, z. B. dass von dem Bücherstapel auf meinem Schreibtisch ein Buch herunterfällt.
2. Jedes Ereignis findet nur statt, weil es eine raum-zeitliche Umgebung hat.
3. Jede raum-zeitliche Umgebung ist wieder in eine umfassendere raum-zeitliche Umgebung eingebettet.
4. Die Totalität aller raum-zeitlichen Umgebungen ist das physikalische Universum.
5. Wenn ein Bedingtes gegeben ist, ist auch die Totalität seiner Bedingungen gegeben.

---

6. Also ist das physikalische Universum als Totalität aller raum-zeitlichen Umgebungen von physischen Ereignissen gegeben und dem Denken und Erkennen zugänglich.

Ist nicht in der Tat das physikalische Universum ein legitimer Gegenstand der Erkenntnis? Versorgt uns nicht die Kosmologie mit Informationen über das Universum, etwa die, dass es nicht älter als zwanzig Milliarden und nicht jünger als dreizehn Milliarden Jahre ist? Von Widersprüchen ist in der physikalischen Kosmologie nichts zu sehen. Kant sieht das Gegenteil, nicht in der Physik, aber in der

Metaphysik. Nach Kant lässt sich nämlich mit auf den ersten Blick guten Gründen für die These «Das Universum hat einen zeitlichen Anfang» und mit auf den ersten Blick ebenso guten Gründen für das logische Gegenteil «Das Universum existiert schon ewig» argumentieren, und zwar unter Anwendung des Musters für Vernunftschlüsse.[73]

Thesis	**Antithesis**
1. Annahme um des Arguments willen: *Das physikalische Universum existiert schon ewig.* —————— 2. Also gibt es zu jedem Zustand des Universums unendlich viele zeitlich aufeinander folgende frühere Zustände als Reihe seiner Bedingungen. 3. Ein Zustand des Universums kann nur eintreten, wenn die Totalität seiner Bedingungen vorliegt, also alle ihm zeitlich vorausliegenden Zustände durchlaufen worden sind. 4. Unendlich viele dem gegenwärtigen Weltzustand zeitlich vorausliegende Weltzustände können nicht durchlaufen werden. —————— 5. Also dürfte es den gegenwärtigen Zustand des Universums nicht geben. 6. Es gibt den gegenwärtigen Zustand des Universums. —————— 7. Also muss das Universum einen nur endlich lange zurückliegenden zeitlichen Anfang haben.	1. Annahme um des Arguments willen: *Das physikalische Universum hat einen zeitlichen Anfang.* 2. Wenn etwas zum Zeitpunkt t zu existieren beginnt, so existiert es zu jedem früheren Zeitpunkt t' nicht. 3. Jeder frühere Zeitpunkt t', zu dem das Universum noch nicht existierte, gehört zu seinen Bedingungen. —————— 4. Dann muss es mindestens einen früheren Zeitpunkt gegeben haben, zu dem das Universum noch nicht existierte. 5. Existiert das Universum nicht, so existiert überhaupt nichts. —————— 6. Also existierte nichts zu diesem Zeitpunkt. 7. Also ist das Universum aus dem Nichts entstanden. 8. Etwas kann nicht aus nichts entstehen. 9. Es gibt jedoch das Universum. —————— 10. Also hat das Universum keinen zeitlichen Anfang, sondern existiert schon ewig.

Können sowohl eine These als auch ihre logische Negation scheinbar bewiesen werden, spricht man von einer *«Antinomie»*, Kant von den «Antinomien der reinen Vernunft». Hält man daran fest, dass ein Widerspruch niemals wahr sein kann, und für Kant steht das außer Frage, dann muss mindestens eines der beiden Argumente fehlerhaft sein. Wo steckt der Fehler?

Bei einem einzelnen Objekt oder Ereignis ist es sinnvoll zu fragen, seit wann es existiert oder wann es stattgefunden hat. Im Prinzip können wir diese Fragen beantworten. Zudem finden wir zu jedem Ereignis und jedem Objekt eine raum-zeitliche Umgebung U_1. U_1 ist selber ein komplexes einzelnes Objekt, eingebettet in eine umfassendere raum-zeitliche Umgebung U_2, die wiederum selber ein einzelnes komplexes Objekt ist. Das können wir immer so fortsetzen. Aber diese Reihe räumlich und zeitlich ineinander geschachtelter raum-zeitlicher Umgebungen können wir nicht abschließend durchlaufen, so wie wir als Landvermesser einen Kontinent in alle Richtungen durchqueren können, bis wir ihn schließlich vollständig vermessen haben. Die Reihe oder Totalität räumlich und zeitlich ineinander geschachtelter raum-zeitlicher Umgebungen, also das Universum, ist für uns kein einzelnes abgrenzbares Objekt. Beide Argumente aber behandeln das Universum so, als ob es das wäre. Etwas, das gar kein abgrenzbares Einzelobjekt ist, wie ein solches theoretisch zu analysieren, bezahlen wir mit Widersprüchen. Das ist Kants Diagnose.

Kehren wir zum Argumentationsmuster der Vernunftschlüsse zurück. Es schmuggelt wie selbstverständlich die Annahme ein, die vollständige Reihe der Bedingungen eines einzelnen Objekts sei selber einfach ein erkennbares Objekt unter anderen erkennbaren Objekten. Die Totalität aller Bedingungen eines bedingten Objekts können wir jedoch nie so durchlaufen, dass wir damit eines Tages fertig sind und Abschließendes über es und seine Grenzen wissen können. Das glückt nur bei einem Einzelobjekt. Für das Universum lässt sich Kants Diagnose mit folgendem Argument nachvollziehen:

1. Einzelobjekte und Einzelereignisse sind solche, die sich gegenüber einer raum-zeitlichen Umgebung abgrenzen lassen.

---

2. Also ist jede raum-zeitliche Umgebung selber nur ein Einzelobjekt, wenn sie in eine umfassendere raum-zeitliche Umgebung eingebettet ist, von der sie sich abgrenzen lässt.

3. Die Reihe aller räumlich und zeitlich ineinander geschachtelten raum-zeitlichen Umgebungen, also das Universum, hat selber per definitionem keine raum-zeitliche Umgebung mehr.

---

4. Also ist das Universum für uns kein Einzelobjekt.

Aber es gilt allgemeiner:

1. Etwas ist nur dann ein Einzelobjekt, wenn es gegen andere Einzelobjekte abgegrenzt werden kann.
2. Diese anderen Einzelobjekte bilden die raum-zeitliche und kausale Umgebung des betreffenden Einzelobjekts, sie bilden seine Bedingungen.

---

3. Also sind die Bedingungen eines Einzelobjekts selber nur dann ein Einzelobjekt, wenn auch sie sich wiederum gegenüber ihren Bedingungen abgrenzen lassen.
4. Die vollständige Reihe der Bedingungen hat aber selber keine Bedingungen, gegenüber denen sie sich abgrenzen lässt.

---

5. Also ist die totale Reihe aller Bedingungen von Einzelobjekten für uns selber kein Einzelobjekt.

Das unausrottbare Bedürfnis des Menschen, die Dinge als ein Ganzes zu Ende zu denken, ist das Geschäft der Metaphysik. Aber dieser Zwang treibt uns nach Kant in Widersprüche hinein. So erklärt Kant, warum es zum Streit der Philosophen kommen muss, warum ständig der eine Philosoph dem anderen widerspricht, ohne dass sie ihren Dissens irgendwann definitiv werden beigelegt haben.

18.3 Dialektik: Die Kontroverse als Modell der Wirklichkeit

Kant ist etwas sehr Wichtiges an der Philosophie aufgefallen. In der Philosophie ist es keine seltene Ausnahme, dass sich sowohl für eine These als auch für deren Negation mit guten Gründen argumentieren lässt. Für alle unverbrüchlichen Anhänger des Prinzips vom ausgeschlossenen Widerspruch ist der Streit der Philosophen ein

Symptom, dass mit der Philosophie etwas Grundsätzliches nicht stimmt. Dieser Streit schreit geradezu nach Abhilfe, und damit sind wir bei einer ersten Reaktion auf ihn:

(a) *Die Reformstrategie*: Die Philosophiegeschichte wimmelt von Versuchen, die Philosophie an Haupt und Gliedern so gründlich zu reformieren, dass aus ihr endlich eine Wissenschaft wird. Das Lied, das von Philosophen angestimmt wird, ist immer dasselbe: «Bis zu mir hat es die Philosophie noch nicht sehr weit gebracht. Doch ich stoße jetzt endlich das Tor zum goldenen Zeitalter der Philosophie als ‹strenger Wissenschaft› auf. Folgen die Philosophen meinen Vorschlägen, wird die Philosophie in Zukunft nicht mehr durch endlosen Streit gelähmt auf der Stelle treten, sondern gesichertes philosophisches Wissen wird stetig anwachsen.» Man könnte die Reformstrategie auch die «Ich-bin-der-wahre-Philosoph-Strategie» nennen.

Aus keinem dieser Reformversuche ist etwas geworden. Sie lieferten nichts anderes als willkommene Anlässe zu neuem Streit.

Eine spezielle «Reform»strategie hat Kant vorgeschlagen:

(b) *Kants Strategie*: Wir haben Kants Diagnose für den Streit der Philosophen gerade in Grundzügen skizziert. Die Philosophie wird nach Kant von bestimmten Fragen geradezu gequält. Doch mit allen Antwortversuchen muss die Philosophie scheitern, denn Antworten auf diese Fragen übersteigen die Erkenntnismöglichkeiten des Menschen. Dass die Philosophie diese Fragen zu beantworten vorgibt, ist also nichts als Anmaßung, die sich rächt. Die Philosophen verheddern sich in Widersprüchen. Kant verordnet der Philosophie deshalb, die von ihm diagnostizierten Erkenntnisgrenzen zu respektieren. Diese Medizin ist bitter für die Metaphysik, aber sie muss nach Kant geschluckt werden, weil anders der fruchtlose Dauerstreit in der Philosophie nie verstummen wird.

Es erübrigt sich fast festzustellen, dass Kant mit seiner Aufforderung an die Metaphysiker zur Selbstbescheidung nicht ungeteilte Zustimmung geerntet hat. Einer hat ihm besonders heftig widersprochen: Hegel.

> So fest der Meinung der Gegensatz des Wahren und des Falschen wird, so pflegt sie auch entweder Beistimmung oder Widerspruch gegen ein vorhandenes philosophisches System zu erwarten und in der Erklärung über ein solches nur entweder das eine oder das andere zu sehen. Sie begreift die Verschiedenheit der philosophischen Systeme nicht so sehr als fortschreitende Entwicklung der Wahrheit, als sie in der Verschiedenheit nur Widerspruch sieht.[74]

Das entscheidende Stichwort lautet «die Verschiedenheit der philosophischen Systeme als fortschreitende Entwicklung der Wahrheit». Der Streit der Philosophen wird nicht als Defizit oder Mangel beklagt, er wird als Mittel zur Wahrheit gutgeheißen. Das freilich lässt sich sehr unterschiedlich auslegen. Eine Lesart lautet:

(c) *Wahrheitsannäherung durch kontroverses Argumentieren*: Das philosophische Wissen entwickelt sich erst durch die kontroverse Diskussion der Philosophen zu immer höherem und besserem Wissen. Indem die Philosophen ihren Streit um These und Gegenthese, um Argument und Gegenargument produktiv austragen, nähert man sich der Wahrheit allmählich an.

Hier wird mehr behauptet, als dass ein einzelner Philosoph aus Kontroversen mit anderen Philosophen etwas lernen kann. Man kann voneinander lernen, ohne sich je zu einigen. Vielmehr soll sich aus dem Streit der Philosophen allmählich die Wahrheit herausbilden, die verschiedenen Philosophien sollen schließlich in dem endgültigen (Hegel würde sagen: «absoluten») philosophischen Wissen konvergieren. Die Kontroversen der Philosophen sind notwendige Durchgangsstadien zu der einen großen Wahrheit. Selbstverständlich, logisch ist nicht ausgeschlossen, dass irgendwann die «eine große Wahrheit der Philosophie» aus dem Streit der Philosophen wie Phönix aus der Asche aufsteigen wird. Diese Sicht auf den Streit der Philosophen hat freilich die gesamte bisherige Philosophiegeschichte gegen sich, und das ist nicht gerade wenig.

Hegels Auffassung war noch eine wesentlich radikalere. Wieder knüpfen wir daran an, dass die Philosophie eine Disziplin höherer Ordnung ist. Die Philosophie will in jede Beschreibung dessen, was in der Welt der Fall ist (oder sein soll), kohärent eine Beschreibung (und Erklärung) desjenigen einbeziehen, der erkennt und beschreibt, was in der Welt der Fall ist oder sein soll. Beschreibungen der Welt sind vom Standpunkt der Philosophie frühestens dann abgeschlossen, wenn auch die kognitiven Prozesse, die Welt zu erkennen, beschrieben, erklärt und nach Rationalitätsmaßstäben beurteilt sind. In diesem Sinne müssen aus der Sicht der Philosophie Beschreibungen der Welt *selbstreflexiv abgeschlossen* sein.

Es bietet sich eine einfache logische Möglichkeit an, nach der jede Weltbeschreibung immer selbstreflexiv abgeschlossen wäre: Die Wirklichkeit ist von ihrem Begriffenwerden durch Begriffe nicht zu trennen. Genau hier setzt Hegels kühne Spekulation an. Es beginnt sehr plausibel: Wir beziehen uns erkennend auf eine Welt. Wenn jemand einen Gegenstand als etwas erkennt und beschreibt, der so ist, wie er ist, unabhängig davon, ob er erkannt und beschrieben wird, ist es jedenfalls diese Person, die den Gegenstand so als etwas von ihr Unabhängiges erkennt und beschreibt. Für den Einzelnen als denkende Person ist es nicht möglich, auf etwas zu stoßen, das aus seinem Denken und seinen Beschreibungen gänzlich herausfällt. So weit, so gut. Dass es für einen denkenden Menschen nichts außerhalb seines Denkens und Beschreibens gibt, verallgemeinert Hegel zu einer kühnen (manche würden sagen tollkühnen) Spekulation: Es gibt überhaupt keine Wirklichkeit außerhalb des Begriffs. Wirklichkeit ist Realisierung eines Begriffs und kann deshalb der Möglichkeit nach auch immer vernünftig gedacht oder begriffen werden. Hegel bindet, aus Gründen, die hier nicht zu erörtern sind, den Begriff und seine Entwicklung nicht an das subjektive Denken menschlicher Personen. Er vertritt einen hochspekulativen «objektiven Idealismus». Diese Spekulation hat Konsequenzen für die Form des Wirklichen: S ist ein Teil oder ein Moment der Wirklichkeit genau dann, wenn S ein Sachverhalt der Form ist «p ist Teil der Entwicklung und Realisierung immer adäquaterer Begriffe». Das, was wir «Realität» nennen, gibt es nicht unabhängig von Begriffen und ihrer Realisierung.

Werden diese Überlegungen auf den Streit der Philosophen übertragen, eröffnet sich eine besondere Sichtweise auf den Streit:

1. Bei bestimmten Sachverhalten p streiten die Philosophen und bringen sowohl gute Gründe vor, dass p der Fall ist, als auch gute Gründe, dass p nicht der Fall ist.
2. Aus der bestimmten These p und ihrer bestimmten Negation nicht-p entwickeln sich nach den unter 18.1 dargestellten Strategien begrifflich präzisere Beschreibungen, in denen p und die Kritik an p aufgenommen («aufgehoben») sind. Sie stellen die Synthese von p und nicht-p dar.

---

3. Also entwickeln sich aus den kontroversen Diskussionen der Philosophen immer adäquatere Begriffe.
4. S ist ein Moment der Wirklichkeit genau dann, wenn S Teil einer Entwicklung und Realisierung immer adäquaterer Begriffe ist.

---

5. Also ist der vernünftige Streit unter Philosophen von These, Gegenthese und Synthese, von Argument, Gegenargument und Integration beider in einer höheren Beschreibung ein Modell für die Wirklichkeit (als Selbstentfaltung der Vernunft).

Diese spezielle Sicht auf den Streit der Philosophen, eine Sicht, die viel Ähnlichkeit mit der Hegels hat, nennen wir deshalb hier die

(d) *Hegelianische Sicht des Streits der Philosophen*: Wirklichkeit ist zu begreifen nach dem Strukturmodell einer kontroversen Argumentation von These, Gegenthese und Synthese.

Dass die kontroverse Argumentation von These und Gegenthese das richtige Strukturmodell für die Wirklichkeit ist, ist vielleicht die Kernaussage der Philosophen von Heraklit bis Adorno, die gerne als «Dialektiker» bezeichnet werden oder sich selber so nennen. Folgt daraus, dass Widersprüche entgegen der formalen Logik wahr sein können? Nicht unbedingt, wie der nächste Abschnitt zeigen wird. Doch für Hegel schon, und nicht nur für ihn. Für den zeitgenössischen Dialektiker Graham Priest etwa ist ein Widerspruch genau dann wahr, wenn sich sowohl p als auch nicht-p mit schlagenden Argumenten beweisen lassen. Genau in diesem Sinne gibt es auch für Hegel wahre Widersprüche.[75] Im Streit der Philosophen werden ja schlüssige Argumente für eine These T und zugleich schlüssige Widerlegungen, also Argumente für Nicht-T vorgebracht. Mit Hegel (und Priest) ließe sich also folgendermaßen argumentieren:

1. X ist genau dann der Fall, wenn mit guten Gründen, also vernünftig erkannt und beschrieben wird, dass X der Fall ist.
2. Bei bestimmten Sachverhalten p streiten Philosophen auf allen Seiten mit guten Gründen sowohl für p als auch für nicht-p.

---

3. Also gilt für bestimmte Sachverhalte p, dass p der Fall ist und zugleich nicht der Fall ist.

Wir können uns in die Frage, welche Widersprüche im Einzelnen von Hegel, Priest oder anderen Dialektikern für wahr gehalten werden, hier nicht weiter vertiefen. Nur so viel sei noch einmal betont: Zwingende Gründe, Widersprüche für wahr zu halten, kann es nicht geben. Selbst dort, wo Dialektiker glauben, Situationen und Problemkonstellationen durch wahre Widersprüche beschreiben zu müssen, lassen sich solche Situationen oder Problemkonstellationen immer auch im Einklang mit dem Prinzip vom ausgeschlossenen Widerspruch analysieren. Man wird dann insbesondere die in 18.1 beschriebenen vier Strategien anwenden. Für mich selber ist die Preisgabe des Prinzips vom ausgeschlossenen Widerspruch in keinem Falle attraktiv.

Das Thema Widersprüche hat noch eine andere philosophisch interessante Facette, die in einem Buch über das philosophische Argumentieren nicht ausgespart werden sollte, so genannte «reale Widersprüche».

18.4 «Reale Widersprüche»

Einige Philosophen verstehen unter «Dialektik» die Theorie, wonach es in der Welt «Realwidersprüche» gibt. Damit meinen sie nicht, dass in der Welt sich logisch ausschließende Sachverhalte bestehen, also logisch widersprüchliche Aussagen wahr sind. Vielmehr haben die «Realdialektiker» vor Augen,

(a) dass es in der Welt Prozesse gibt, die einen Zustand in sein Gegenteil verkehren (der frühere und der spätere gegenteilige Zustand schließen sich in dem Sinne logisch aus, dass sie nicht gleichzeitig bestehen könnten);
(b) dass sich zwischen den Absichten und Zwecken menschlichen

Handelns und den gegenteiligen faktischen Wirkungen, die das Handeln tatsächlich hervorbringt, ein Gegensatz («Widerspruch») auftut.

So sprechen manche Philosophen von der «Dialektik der Aufklärung» oder der «Dialektik der Moderne». Wir sollten uns das etwas genauer anschauen.

Die Welt steckt aus der Perspektive des um sein Glück besorgten Menschen voller physischer und moralischer Übel. Im christlich geprägten Abendland herrschte allerdings mindestens bis an die Schwelle zur Neuzeit die Vorstellung vor, dass der Mensch sich und die Welt nicht aus eigener Kraft erlösen kann, ja dass es Zeichen seiner Sündhaftigkeit ist, will der Mensch sich selbst erlösen. Erlösung wird dem Menschen als Gnade Gottes zuteil. Dieser christliche Erlösungsglaube hat inzwischen in den hoch industrialisierten Ländern sehr stark an Überzeugungskraft eingebüßt. Erlösungshoffnungen projizieren viele dagegen nun auf Wissenschaft und Technik. Es kennzeichnet unter anderem die Moderne, dass sie von der Hoffnung und dem Impetus getragen ist, dass sich mit Hilfe der Wissenschaften und der wissenschaftlich basierten Technik und einer «rationalen», durch Wissenschaft angeleiteten Politik die politischen, sozialen und kulturellen Verhältnisse allmählich zum immer Besseren hin wenden lassen. Man kann an diesem «Projekt der Moderne» Folgendes konstatieren:

- Einerseits kommen Menschen gar nicht umhin, größte Anstrengungen gegen die Übel in der Welt zu unternehmen. Das war und ist eine der wichtigsten Triebfedern aller kulturellen Entwicklungen und Errungenschaften des Menschen. Diesen Kampf einzustellen, käme einer moralischen Selbstaufgabe und dem Rückfall in die reine Barbarei gleich.
- Andererseits produziert der Mensch im Kampf gegen die Übel in der Welt in Wahrheit immer auch neue Übel, ja mehr noch: je fanatischer und unbedingter er gegen die Übel in der Welt anzugehen versucht, desto stärker kann dieses Projekt in das Gegenteil umschlagen. Gerade die Geschichte der Moderne kennt viele dramatische Beispiele (z.B. die Französische Revolution von 1789–94) für diese «Dialektik» des Kampfes von Menschen gegen die Übel in der Welt.

«Dialektik der Moderne» meint also einen Prozess, der, mit den besten Absichten von Menschen in Gang gesetzt, sich in das Gegenteil des ursprünglich Beabsichtigten zu verkehren droht. Der Ideenhistoriker John Gray drückt das so aus:

> Die Ideengeschichte gehorcht dem Gesetz der Ironie. Ideen haben Folgen; doch sind diese Folgen selten die von den Urhebern erwarteten oder gewünschten, und niemals nur die. Sehr oft sind es genau die gegenteiligen. [...] Jeder der bezweifelt, dass der revolutionäre Terror eine moderne Erfindung ist, lässt die jüngere Geschichte außer Acht. Die Sowjetunion war ein Versuch, das aufklärerische Ideal von einer Welt ohne Macht und Konflikt umzusetzen. Im Namen dieses Ideals wurden dort zig Millionen Menschen getötet und versklavt. Nazideutschland beging den schlimmsten Genozid in der Geschichte. Und zwar mit dem Ziel, eine neue Art Mensch zu züchten. Kein früheres Zeitalter hat solche Projekte hervorgebracht. Die Gaskammern und die Gulags sind moderne Erscheinungen.[76]

Stanislaw Lem analysiert diese prekäre «Dialektik» am Beispiel der «Technologiefalle», die er mit folgenden Worten charakterisiert:

> Sie ist das sozial-existentielle Resultat einer breiten Anwendung derartiger technogener Operationen, das in der Entstehungsphase unbemerkt, gesellschaftlich schlecht oder überhaupt nicht vorhersehbar, in der Phase zunehmender Anwendungen dann unumkehrbar ist, wobei sich die erhofften Vorteile seiner Verbreitung in eine ein- und mehrdimensionale Katastrophe verkehren, die immer offensichtlicher wird und von eben jenen mächtigen Entscheidungsträgern immer schwieriger zu stoppen ist, denen wir seine proliferativen Ausmaße und seine überwältigende Schädlichkeit «verdanken».[77]

So wie Gray und Lem argumentieren viele, und man nennt solche Argumente oft «dialektisch». Was Gray für die Wirkung politischer Ideen und Lem für die technologischen Eingriffe in die Natur im Blick hat, lässt sich noch allgemeiner vielleicht durch folgendes «dialektische» Argument begründen:

1. Die Dynamik der allermeisten Vorgänge im Universum und in der menschlichen Gesellschaft ist nicht-linear: Kleine Veränderungen bewirken unvorhersehbar und unerwarteterweise große Veränderungen.

2. Außerdem setzen sich die allermeisten Entwicklungen aus vielen Faktoren und sich überlagernden oder miteinander wechselwirkenden Faktoren zusammen.
3. Nicht-Linearität und Unübersichtlichkeit verhindern zuverlässige und vor allem langfristig genaue Prognosen.
4. In die Komplexität und Unübersichtlichkeit natürlicher und sozialer Prozesse sind insbesondere kollektive politische und technologische Handlungen einbezogen.

---

5. Also haben kollektive politische und technologische Handlungen stets unvorhergesehene und oftmals nicht gewollte «Neben»wirkungen.

---

6. Selbst wenn alle Menschen nur die besten Absichten hätten, kollektiv produzieren die Menschen immer an bestimmten Stellen in der Welt neue Übel, indem sie Übel an anderen Stellen beseitigen.

Betrachten wir gleich noch ein anderes Beispiel. Die Analysen der menschlichen Existenz, die der dänische Philosoph Sören Kierkegaard vorgelegt hat, werden als «dialektisch» bezeichnet. In seinem berühmten Buch «Entweder-Oder»[78] untersucht er auf literarisch höchst kunstvolle und anspruchsvolle Weise das, was er die «ästhetische Lebensform» nennt. Der Ästhetiker sucht sein Glück allein in der Befriedigung sinnlicher Bedürfnisse. Es kommt ihm in erster Linie auf die Lust an, die er im Augenblick der Befriedigung sinnlicher Bedürfnisse empfindet.

Man kann die ästhetische Lebensform zunächst «undialektisch» betrachten: Wird ein sinnliches Bedürfnis befriedigt, schafft das Lust, bleibt es unbefriedigt, schafft das Unlust. Lust und Unlust sind Gegensätze, sie schließen einander aus. Lust ist gut, Unlust ist schlecht, Lust wird gesucht, Unlust wird gemieden. Wer Lust sucht und Unlust meidet, wird versuchen, möglichst in jedem Augenblick irgendein sinnliches Bedürfnis zu befriedigen und dadurch Lust zu empfinden. Die ästhetische Lebensform ist vollkommen realisiert, befindet sich jemand ununterbrochen im Zustand höchster Lust.

Diese Sichtweise ist nun nach Kierkegaard, dem Dialektiker der menschlichen Existenz, in höchstem Maße naiv, einseitig und unrealistisch. Nicht nur begrifflich setzen sich Lust und Unlust, Befriedigung eines sinnlichen Bedürfnisses und seine Frustration wechselseitig voraus. Vielmehr gibt es psychologisch für das bewusste Erleben keine Lust ohne Unlust. Befriedigung eines sinnlichen Bedürfnisses wird nur dann als Lust erfahren und erlebt, wenn sich dieses Bedürfnis zunächst als (noch) nicht befriedigtes zu Wort gemeldet hat. Und in jedem Moment einer Befriedigung beginnt auch schon die nächste Phase der Frustration dieses oder eines anderen Bedürfnisses, und damit beginnt unweigerlich die nächste Phase der Unlust. Die Lust kann nicht auf Dauer gestillt werden. Die Befriedigung eines Bedürfnisses erweckt das Bedürfnis nach Abwechslung oder nach Steigerung der Bedürfnisbefriedigung. So ist die Unlust der ewige Komplize der Lust. Und so wird derjenige, der weiß, dass die Lust notwendig in neuer Unlust endet, die Befriedigung eines Bedürfnisses und damit die Lust hinauszuzögern versuchen: die Erwartung der Lust wird selber zur Lust, zur Vorlust, und ist doch zugleich Unlust, weil reale Frustration eines sinnlichen Bedürfnisses. Die Lust als reale Befriedigung eines sinnlichen Bedürfnisses und die bloß erwartete, imaginierte, phantasierte Befriedigung eines sinnlichen Bedürfnisses gehen auf eigentümliche Weise ineinander über. Das Verlangen nach Steigerung der Lust ist zugleich der sichere Weg in die permanente Unlust. Gesteigerte Lust bringt gesteigerte Unlust mit sich, und die Lusterwartungen werden immer höher geschraubt und lassen sich immer weniger befriedigen. Reale Befriedigung eines sinnlichen Bedürfnisses bleibt aus und ist nur noch in der Erinnerung und dem Bewusstsein einer unwiederbringlichen Vergangenheit der Lust oder in der irrealen Erwartung einer nie mehr Wirklichkeit werdenden zukünftigen möglich. Oder noch schlimmer: Man lebt nur noch in der Erinnerung, und die Erinnerung vergegenwärtigt die unwiderruflich verpassten Augenblicke der Lust, die höchste Form des Unglücks. Das Streben nach Lust als psychologisches Movens der ästhetischen Lebensform endet im «unglücklichen Bewusstsein».

Für Kierkegaard ist die ästhetische Lebensform unweigerlich zum Scheitern verurteilt. Das liegt nicht an kontingenten äußeren Umständen, die die Befriedigung sinnlicher Bedürfnisse immer wieder vereiteln. Selbst im Schlaraffenland, wo es keine äußeren Hindernisse für die Bedürfnisbefriedigung mehr gäbe, würde die ästhetische Lebensform scheitern. Es gibt einen tieferen Grund als äußere Umstände. Es ist die «innere Widersprüchlichkeit» der Lust, die unentrinnbare Einheit von Lust und Unlust, die der ästhetischen Lebensform zum Verhängnis wird.

1. Die ästhetische Lebensform will Lust und Steigerung der Lust auf Dauer stellen.
2. Lust ist aber weder begrifflich noch psychologisch ohne Unlust möglich.
3. Die Steigerung der Lust steigert die Unlust und lässt es immer unwahrscheinlicher werden, die Unlust durch gesteigerte neue Lust immer wieder erneut übertrumpfen zu können.

---

4. Also ist die ästhetische Lebensform zum Scheitern verurteilt. Das Unglücklichsein behält das letzte Wort in der ästhetischen Lebensform.

Solche dialektischen Analysen spielen in vielen Bereichen der Philosophie eine große Rolle. Sie gehorchen einem sehr einfachen Argumentationsmuster:

Argumentationsmuster für so genannte «real»dialektische Argumente

1. Um das an sich positive Ziel Z vollständig zu erreichen, ist es notwendig, den Prozess P in Gang zu setzen oder zu befördern.
2. Der Prozess nimmt aber aus tief liegenden und nicht zu verhindernden Gründen einen Verlauf, der sich schließlich gegen Z selber wendet.

---

3. Also bewirkt der Versuch, das Ziel Z vollständig zu erreichen, am Ende das Gegenteil. Man sollte nie versuchen, Z vollständig zu realisieren.

19. Der Streit der Philosophen

Mit dem Streit der Philosophen, schon in 18.2 und 18.3 thematisiert, sind wir noch nicht fertig. Er ist außerordentlich irritierend: Philosophen sind sich fast nie einig, obwohl sie den Anspruch erheben, dass sie alle ihre Behauptungen durch Argumente begründen. Manche Philosophen bescheinigen sich selber, sogar in der Philosophie streng nach Art der Mathematik zu beweisen. Spinoza nannte das «more geometrico». Aber auch jenseits dieser Extremposition gilt: Wer argumentiert, vertraut auf den «zwanglosen Zwang des besseren Arguments» (Habermas). Bilden die Philosophen eine Argumentationsgemeinschaft, sollte die Einigkeit unter ihnen eigentlich blühen. Warum ist das Gegenteil der Fall?

19.1 Ein Panorama der Welt im Großen und Ganzen

Für Kant ist die Moralität des Menschen nicht denkbar, ohne dass der Mensch einen freien Willen hat, auch ist für ihn die Vereinigung von Moralität und Glück nicht denkbar, ohne dass Gottes heiliger Wille die letzte Ursache der Natur ist und wir Menschen eine unsterbliche Seele haben. Zugleich sieht Kant hellsichtig, dass die Newtonsche Physik den großen metaphysischen Annahmen der Willensfreiheit, des Daseins Gottes und der Unsterblichkeit der Seele den Boden entzieht. Für ihn bleibt nur ein Ausweg aus dem Dilemma, einerseits nicht mit den empirischen Wissenschaften in Konflikt zu geraten, andererseits die Annahmen von Freiheit, Gott und Unsterblichkeit nicht den Wissenschaften opfern zu müssen. In der «Kritik der reinen Vernunft» habe er, wie Kant es selber formuliert, «das Wissen aufheben müssen, um zum Glauben Platz zu bekommen».[79] Er begrenzt das Wissen streng auf die Erscheinungen und versucht im Abschnitt über die transzendentale Dialektik zu entfalten, dass die Willensfreiheit, das Dasein Gottes und unsere Unsterblichkeit weder zu beweisen noch zu widerlegen sind. So schafft er Platz für den vernünftigen Glauben an Freiheit, Gott und Unsterblichkeit. Wie rechtfertigt Kant den Glauben an das Dasein Gottes?[80]

1. Es ist ein Gebot der reinen praktischen Vernunft, das höchste Gut zu wollen.
2. Das höchste Gut schließt die Glückseligkeit ein, und die Glückseligkeit besteht in der notwendigen Übereinstimmung des Willens einer Person mit der Natur.

---

3. Also ist es ein Gebot der reinen praktischen Vernunft, die Übereinstimmung von Willen und Natur zu wollen.

4. Die notwendige Übereinstimmung von Natur und vernünftigem Willen ist nur möglich, wenn es eine allmächtige Intelligenz gibt, deren heiliger Wille und Verstand letzte Ursache der Natur ist, mithin wenn es Gott gibt.
5. Der Mensch kann nicht von sich aus die Übereinstimmung von Natur und Willen bewirken.

---

6. Also ist die Übereinstimmung von Natur und vernünftigem Willen nur möglich, wenn es eine allmächtige Intelligenz gibt, deren heiliger Wille und Verstand letzte Ursache der Natur ist, mithin wenn es Gott gibt.
7. Die Annahme, dass es Gott gibt, ist logisch widerspruchsfrei und verträglich mit dem wissenschaftlichen Erfahrungswissen, dessen Geltung erkenntnistheoretisch auf die Welt der Erscheinungen begrenzt wird.
8. Wenn die reine praktische Vernunft X zu wollen gebietet, X zu erreichen aber voraussetzt, dass Y der Fall ist, dann ist es vernünftig zu glauben, dass Y der Fall ist, vorausgesetzt, diese Annahme wird nicht bereits aus logischen Gründen oder durch das wissenschaftliche Erfahrungswissen widerlegt.

---

9. Also ist es vernünftig, an das Dasein Gottes zu glauben.[81]

Den so begründeten Glauben versteht Kant natürlich realistisch. Nicht als moralisch unverzichtbarer Fiktion redet Kant dem Glauben an Gott das Wort. Dafür zu argumentieren, dass es vernünftig ist, an das Dasein Gottes zu glauben, heißt natürlich, für das Dasein Gottes zu argumentieren. Insofern legt Kant einen «moralischen Beweis» für die Existenz Gottes vor, auch wenn wahr bleibt, dass wir nicht im kantischen Sinne wissen, nämlich durch Erfahrung wissen können, ob Gott existiert. Auf diese Weise gelesen irritiert das Argument. Denn wenn man einmal von allen Details absieht, so folgt diese Überlegung Kants dem folgenden Argumentationsmuster:

1. Nach der praktischen Vernunft soll X der Fall sein.
2. X kann nur dann der Fall sein, wenn Y in der Welt der Fall ist.

---

3. Also ist Y in der Welt der Fall.

Selbstverständlich ist nicht etwas deshalb schon der Fall, weil es nach Geboten der Vernunft der Fall sein soll. Freilich, dieser Fehlschluss lässt sich durch geschickte Formulierung kaschieren, und solche Formulierungen finden sich gelegentlich bei Kant:

1. Nach der praktischen Vernunft ist X möglich.
2. X ist nur dann möglich, wenn Y in der Welt der Fall ist.

---

3. Also ist Y in der Welt der Fall.

Das klingt lediglich logisch einwandfrei, ist es aber nicht, denn der modale Ausdruck «möglich» schwankt in der ersten Prämisse unentschieden zwischen einer deskriptiven und einer normativen Lesart, während er in der zweiten Prämisse eindeutig deskriptiv im Sinne einer notwendigen Bedingung gemeint ist. Doch wird dieser etwas windige Rettungsversuch von Kant selber hintertrieben, wenn er in der «Kritik der praktischen Vernunft» sagt:

> ... zugestanden, dass das reine moralische Gesetz jedermann, als Gebot (nicht als Klugheitsregel), unnachlaßlich verbinde, darf der Rechtschaffene wohl sagen: ich will, dass ein Gott, dass mein Dasein in dieser Welt, auch außer der Naturverknüpfung, noch ein Dasein in einer reinen Verstandeswelt, endlich auch dass meine Dauer endlos sei, ich beharre darauf und lasse mir diesen Glauben nicht nehmen.[82]

Jetzt scheint das Argument dem Muster zu gehorchen:

1. Als vernünftige moralische Person will ich, dass X der Fall ist.
2. X ist nur dann möglich, wenn Y in der Welt der Fall ist.

---

3. Also will ich, dass Y der Fall ist, und den Glauben daran lasse ich mir nicht nehmen.

Ist Kants «Vernunftglaube» an Gott ein krasser Fall von Wunschdenken? Ist es nicht ein Etikettenschwindel, diesem Wunschdenken auch noch den Anstrich eines Arguments zu geben? Warum hält Kant die Frage, was in der Welt der Fall ist, und die Frage, was der Fall sein sollte, nicht logisch sauber auseinander?

Kant ist konfrontiert mit bestimmten Auskünften der Einzelwissenschaften über das, was in der Welt der Fall ist. Er fragt: Passen diese Auskünfte der Wissenschaften über die Welt dazu, wie wir Menschen uns selber verstehen, verstehen wollen oder moralisch verstehen sollen? Kann die Welt wirklich oder ausschließlich bestimmte Eigenschaften besitzen, von denen wir im Alltag glauben, dass die Welt sie aufweist, oder von denen die Wissenschaften behaupten, dass sie der Welt zukommen, wo es uns doch selber als Teil eben dieser Welt gibt und wir uns selber auf eine bestimmte Art und Weise erleben und begreifen? Wo so gefragt wird, dort lässt sich die Frage nicht mehr vermeiden, wie wir uns selber sehen wollen oder begreifen sollen. Wir fragen nach Glück und Moralität in unserem Leben oder, um einen anderen wichtigen Terminus aufzugreifen, wir fragen nach dem «guten Leben». Insofern hat Ursula Wolf Recht,

> dass die Philosophie, will sie ein lohnendes Unterfangen sein, in der Tat durch die Frage nach dem guten Leben geleitet sein muss. Das braucht nicht in dem engen Sinn verstanden zu werden, dass jede philosophische Untersuchung diese Frage direkt zum Thema haben sollte. Es genügt zu sagen, dass die Frage nach dem guten Leben jedenfalls der Horizont ist, in dem jede speziellere philosophische Frage im Prinzip steht.[83]

Es verwundert daher eigentlich nicht, dass in die deskriptiven Fragen der Philosophie ständig normative Fragen hineinspielen und umgekehrt. Wie muss die Welt sein, damit wir als Teil dieser Welt diejenigen sein können, die wir sind und sein wollen und sollen? Der modale Ausdruck «müssen» in der Frage «Wie muss die Welt sein» legt sich ebenso wenig auf eine eindeutig deskriptive oder eindeutig normative Lesart fest wie die Wendung «wer wir sind und wer wir sein wollen und sollen».

In Kants Lehre vom «Dasein Gottes als eines Postulats der reinen praktischen Vernunft» interferieren ganz offenkundig deskriptive und normative Fragen. In anderen Philosophien ist das weniger oder gar nicht offenkundig, jedenfalls nicht auf den ersten Blick. Aber das heißt nicht, dass nicht auch in diesen Philosophien die Frage, wie die Welt ist, unauflöslich liiert ist mit normativen Vorstellungen von uns selbst.

Betrachten wir ein weiteres Beispiel. Für Kant ist es undenkbar, wir Menschen seien nichts anderes als eine Ansammlung von Atomen. So vom Menschen zu denken, widerstreitet für Kant der Würde des Menschen. Nicht alle Philosophen sehen das so. Zum Beispiel Epikur nicht. Für Epikur handelt die Philosophie erklärtermaßen nur vom guten Leben, von der Glückseligkeit des Menschen. So definieren die Epikuräer die Philosophie sehr schön als die

> Tätigkeit, die durch Argumentation und Diskussion das glückselige Leben verschafft.[84]

Nach Epikur kann der Mensch in dieser empirischen Welt glückselig leben. Der Mensch muss nur die drei verschiedenen Quellen der Unlust ausschalten, die Furcht, die Begierden und die körperlichen Schmerzen. Der Philosophie kommt es zu, durch einsichtsvolles Nachdenken von der Furcht und den Begierden zu befreien. Nach Epikur fürchten sich Menschen vornehmlich vor den Göttern und dem Tod.

Nun müssen ohne Zweifel bestimmte Bedingungen erfüllt sein, damit sich ein glückseliges Leben verwirklichen lässt. Erstens: Das Naturgeschehen muss vollständig aus sich heraus zu verstehen und zu erklären sein. Wir benötigen eine Naturwissenschaft, die nicht mit dem Eingriff göttlicher Wesen rechnet, denn die Furcht vor den Eingriffen der Götter vertreibt die Seelenruhe. Zweitens: Die Welt darf nicht nach einem Plan von einem intelligenten Wesen geschaffen worden sein, denn dann würde dieses intelligente Wesen weiterhin ein Interesse am Lauf der Dinge haben, und dann müssten wir doch damit rechnen, dass es in den Lauf der Dinge eingreift, und diese Erwartung schaffte Unruhe und störte den Seelenfrieden. Drittens: Das Universum muss aus der Perspektive des Menschen sinn- und zwecklos sein, es darf den Menschen eigentlich nichts angehen, nur dann kann er sich auf sein inneres Glück konzentrieren. Viertens: Es darf keine immateriellen Dinge geben, die vom allgemeinen Entstehen und Vergehen ausgenommen sind, insbesondere sollte die menschliche Seele keine unsterbliche immaterielle Substanz sein. Dass wir mit dem Tod endgültig empfindungslos werden, darüber müssen wir uns nach Epikur nur klar werden, um die Furcht vor dem Tode zu überwinden. Fünftens: Das Naturgeschehen muss strengen Gesetzmäßigkeiten unterworfen sein. Nur dann ist die Natur berechenbar und verhält sich konstant, nur dann können wir uns auf sie verlassen und nur dann wird dem Gleichlauf der Natur die unaufgeregte Gleichmütigkeit eines ruhigen Seelenlebens entsprechen können.

Diese fünf Bedingungen entspringen unmittelbar Epikurs Idee der Glückseligkeit, und durch sie wird nun auch der Atomismus für Epikur zum Thema. Dass diese notwendigen Bedingungen für ein glückseliges Leben in der Tat erfüllt sind, beweist und erklärt für Epikur nämlich am besten der Atomismus. Hinter Epikurs Überlegungen scheint somit ein einfaches Argument zu stehen:

1. Wenn der Atomismus wahr ist, dann sind wichtige notwendige Bedingungen für ein glückseliges Leben erfüllt.
2. Der Atomismus ist wahr.

---

3. Also sind wichtige notwendige Bedingungen für ein glückseliges Leben erfüllt.

Doch woher glaubte Epikur zu wissen, dass der Atomismus wahr ist? Die griechische Naturwissenschaft hat die Existenz der Atome niemals experimentell nachgewiesen und konnte es auch gar nicht. Epikur beruft sich auf den Atomismus denn auch nicht als naturwissenschaftliches Forschungsresultat. Nein, vermutlich war Epikur nur deshalb Atomist, weil er mit ihm glaubte beweisen zu können, dass ein glückseliges Leben möglich ist. Wenn das so ist, wenn Epikur Atomist ist, weil der Atomismus so vortrefflich seiner Vorstellung von Glückseligkeit in die Hände spielt, dann lassen sich Epikurs Überlegungen in folgender Weise nachzeichnen: Zunächst fragt sich Epikur, wie die Natur beschaffen sein müsste, damit Menschen glückselig leben können. Er antwortet mit Bedingungen, ohne die ein glückseliges Leben undenkbar ist. Und er entdeckt nun, dass diese Bedingungen gerade erfüllt sind, falls der ihm von Leukipp und Demokrit her als spekulative Theorie bekannte Atomismus wahr ist. Wenn sonst nichts gegen den Atomismus spricht und wenn es auch schon Beispiele für glückselig lebende Weise gibt, warum soll man dann nicht die Wahrheit des Atomismus annehmen? Hinter Epikurs Überlegungen steht somit ein Schluss auf die beste Erklärung zugunsten des Atomismus:

1. Mit der Atomtheorie kann am besten erklärt werden, dass für das glückselige Leben wichtige notwendige Bedingungen in der Natur erfüllt sind.
2. Das glückselige Leben ist möglich.

↓

Schluss auf die beste Erklärung

↓

3. Also ist der Atomismus wahr.

Nun fällt auf, wie ähnlich im Grunde Kant und Epikur argumentieren. Bei Kant hieß es: Ich als rechtschaffene, dem Sittengesetz verpflichtete Person will, dass Gott die letzte Ursache der Natur ist. Bei Epikur heißt es jetzt: Ich, Epikur, wünsche mir, dass das glückselige Leben als möglich nachgewiesen wird; aus dem Atomismus ergibt sich, dass das glückselige Leben möglich ist, also halte ich den Atomismus für wahr und lasse mir meinen Glauben an ihn auch nicht nehmen. Wie bei Kant schwankt der Ausdruck «möglich» in der zweiten Prämisse des Arguments von Epikur zwischen einer deskriptiven und einer normativen Lesart. Wie Kant scheint auch Epikur sein Argument durch diese Zweideutigkeit gründlich logisch zu verderben.

Ist eine logisch unzulässige Argumentationsweise der Preis, den Philosophen zu zahlen haben, weil sie die deskriptiven Feststellungen über das, was in der Welt der Fall ist, und die normativen Feststellungen über das, was in der Welt der Fall sein soll, auf eine eigentümliche Weise nicht strikt auseinander halten können, ja mehr noch, nicht auseinander halten wollen?

Nicht jeder Philosoph denkt so wie Epikur. Vielen Philosophen ist die Vorstellung zuwider, die Welt und damit wir selber bestünden nur aus Atomen. Vielleicht denken diese Philosophen, dass wir uns nicht als freie und damit moralisch verantwortlich handelnde Personen begreifen können, sollten wir tatsächlich nichts anderes als eine Ansammlung von Atomen sein. Freilich, es gibt da die Ergebnisse der modernen Wissenschaften. Will man sich wirklich über sie hinwegsetzen? Und schon ist man in das Dilemma gerutscht, von der Idee der Freiheit und der moralischen Verantwortung nicht abrücken zu wollen, ohne die Ergebnisse der modernen Wissenschaft ernsthaft leugnen zu können.

Diesem Dilemma sind wir schon einmal bei Kant begegnet. Doch Kants Lösung ist nur eine unter vielen. Ein Philosoph muss nur mit theoretischer Phantasie die Alternativen erkennen und sie mit einiger intellektueller Kühnheit ergreifen. Denken wir uns also einen Philosophen, der unbedingt an der These glaubt festhalten zu sollen, der Mensch sei etwas anderes als eine Anhäufung von Elementarteilchen. Dann scheint er erst einmal die moderne Physik gegen sich zu haben, die das glatte Gegenteil sagt. Aber müssen wir wirklich wählen zwischen der Scylla, den Menschen auf wechselwirkende Elementarteilchen zu reduzieren, oder der Charybdis, sich in Widerspruch zur modernen Physik zu setzen? Man könnte das Dilemma so umschiffen:

1. In der Welt, so scheinen uns die Wissenschaften zu beweisen, besteht alles aus Elementarteilchen.
2. Wenn alles aus Elementarteilchen bestünde, wären auch wir nur Ansammlungen von Elementarteilchen.
3. Wären wir nur Ansammlungen von Elementarteilchen, so wären wir nicht frei.
4. Wären wir nicht frei, so wären wir keine moralisch für ihr Handeln verantwortlichen Personen.
5. Wir dürfen aber nicht daran rütteln, dass wir für unser Handeln moralisch verantwortlich handelnde Personen sind.

---

6. Also kann und sollte es eigentlich nicht wahr sein, dass wir auf Wechselwirkungen von Elementarteilchen zu reduzieren sind.
7. Die Rolle, die die Elementarteilchen zur Erklärung der Phänomene spielen, bleibt unberührt, falls sie nur fiktionale Elemente in den theoretischen Modellen der Physik sind. Eine Theorie zu akzeptieren, heißt, sie für empirisch adäquat zu halten, und das schließt nicht ein, sie für eine wortwörtlich wahre Beschreibung der Wirklichkeit zu halten.[85]
8. Es ist mit der Vorstellung von uns als freie und moralisch für ihr Handeln verantwortliche Personen verträglich, bestimmte Aspekte unseres körperlichen Daseins mit den Modellen der Elementarteilchenphysik zu erklären.

---

9. Also existieren Elementarteilchen nicht wirklich; vielmehr sind sie

fiktionale Komponenten in theoretischen Modellen zur Erklärung von beobachtbaren Makrophänomenen.

---

10. Also sind wir Menschen mehr und etwas anderes als ein bloßes Zusammenspiel von Elementarteilchen.

Vermutlich ist dieser moralische Kontext für den Anti-Realismus ungewohnt. Aber er ist keineswegs an den Haaren herbeigezogen. Theoretische Philosophen sind inzwischen nur nicht mehr daran gewöhnt, die Frage nach dem guten Leben als Hintergrund, wie Ursula Wolf sagt, philosophischer Überlegungen immer mitzubedenken. Würden sie das konsequent tun, würden sie bemerken, wie wirkungsmächtig diese Frage aus dem motivationalen Off das argumentative Geschehen auf der öffentlichen philosophischen Bühne oftmals souffliert.

Halten wir fest: Im Mittelpunkt einer guten und großen Philosophie steht eine Vision von der Welt im Großen und Ganzen und unserer Stellung in ihr. Ein Philosoph entwickelt ein metaphysisches Panorama mit Blick auf die Leitfrage, wie wir die Welt und uns selbst einerseits als Teil dieser Welt, andererseits als Wesen mit einem ganz bestimmten Selbstverständnis kohärent zusammen denken können.

19.2 Quines Maxime

Philosophen, das haben unsere bisherigen Beispiele illustriert, sind oftmals weder willens noch in der Lage, zwischen deskriptiven und normativen Feststellungen über die Welt strikt zu trennen. Wenn ein Philosoph will, es möge X in der Welt der Fall sein, so muss der Philosoph auch Y wollen, falls X nicht ohne Y der Fall sein kann. Zu glauben, Y sei der Fall, nur weil Y eine notwendige Bedingung für etwas ist, was man will, ist jedoch Wunschdenken. An dieser Stelle nun kommt dem zwischen Wunsch und harter Realität eingeklemmten Philosophen ein bemerkenswertes Prinzip zu Hilfe. Nach diesem Prinzip kann man an jeder These über die Welt festhalten, wenn man nur will. Dieses Prinzip hat Quine unmissverständlich klar und einfach formuliert:

> Jede beliebige Aussage kann als wahr aufrechterhalten werden, was da auch kommen mag, wenn wir nur anderweitig in dem System ausreichend drastische Änderungen vornehmen.[86]

Zu Recht behauptet Quine, dass wir keine isolierten Meinungen ausbilden, sondern viele Meinungen, die untereinander hinreichend logisch vernetzt sind. Quine vergleicht unser Meinungsnetz mit einem Kraftfeld, dessen Ränder von unseren Sinneserfahrungen gebildet werden. Im Zentrum des Meinungsnetzes stehen generelle Prinzipien, die wir nur im äußersten Notfall aufgeben würden. Je weiter Meinungen vom Zentrum entfernt sind, desto erfahrungsnäher sind diese Meinungen und desto eher verabschieden wir uns von ihnen, falls uns Diskrepanzen zwischen den Erfahrungen am Rande und den Meinungen mehr in der Mitte dazu drängen. Denn was wir brauchen, ist ein Meinungsnetz, das intern kohärent ist und an den Rändern mit den Beobachtungsdaten im Einklang steht.

> Ein Konflikt mit der Erfahrung an der Peripherie führt zu Anpassungen im Inneren des Feldes.[87]

Muss die gestörte Balance zwischen der Kohärenz der Meinungen und der empirischen Adäquatheit des Netzes wieder ins Lot gebracht werden, kann jede Aussage zur Disposition gestellt werden, selbst die Prinzipien der Logik, wie Quine vielleicht allzu kühn meint. Jede Aussage kann im Prinzip widerlegt werden. Philosophen sprechen von «*Fallibilismus*». Aber die Kehrseite des Fallibilismus erlaubt gerade, jeder Aussage die Treue zu halten, wenn man nur seinen Tribut für die Kohärenz des gesamten Meinungsnetzes mit anderen Aussagen bezahlt.

Quine begründet seine These nicht, was in seinem Falle kaum verwundert. Immerhin ist er so radikal, dass er sogar Prinzipien der Logik zu opfern bereit ist. So weit wollen viele nicht gehen. Die Logik ist für sie sakrosankt. Akzeptiert man nur, dass es außer logisch oder begrifflich-definitorischen Aussagen keine Aussagen gibt, die man mit guten Gründen als notwendig wahre Aussagen auszeichnen kann (und wir haben im Abschnitt 11 für diese Auffassung argumentiert), lässt sich Quines These verteidigen, ohne die Logik anzutasten:

1. Annahme um des Arguments willen: *Es gibt einen logisch widerspruchsfreien Satz S, der aufgegeben werden muss, weil er mit bestimmten anderen Sätzen S_1, …, S_n konfligiert.*

---

2. Wenn die Annahme gilt, dann ist die Aussage «S_1 und … und S_n und S» logisch widersprüchlich, aber keine der Aussagen S_1, …, S_n kann aufgegeben bzw. durch ihre Negation ersetzt werden, um dadurch den Widerspruch zu beseitigen.

---

3. Also S ist selber schon logisch widersprüchlich oder keine der Aussagen S_1, …, S_n lässt sich aufgeben oder durch ihre Negation ersetzen.
4. S ist nach Voraussetzung nicht logisch widersprüchlich.

---

5. Also lässt sich keine der Aussagen S_1, …, S_n aufgeben oder durch ihre Negation ersetzen.
6. Kann eine Aussage nicht aufgegeben und durch ihre Negation ersetzt werden, so ist die Aussage notwendigerweise wahr.

---

7. Dann sind S_1, …, S_n notwendig wahre Aussagen.
8. Ist eine Aussage notwendig wahr, ist sie logisch wahr.[88]

---

9. Also sind die Aussagen S_1, …, S_n logisch wahr.
10. Wenn die Aussage «S_1 und … und S_n und S» logisch widersprüchlich ist, S_1, …, S_n aber widerspruchsfrei sind, so muss S logisch widersprüchlich sein.

---

11. Das ist ein Widerspruch zur Voraussetzung.

---

12. Also gibt es keinen widerspruchsfreien Satz, der aufgegeben werden muss, weil er mit anderen logisch konfligiert.

Der Beweis ist ganz abstrakt. Das ist auch seine Hauptschwäche. Der Beweis rechtfertigt nicht, tatsächlich beliebige Aussagen trotz aller Einwände zu verteidigen. Hat so etwas nicht in vielen Fällen absurde Konsequenzen? Hier schließt sich ein zweites Argument an, das die abstrakte logische These Quines in eine sinnvolle Faustregel für den Umgang mit Aussagen ummünzt:

1. Konfligiert eine Aussage mit anderen Aussagen, kann es in vielen Fällen absurd sein, die Aussage nicht aufzugeben und stattdessen andere Aussagen aufzugeben oder explizit zu negieren.
2. In welchen Fällen jedoch inhaltlich absurde Aussagen behauptet werden müssen und in welchen Fällen man zu wichtigen Einsichten gelangt, lässt sich vom abstrakten logischen Standpunkt nicht voraussagen.
3. Nicht zuletzt die Philosophiegeschichte zeigt, dass der Spielraum, an bestimmten Thesen festzuhalten und dabei interessante Einsichten zu gewinnen, ohne völlig inakzeptable absurde Konsequenzen in Kauf nehmen zu müssen, jedenfalls viel größer ist, als gemeinhin vermutet wird.

---

4. Also lässt sich in hinreichend vielen und nicht antizipierbaren Fällen mit Erkenntnisgewinn an bestimmten Aussagen festhalten, indem man dafür andere Aussagen aufgibt oder negiert.

Quine ermuntert uns nicht, an Thesen um jeden Preis festzuhalten, «was da auch kommen mag». Er ermahnt uns nur, nicht so zu tun, als hätten wir von einem logischen, sprachphilosophischen und erkenntnistheoretischen Standpunkt aus gar keinen Spielraum und seien stets gezwungen, einen ganz bestimmten Satz zu verwerfen. Oft lässt sich der logische Spielraum mit theoretischer Phantasie so geschickt nutzen, dass der Preis nicht zu hoch geschraubt wird. Bezogen auf die Philosophie könnte man Quines Überlegungen ausführlicher als Maxime reformulieren. Quine zu Ehren nennen wir sie «Quines Maxime»:

Quines Maxime

- *Wenn du als Philosoph unbedingt an einer These festhalten willst, weil du dir die Welt auf andere Weise nicht befriedigend denken kannst und willst, so hast du in aller Regel Spielraum genug dafür, vorausgesetzt, du nimmst an anderen Stellen deines Überzeugungsnetzes bestimmte andere Thesen dafür in Kauf.*
- *Setze deinen logischen Scharfsinn und deine theoretische Phantasie daran, für das Festhalten an einer aus deiner Sicht unverzichtbaren These mit einer möglichst harmlosen und für dich daher disponiblen Meinung zu bezahlen.*

Quine selber hat auch eine philosophische Vision von der Welt im Großen und Ganzen. Sein Glaubensbekenntnis ist ergreifend schlicht.

> Die Welt ist ein Gefüge verschwindend kleiner Zuckungen im Raume: mikrophysikalischer Elementarereignisse, die durch die eine oder andere von nur drei oder vier Kräften miteinander verbunden sind.[89]

Auch bei Quine geht sein rigoroser Physikalismus Hand in Hand mit einem Selbstideal. Es ist das Ideal, die Welt ohne Illusionen und falsche Tröstungen so zu nehmen, wie sie ist, ohne auf einen erfahrungstranszendenten Gott und ein Leben nach dem Tod zu bauen.[90] Deshalb ist Quine nicht zuletzt aus moralischem Ernst daran gelegen, den Weg zu solchen Tröstungen intellektuell zu verriegeln und alle Dinge entweder zu eliminieren oder auf Physikalisches zu reduzieren, mit denen man den scheinbaren Beweis antreten könnte, das Physikalische mache nicht die ganze Wirklichkeit aus.

Jedes metaphysische Panorama der Welt muss sich allerdings die Frage gefallen lassen, ob in ihm wirklich alle wichtigen Sachverhalte überzeugend untergebracht sind. Quine nimmt von seinem kurzen und lapidaren ontologischen Bescheid ausdrücklich die abstrakten Gegenstände der Mathematik aus.

> Solche Gegenstände kommen nicht in der Welt vor, denn sie sind mitnichten *irgendwo*. Das ändert aber nichts daran, dass gesagt werden kann, dass es diese Dinge *gibt*, dass sie – außerhalb von Raum und Zeit – *existieren*. Wir wären fürwahr beglückt, uns abstrakter Gegenstände samt und sonders entledigen zu können, doch Wunschdenken gehört weder zu den Methoden der Wissenschaft noch zu den Methoden einer Philosophie, die noch etwas auf Wahrheit hält. [...] Sobald einer die [...] Wissenschaft wirklich anerkennt, wie ich es tue, muss er gezwungenermaßen auch die Realität von Zahlen anerkennen.[91]

Es ist nicht schwer zu erraten, warum Quine «beglückt» wäre, könnte er sich der abstrakten Gegenstände einfach entledigen. Zahlen stören die physikalistische Vision der Welt und werden aus der Sicht Quines leicht von Metaphysikern als vermeintliche Kronzeugen für nicht-empirische Seinsbereiche missbraucht. Wenn Zahlen außerhalb von Raum und Zeit existieren, warum soll es dann nicht Gott und die Seele außerhalb von Raum und Zeit geben? Wie oft haben Philosophen andere nicht-empirische Gegenstände mit Verweis auf die Zahlen zu plausibilisieren versucht. Wer sich dem Physikalismus mit einem solch moralischen Impetus verschrieben hat wie Quine, wäre in der Tat «beglückt», die Zahlen als Einfallstor erfahrungstranszendenter Spekulationen loszuwerden. Trotzdem sieht Quine sich genötigt, die Existenz der abstrakten mathematischen Gegenstände außerhalb von Raum und Zeit mit folgender Begründung zuzugestehen:

1. Die Sätze der mathematisierten Naturwissenschaften sind wahr.
2. Die Sätze der mathematisierten Naturwissenschaften sind wegen ihrer logischen Form nur dann wahr, wenn die Existenz abstrakter mathematischer Gegenstände unterstellt wird.

---

3. Also existieren abstrakte mathematische Gegenstände.

Quine versucht, damit zu leben, dass er als Physikalist trotzdem die Wirklichkeit mit abstrakten mathematischen Gegenständen bevölkern muss. So recht überzeugend klingt seine Quasi-Entschuldigung, immerhin müsse man ja nicht sagen, die Zahlen existierten irgendwo, freilich nicht. Für viele andere Philosophen sind deshalb abstrakte Gegenstände außerhalb von Raum und Zeit gefährliche Fremdkörper für den Physikalismus, die ihn innerlich zersetzen, gesteht man ihnen erst einmal ein Existenzrecht zu. So lassen sie ihrer theoretischen Phantasie und ihrem logischen Scharfsinn freien Lauf, um einerseits an der Wahrheit der mathematisierten Naturwissenschaften nicht zweifeln und andererseits die Existenz abstrakter mathematischer Gegenstände nicht einräumen zu müssen. Gegen Quine, aber im Einklang mit Quines Maxime, verkünden sie erneut das physikalistische Credo: Es existieren nur physikalische Objekte, hingegen keine abstrakten Gegenstände wie Zahlen, Funktionen und dergleichen mehr. Dieser Treueschwur für den Physikalismus kostet seinen Preis, das ist die andere Seite der Quineschen Maxime. Welchen Satz lassen Physikalisten für die These, es gebe nur physikalische Objekte, fahren? Einige opfern genau den Satz «Die Sätze der mathematisierten Naturwissenschaften sind aufgrund ihrer logischen Form nur dann wahr, wenn die Existenz abstrakter mathematischer Gegenstände unterstellt wird», der Quine das Zugeständnis der Existenz von Zahlen einbrockte. Hartry Field[92] macht vor, wie man diesen Satz loswerden könnte:

1. Alles, was existiert, sind physikalische Objekte in Raum und Zeit.
2. Die Mathematik erleichtert nur das Schließen von Sätzen, die vom Standpunkt des Physikalismus unbedenklich sind, auf eben solche anderen Sätze. Die Mathematik ist aber konservativ: Jeder physikalistisch unbedenkliche Satz, der mit Hilfe der Mathematik aus anderen physikalistisch unbedenklichen Sätzen logisch deduziert werden kann, kann auch direkt, ohne Mathematik (wenn auch umständlicher) allein aus physikalistisch unbedenklichen Sätzen logisch deduziert werden.
3. Lässt sich ein Verfahren W im Prinzip auch ohne ein Verfahren V anwenden und wendet man V nur zur Vereinfachung von W an, ist man nicht gezwungen, substantielle, über W hinausgehende Annahmen mitzutragen.

---

4. Also zwingt uns die Tatsache, dass wir die physikalische Welt erfolgreich mit den mathematisierten Naturwissenschaften beschreiben und erklären, nicht dazu, an die Existenz abstrakter mathematischer Objekte zu glauben.

---

5. Also bleibt es dabei: Alles, was existiert, sind physikalische Objekte.

19.3 Philosophiegeschichte als Ausloten logischer Spielräume

Philosophen entwerfen metaphysische Panoramen von der Welt. Jedes Panorama muss sich die Frage gefallen lassen: Sind in ihm wirklich alle wichtigen Arten von Sachverhalten angemessen berücksichtigt und fügen sie sich wirklich zu einem kohärenten Ganzen einer Welt zusammen, in der auch wir selber als diejenigen vorkommen, die mit Hilfe eines solchen Panoramas über die Welt und die Stellung des Menschen nachdenken? Die Philosophiegeschichte überliefert erstaunlich viele verschiedene metaphysische Panoramen. Für jeden philosophischen Geschmack hält sie praktisch irgendein passendes vorrätig. Diese gar nicht neue Unübersichtlichkeit verdankt sich den intellektuellen Tugenden, die in der Quineschen Maxime gefordert werden: dem logischen Scharfsinn und der theoretischen Phantasie. Theoretische Phantasie kann in der Metaphysik Berge versetzen. Bei einer theoretisch phantasievollen Anwendung ist der Spielraum des Quineschen Prinzips viel größer, als es sich der einzelne Philosoph gemeinhin träumen lässt. Wir wollen das an der ontologischen Debatte illustrieren.

Ontologie fragt, was es wirklich gibt. Darauf sind viele Antworten möglich. Zum Teil sind die Antworten miteinander verträglich, viele Antworten sind es jedoch nicht. Die folgenden fünf prinzipiellen Antworten auf die ontologische Grundfrage schließen sich wechselseitig aus.

1. Es gibt nur die Welt der materiellen Dinge und Ereignisse und ihre Eigenschaften und Beziehungen.
2. Materielle Dinge und Ereignisse und davon getrennte geistige Gegenstände machen erst zusammen die ganze Wirklichkeit aus.
3. Die materielle Welt ist eine Illusion, das eigentlich Wirkliche ist identisch mit dem Geistig-Vernünftigen.
4. Das so genannte Physische und das so genannte Geistige sind nur verschiedene Seiten ein und derselben Sache.
5. Die Frage nach der eigentlichen Wirklichkeit ist eine Scheinfrage.

Wir haben es nicht mit einer Eigentümlichkeit der Ontologie zu tun. In der Philosophiegeschichte ist für jede philosophische Frage erst einmal der Spielraum der überhaupt sinnvollen Antworten ausgeschöpft worden. Dieser Spielraum wird begrenzt durch sinnvolle, aber miteinander unverträgliche Antworten. Er legt bereits die logische Basis für den Streit der Philosophen.

1. Auf die philosophische Frage X gibt es die folgenden im Prinzip sinnvollen, aber untereinander unverträglichen Antwortmöglichkeiten A_1 oder … oder A_n.
2. Für jede Antwortmöglichkeit A_i gilt: Wenn A_i, dann sind alle anderen Antworten falsch.
3. Das Argument Y begründet, dass die Antwort A_i richtig ist.

---

4. Also sind außer A_i alle anderen Antworten falsch.

---

5. Also begründet das Argument Y auch, dass alle anderen Antworten falsch sind.

Jedes gute Argument für eine der Antwortmöglichkeiten ist zugleich ein guter Einwand gegen die anderen Antworten. Umgekehrt stärkt jede Widerlegung einer alternativen Antwort die eigene. Ja, man kann die eigene These sogar ausschließlich dadurch begründen, dass man alle anderen Antworten widerlegt:

1. Auf die philosophische Frage X gibt es die folgenden im Prinzip sinnvollen, aber untereinander unverträglichen Antwortmöglichkeiten A_1 oder … oder A_n.
2. Für jede Antwortmöglichkeit A_i gilt: Wenn A_i, dann sind alle anderen Antworten falsch.
3. Die Argumente $Y_1, \ldots, Y_{n-1}$ widerlegen alle Antworten außer A_i.

---

4. Also gilt A_i.

---

5. Also begründen die Argumente $Y_1, \ldots, Y_{n-1}$ zusammen die Antwort A_i.

Betrachten wir nun etwas genauer die materialistische erste und die dualistische zweite Auffassung. Die Dualisten sind der Auffassung, dass es neben der materiellen Welt auch Nichtmaterielles gibt. Wieder war man sich in der Philosophiegeschichte schnell darin einig, welche Kandidaten für Nicht-Materielles nur ernsthaft erwogen werden müssen:

(a) abstrakte Gegenstände wie etwa Zahlen, Mengen, aber auch Eigenschaften, Bedeutungen, Sachverhalte und ähnliches;
(b) rein geistige Wesen (Götter, Gott, Engel);
(c) die seelisch-geistigen Zustände menschlicher Personen;
(d) moralische, ästhetische und andere Werte;
(e) das Mögliche (mögliche Welten und mögliche Einzeldinge (Possibilia)).

Die Debatte zwischen Materialisten und Dualisten ist im Verlaufe der Philosophiegeschichte bis in die Gegenwart hinein im Wesentlichen mit einer Reihe grundlegender Argumente bestritten worden. Da ist zunächst eine im weitesten Sinne *sprachphilosophische* Argumentationsstrategie. Sie knüpft an die Tatsache an, dass wir zumindest über nicht-materielle Gegenstände reden und dadurch über sie nachdenken können. Ist das nicht ein hinreichender Grund für die Existenz nicht-materieller Gegenstände? Wir sind solchen Argumenten mit dem ontologischen Gottesbeweis, mit Descartes' Gottesbeweis, aber auch mit Quines Argument für die Existenz mathematischer Gegenstände schon begegnet. Das Muster solcher Argumente ist klar:

1. Wir reden in deskriptiven sinnvollen Sätzen der Art S über nicht-materielle Gegenstände der Art A.
2. Diese linguistische Tatsache lässt sich nur oder am besten damit erklären, dass es nicht-materielle Gegenstände der Art A gibt, auf die Ausdrücke in den Sätzen S referieren.

↓

Schluss auf die beste Erklärung

↓

3. Also gibt es nicht-materielle Gegenstände der Art A.

Diesem Argument entspricht die Frage der Dualisten an die Materialisten: Wie könnt ihr die linguistische Tatsache erklären, dass wir über sprachliche Ausdrücke für nicht-materielle Gegenstände verfügen und in sinnvollen Sätzen über sie reden, wenn ihr nicht annehmt, dass es die entsprechenden Entitäten tatsächlich gibt? Darauf müssen die Materialisten zu antworten versuchen. Besonders beliebt ist der Versuch, die Sätze über vermeintlich nicht-materielle Gegenstände umzuinterpretieren in Sätze, die in Wahrheit gar nicht über Nicht-Materielles reden. Hartry Fields Deutung der Mathematik ist ein Beispiel für diese Gegenstrategie:

1. Die Aussagen der Art S über vermeintlich nicht-materielle Gegenstände der Art A sind richtig verstanden als Aussagen der Art S' zu reformulieren und zu erklären.
2. Aussagen der Art S' setzen nicht voraus, dass es nicht-materielle Gegenstände der Art A gibt.

---

3. Also lässt sich die linguistische Tatsache, dass wir Sätze der Art S verwenden, ohne die Annahme nicht-materieller Gegenstände erklären.

Im manchen Fällen verschärfen Materialisten ihr Argument sprachkritisch: Die Sätze über nicht-materielle Gegenstände sind nur oberflächlich betrachtet sinnvoll, in Wahrheit sind sie sinnlos.

Beliebt ist ein weiterer Einwand der Dualisten gegen die Materialisten. Hier versuchen die Dualisten, die Materialisten auf ihrem ureigensten Feld zu schlagen:

1. Die materielle Welt weist den Aspekt X auf.
2. Dieser Aspekt lässt sich nur zureichend erklären, wenn man nicht-materielle Gegenstände der Art A annimmt.

↓

Schluss auf die beste Erklärung

↓

3. Also gibt es nicht-materielle Gegenstände der Art A.

Ein Beispiel ist der teleologische Gottesbeweis in der folgenden Form:

1. Die Dinge und Prozesse im Universum sind unglaublich fein aufeinander abgestimmt, wodurch zum Beispiel erst das Auftreten von Leben und das Auftreten menschlicher Intelligenz möglich wird.
2. Aus rein physikalischer Sicht ist diese Feinabstimmung ein ganz unwahrscheinlicher Zufall.
3. Wirklich überzeugend kann die Feinabstimmung nur erklärt werden, wenn wir annehmen, dass sie das Werk einer vorausschauenden Planung durch eine überragende Intelligenz ist.
4. Der mit überragender Intelligenz ausgestattete vorausschauende Planer des Universums kann nur Gott sein.

↓

Schluss auf die beste Erklärung

↓

5. Also muss Gott als Planer des Universums existieren.

Materialisten halten Dualisten auf solche Argumente die Frage entgegen: Wie könnt ihr glauben, dass eure Erklärung des Aspekts X angesichts der grundsätzlichen Probleme, die nicht-materielle Entitäten aufwerfen, überhaupt eine gute Erklärung sein kann? Sie versuchen, den Dualisten mit einer besseren Erklärung den Wind aus den Segeln zu nehmen:

1. Nicht-materielle Gegenstände der Art A anzunehmen, ist problematisch.
2. Der Aspekt X der materiellen Welt kann auf die Weise E erklärt werden, ohne auf Gegenstände der Art A Bezug nehmen zu müssen.
3. Von zwei Erklärungen ist diejenige besser, die ohne die Bezugnahme auf problematische Gegenstände auskommt.

---

4. Also ist die Erklärung E besser als die durch nicht-materielle Gegenstände der Art A.
5. Ist eine Erklärung des Aspekts X der Wirklichkeit der einzige Grund, Gegenstände der Art A anzunehmen, lässt sich X jedoch besser ohne Gegenstände der Art A erklären, dann gibt es diese Gegenstände gar nicht.

---

6. Also gibt es keine nicht-materiellen Gegenstände der Art A.

Die ontologische Debatte zwischen Materialisten und Dualisten wird auch mit erkenntnistheoretischen Argumenten bestritten. Das ist für die Philosophie als einer Disziplin höherer Ordnung geradezu zwingend. Die Frage, welche Arten von Gegenständen die Wirklichkeit ausmachen, lässt sich nicht von dem Problem trennen, in welcher Weise wir mit ihnen in Kontakt treten und von ihnen wissen können. Hier sind es vor allem Materialisten, die die Dualisten mit empiristischen Überlegungen angreifen:

1. Um die Sätze der Art S über nicht-materielle Gegenstände der Art A verifizieren zu können, müssen wir auf die Weise E zu Gegenständen der Art A in Kontakt treten.
2. Zu Gegenständen der Art A können wir aber nicht auf die Weise E in Kontakt treten.

---

3. Also können wir von den nicht-materiellen Gegenständen der Art A gar nichts wissen, insbesondere das in den Sätzen der Art S über sie Ausgesagte nicht.
4. Gegenstände anzunehmen, über die wir Wesentliches gar nicht wissen können, ist eine überflüssige Annahme, die nichts erklärt und für das, was wir über die Welt wissen, keinen Unterschied macht.
5. Explanatorisch überflüssige Gegenstände sollten aus einem metaphysischen Panorama der Wirklichkeit verbannt bleiben und als nicht-existent betrachtet werden.

---

6. Also gibt es keine nicht-materiellen Gegenstände der Art A.

Ein Beispiel für diese Argumentationsweise ist der immer wieder vorgetragene Einwand gegen den so genannten Platonismus in der Mathematik, also die These, dass es neben den empirischen Dingen und Ereignissen abstrakte Gegenstände außerhalb von Raum und Zeit wie Mengen, Zahlen, Funktionen usw. gibt.

1. Annahme um des Arguments willen: *Es gibt abstrakte mathematische Gegenstände, die insbesondere keinen räumlichen und zeitlichen Bestimmungen unterliegen, die wir jedoch gleichwohl mit den «Augen des Geistes» (der so genannten mathematischen Intuition) anschauen können.*
2. Wir können nur Gegenstände erkennen, insofern wir zu ihnen in kausalen Kontakt treten können.
3. Als Wesen in Raum und Zeit können wir nur zu Gegenständen in Raum und Zeit in Kontakt treten.

---

4. Also können wir abstrakte mathematische Gegenstände nicht erkennen.
5. Wir können aber mathematische Gegenstände erkennen.

---

6. Also können die Gegenstände der Mathematik keine abstrakten Objekte außerhalb von Raum und Zeit sein, die wir «mit den Augen des Geistes» anschauen.

So lösen in der Debatte zwischen Dualisten und Materialisten Argument und Gegenargument einander ab. Bis heute gibt es Dualisten und Materialisten, und dass eine der beiden Spezies unter den Philosophen je aussterben wird, muss niemand befürchten. Warum?

Sind philosophische Argumente so kraftlos, dass sie am Ende nichts beweisen?

Selbst ein schlüssiges Argument ist nicht zwingend, solange mindestens eine der Prämissen strittig bleibt. Das ist bei philosophischen Argumenten fast immer der Fall. Bei philosophischen Argumenten dominiert daher auch eindeutig die zweite Funktion von Argumenten neben dem Wahrheitsnachweis für die Konklusion, nämlich die Darstellung inferentieller Zusammenhänge. Wenn es richtig ist, dass Philosophen metaphysische Panoramen entwerfen, ist das unmittelbar verständlich. Mit einem philosophischen Argument sollen bestimmte Gegenstände in ein metaphysisches Szenario, in dem auch noch andere Arten von Gegenständen und natürlich wir als die kognitiven Architekten dieses Szenarios vorkommen, widerspruchsfrei eingefügt werden. Ein metaphysisches Panorama der Welt ist aber bestimmt durch fundamentale Rahmenannahmen, etwa die, dass es nur die materielle Wirklichkeit gibt, oder die, dass daneben nichtmaterielle Gegenstände zur Wirklichkeit zählen. Diese grundlegenden Rahmenannahmen sind unverzichtbare Prämissen der jeweiligen Argumente. Gerade diese Rahmenannahmen lässt sich ein Philosoph im Allgemeinen nicht von anderen Philosophen ausreden. Er kann sich und er will sich die Welt im Ernst nicht anders denken. Und das Quinesche Prinzip eröffnet ihm die Möglichkeit, sich die Rahmenannahmen seiner Weltsicht trotz aller Einwände auch nicht aus der Hand nehmen zu lassen. Er muss dafür im Allgemeinen nur Sätze opfern, an denen sein Herz wesentlich weniger hängt. Deshalb überzeugen sich Philosophen wechselseitig so selten, deshalb sind tiefgreifende metaphysische Bekehrungen in der Philosophie selten.

19.4 Empirisches Wissen und philosophische Argumente

Nicht alle, aber doch viele Philosophen sahen und sehen durch die kontroverse Pluralität den Status der Philosophie als Wissenschaft in Frage gestellt. In der Philosophie, so klagt Kant,

> muss man unzählige Male den Weg zurück tun, weil man findet, dass er dorthin nicht führt, wo man hin will, und was die Einhelligkeit ihrer Anhänger in Behauptungen betrifft, so ist sie noch so weit entfernt, dass sie vielmehr ein Kampfplatz ist, der ganz eigentlich dazu be-

> stimmt zu sein scheint, seine Kräfte im Spielgefechte zu üben, auf dem noch niemals irgendein Fechter sich auch den kleinsten Platz hat erkämpfen und auf seinen Sieg einen dauerhaften Besitz gründen können. Es ist also kein Zweifel, dass ihr Verfahren bisher ein bloßes Herumtappen [...] gewesen sei.[93]

Kant kontrastiert bekanntlich die Philosophie mit der Mathematik und der Physik, die er beide als Musterbeispiele für Wissenschaft feiert. Nun ist es nicht so, dass in der Mathematik und in der Physik nicht gestritten wird. Wo immer Menschen zusammenwirken, lässt Streit unter ihnen nicht lange auf sich warten. Trotzdem ist nicht zu übersehen, dass in diesen Wissenschaften immer wieder bestimmte Fragen und Probleme eines Tages definitiv und einhellig beantwortet und gelöst sind. Jeder, der heute technische Mechanik betreibt, stützt sich auf die Analytische Mechanik von Lagrange und Hamilton, jeder, der heute Chemie betreibt, akzeptiert die Theorie des Periodensystems der Elemente. Kein Ingenieur oder Chemiker hält diese Theorien für vorläufig oder rechnet im Ernst damit, dass sie doch noch eines Tages komplett über den Haufen geworfen werden. Deshalb sind diese Theorien längst zu kanonischem Lehrbuchwissen avanciert. Das ständig anwachsende, verbindliche Lehrbuchwissen dokumentiert die permanente Erfolgsbilanz der Einzelwissenschaften. Sie hat Kant im Sinn, wenn er bewundernd vom «sicheren Gang der Wissenschaft» spricht.

Auf ständig anwachsendes, verbindliches Lehrbuchwissen kann sich kein Philosoph berufen. Nie kann ein Philosoph in Bezug auf eine philosophische Frage antworten: «Das ist die richtige, von allen Philosophen geteilte Antwort auf diese Frage.» Philosophisches Lehrbuchwissen gibt es bestenfalls, aber auch nur in sehr engen Grenzen, als doxographisches Wissen, also als ein Wissen über das, was jeweils einige Philosophen im Gegensatz zu vielen anderen für eine gute Antwort auf eine philosophische Frage halten.

Philosophische Dispute können nicht durch Ergebnisse der empirischen Wissenschaften entschieden werden, denn die unterschiedlichsten philosophischen Thesen sind mit den Resultaten der empirischen Wissenschaften vereinbar. Das lässt sich am Beispiel der großen Debatte um das Leib-Seele-Problem belegen. Das Leib-Seele-Problem lässt sich einfach einführen. Wir Menschen sind Wesen mit mentalen Zuständen. Diese mentalen Zustände erleben wir als prinzipiell verschieden von physischen Zuständen unseres Körpers und der Umwelt unseres Körpers, die auch äußeren Beobachtern zugänglich sind. Zugleich glauben wir, dass mentale Zustände direkt mit der physischen Welt kausal interagieren. Wünsche veranlassen uns zum Beispiel zu beobachtbarem Verhalten, und Ereignisse in der Umwelt oder unseres eigenen Körpers bringen Wahrnehmungen und Wünsche hervor. Doch die Wissenschaften entdecken nur physische Zustände als Ursachen oder Wirkungen physischer Zustände. Die physische Welt scheint kausal abgeschlossen zu sein. Die drei Thesen, dass mentale Zustände von physischen verschieden sind, dass sie miteinander wechselwirken und dass die physische Welt kausal abgeschlossen ist, vertragen sich nicht miteinander. Aus je zwei der Thesen folgt logisch die negierte dritte These. Das Problem wäre gelöst, wenn entgegen dem ersten Anschein sich eine der drei Thesen doch widerlegen ließe oder sich alle drei Thesen so uminterpretieren ließen, dass ihre Prima-facie-Unverträglichkeit verschwindet. Von drei Thesen eine zu verwerfen oder drei Thesen so umzuinterpretieren, dass sie sich miteinander vertragen, eröffnet schon rein kombinatorisch viele Möglichkeiten. Und in der Tat, in der Debatte um das Leib-Seele-Problem machen sehr unterschiedliche Lösungsvorschläge die Runde. In der nachfolgenden Tabelle sind die wichtigsten philosophischen Lösungsansätze zum Leib-Seele-Problem mit Namen und ihrer Generalthese verzeichnet:

Philosophische Position	Generalthese
Identitätstheorie	Mentale Zustände sind mit Gehirnzuständen identisch.
Eliminativer Materialismus	Es gibt in Wahrheit keine mentalen Zustände.
Psycho-physischer Parallelismus	Mentale und physische Prozesse laufen nur passend synchronisiert, aber ansonsten kausal völlig unabhängig voneinander ab.
Funktionalismus	Mentale Zustände sind funktional über ihre kausale Rolle defi-

	nierte Zustände, die auf unterschiedliche Weise als physische Zustände realisiert sein können.
Interaktionistischer Dualismus	Die physische Welt ist nicht kausal abgeschlossen, mentale Zustände und physische Zustände interagieren trotz ihrer prinzipiellen Verschiedenheit kausal miteinander.
Sprachdualismus	Man kann den Menschen und sein Verhalten einerseits in der Sprache der Naturwissenschaften, andererseits in der Sprache der Alltagspsychologie beschreiben; die beiden Beschreibungsweisen dienen unterschiedlichen Zwecken und Perspektiven und können widerspruchsfrei nebeneinander bestehen.

Warum bringt es keine der aufgeführten Positionen fertig, über die anderen zu obsiegen? Kant hätte geantwortet: Weil alle diese Positionen über das empirische Wissen hinausgehen. Kant trifft mit dieser Bemerkung ins Schwarze. Keiner der Lösungsansätze zum Leib-Seele-Problem kann durch empirisches Wissen definitiv bewiesen oder widerlegt werden. Das lässt sich schnell einsehen. Einschlägig für das Leib-Seele-Problem sind die Neurowissenschaften und die Psychologie. Wenn die Neurowissenschaften und die Psychologie erfolgreich sind, können sie Korrelationsbehauptungen durch empirische Tests absichern: Bei der Versuchsperson X geht der mentale Zustand M zum Zeitpunkt t einher mit den neuronalen Zuständen N zum Zeitpunkt t', dem beobachtbaren Verhalten V zum Zeitpunkt t". Wenn es sehr gut in den Wissenschaften läuft, können sie diese Korrelationsbehauptungen zu deterministischen oder statistischen Korrelationsgesetzen generalisieren. Zu mehr als zu psychophysischen Korrelationsgesetzen werden es die empirischen Wissenschaften nicht bringen. Verglichen mit den strittigen Resultaten des Philosophierens ist das natürlich sehr viel. Und doch: Die verschiedenen Lösungsansätze zum Leib-Seele-Problem lassen sich durch die empirischen Korrelationsbehauptungen nicht entscheiden, sie alle können sich die empirischen Korrelationsbehauptungen auf ihre Fahnen schreiben.

Philosophische Position	**Deutung der psycho-physischen Korrelations-behauptungen**
Identitätstheorie	Die Korrelationsbehauptungen enthalten Informationen darüber, mit welchen physischen Zuständen die mentalen Zustände identisch sind.
Eliminativer Materialismus	Die Korrelationsbehauptungen enthalten Informationen darüber, welche neurowissenschaftlichen Beschreibungen an die Stelle der alltagspsychologischen Beschreibungen treten werden.
Psycho-physischer Parallelismus	Die Korrelationsbehauptungen beschreiben rein zeitliche Beziehungen zwischen mentalen und physischen Zuständen.
Funktionalismus	Die Korrelationsbehauptungen beschreiben, durch welche physischen Zustände funktional definierte mentale Zustände realisiert werden.
Interaktionistischer Dualismus	Die Korrelationsbehauptungen beschreiben kausale Wechselwirkungen.
Sprachdualismus	Die Korrelationsbehauptungen beschreiben, welche Beschreibungen man in der einen oder anderen Perspektive gleichzeitig benutzen kann.

Dass die unterschiedlichsten philosophischen Positionen mit denselben Resultaten der empirischen Wissenschaften verträglich sind, ist nur ein spezieller Fall der Quineschen These. Man kann an fundamentalen metaphysischen Thesen und zugleich an den Forschungsresultaten der empirischen Wissenschaften festhalten, wenn man die Letzteren nur im Lichte der metaphysischen Thesen interpretiert; und das ist so gut wie immer möglich.

19.5 Entdeckungen in der Philosophie

Selten lässt sich ein Philosoph durch Argumente eines Kollegen bekehren. Da ist Quines Maxime davor. Was entdecken Philosophen eigentlich beim Philosophieren und Streiten miteinander? Wir können uns das an dem Beispiel mit den Zahlen klar machen.

Physikalist	**Anti-Physikalist**
Es gibt nur materielle Dinge und Ereignisse.	
	Wie hältst du es mit den Zahlen? Du hältst doch auch den Satz «Es gibt eine Primzahl zwischen 5 und 8» für wahr. Der Satz kann aber als Existenzbehauptung nur dann wahr sein, wenn eine Zahl zwischen 5 und 8 existiert, die Primzahl ist. Da Zahlen abstrakte Gegenstände sind, gibt es also nicht-materielle Gegenstände. Oder sind die Zahlen für dich physische Objekte.
Nein, aber für mich haben mathematische Sätze letztlich nur Sinn, insofern sie in den empirischen Wissenschaften angewendet werden und sich diese Wissenschaften prognostisch bewähren.	

Augenblick mal, aber du musst erklären, warum mathematische Sätze in den empirischen Wissenschaften erfolgreich angewendet werden. Die beste Erklärung ist die, dass die mathematischen Sätze wahr sind und deshalb unbedenklich als Prämissen in empirisch wissenschaftlichen Prognosen verwendet werden dürfen.

Du hast Recht, die erfolgreiche Anwendung der Mathematik in den empirischen Wissenschaften muss erklärt werden. Aber die einfachste Erklärung lautet: Die Mathematik hilft nur dabei, einfacher und übersichtlicher Aussagen über physikalische Gegenstände aus anderen Aussagen über physikalische Gegenstände herzuleiten. Im Prinzip ließen sich diese logischen Folgerungen aber auch ohne Mathematik bewerkstelligen, nur eben umständlicher.

Ich sehe nicht, wie sich diese These verteidigen lässt. Hast du dafür ein Argument? Jeder Mathematiker hält mathematische Aussagen auch unabhängig von ihrer Anwendung in den empirischen Wissenschaften für wahr. Willst du die Mathematik auf den Kopf stellen?

Unsere schematische Darstellung des Streits zwischen einem Physikalisten und einem Anti-Physikalisten endet hier, in der Realität der Philosophie wird ihr Streit hingegen kaum ein Ende finden. Zwei Dinge können wir diesem Streit entnehmen.

Erstens: In Teil 1 haben wir die großen Fragen der Philosophie aufgelistet. Diese Liste erweckt in einer Hinsicht eine falsche Vorstellung von der Philosophie. Denn oftmals geben sich Philosophen mit Fragen ab, bei denen der Kontakt zu den aufgelisteten großen Fragen abgebrochen zu sein scheint. Der oben nachgezeichnete Gesprächsverlauf, der typisch für das Philosophieren ist, zeigt warum. Man beginnt über ein großes Thema der Philosophie zu philosophieren und kann ganz schnell bei Spezialistenfragen ankommen, zum Beispiel bei der Frage, ob die Mathematik gegenüber der Physik konservativ ist. Nicht dass Philosophen nur unkonzentriert und gedankenflüchtig einfach ihr ursprüngliches Thema nicht im Auge behalten. Die ständigen Themen- und Problemwechsel liegen in der Natur des schlussfolgernden Nachdenkens. Sich dem zu entziehen hieße, das Denken, also das Philosophieren zu beenden. So entfernen sich die Philosophen beim intensiven Philosophieren immer weiter von den großen Fragen der Philosophie. Leicht können die großen Ausgangsfragen der Philosophie ganz in den Hintergrund treten, bis sie irgendwann selbst den Philosophierenden nicht mehr gegenwärtig sind.[94]

Zweitens: Wie ist diese scheinbar rastlose Flucht in immer neue Argumente zu beurteilen? Ist sie Symptom dafür, dass philosophische Positionen auf Sand gebaut oder die Philosophen einfach dogmatisch sind? Mit dem Vorwurf des Dogmatismus pflegen sich streitende Philosophen mit Vorliebe wechselseitig zu überziehen. In Wahrheit steckt hinter dem scheinbar dogmatischen Gebaren der Philosophen die Quinesche Maxime. Dass ein Philosoph unbeirrt für eine These T argumentiert, ein anderer ebenso unbeirrt für die gegenteilige These Nicht-T, berechtigt nach dem Quineschen Prinzip nicht zu dem Vorwurf, mindestens einer der beiden sei ein unbelehrbarer Dogmatiker.

Trotz ihrer Kontroversen können Philosophen etwas voneinander lernen. Im Streit von These und Gegenthese, von Argument und Widerlegungsversuch wird jeder Philosoph gezwungen, Voraussetzungen, Unterstellungen und Konsequenzen seiner eigenen Thesen immer deutlicher herauszuarbeiten. Schließlich überblickt niemand von uns alle inferentiellen Beziehungen zwischen seinen Überzeugungen. Es bedarf immer wieder auch des Widerspruchs der anderen, damit ein Nachdenken in Gang kommt, das unvermutete Konsequenzen oder Voraussetzungen der eigenen Überzeugungen ans Licht bringt. Der Physikalist im obigen Beispiel lernt aus der Diskussion mit dem Anti-Physikalisten zum Beispiel:

– Wenn man die physikalistische These vertritt, gleichzeitig mathematische Aussagen für wahrheitsfähig und Zahlen nicht für physikalische Gegenstände hält, darf man nicht das Prinzip vertreten, dass die mathematischen Aussagen nur dann wahr sind, falls es Gegenstände gibt, auf die die Zahlwörter referieren.

– Wenn man die physikalistische These vertritt, muss man die Tatsache erfolgreicher mathematisierter Naturwissenschaft nicht leugnen, falls man die Mathematik entgegen dem Selbstverständnis der Mathematiker auffasst als ein pragmatisch unverzichtbares Instrument für gleichwohl nur «konservatives» Schließen aus physikalischen Aussagen auf andere physikalische Aussagen.

Im Streit der Philosophen untereinander werden die philosophischen Positionen begrifflich und inferentiell geschärft. Insofern ist der Streit der Philosophen alles andere als müßig. Im Laufe der Philosophiegeschichte wächst das Wissen der Philosophen über inferentielle Beziehungen zwischen philosophischen Positionen tendenziell immer stärker an. Die List des Streits unter den Philosophen zwingt die Philosophiegeschichte insgesamt auf den Pfad der Maxime: Mache die inferentiellen Abhängigkeiten zwischen deinen philosophischen Thesen explizit!

Entdeckungen in der Philosophie

- *Letztlich liefert das Philosophieren niemals wahre kategorische Aussagen wie «Es gibt nur physikalische Gegenstände». Es gibt in der Philosophie keine unbedingten Wahrheiten, die anzuerkennen man Philosophen durch Argumente definitiv zwingen könnte.*
- *Philosophieren unter dem Grundsatz einer Disziplin höherer Ordnung führt nur zu Entdeckungen der Form: Wer die Thesen $T_1, \ldots, T_n$ vertreten will und die logischen Kohärenzprinzipien K vertritt, muss dann auch die These T und kann die These T' vertreten.*
- *Gemeinsam als wahr anerkennen können Philosophen allein diese bedingten Wenn-Dann-Aussagen höherer Stufe.*[95]
- *Die wachsende inferentielle Explizitheit philosophischer Aussagen ist der einzige Fortschritt, den die Philosophie kennt.*

19.6 Eine Erklärung für den Streit der Philosophen

Nun können wir die Ernte unserer Überlegungen einfahren. Die bisher vorgetragenen Überlegungen laufen in einem Argument zusammen, das den Streit der Philosophen erklärt:

1. Ein Philosoph fragt, ob und wie wir uns die Welt im Großen und Ganzen denken müssen, damit wir selber als Teil dieser Welt kohärenterweise diejenigen sein können, die wir glauben zu sein und die wir sein wollen und sollen.
2. Ein Philosoph muss alle grundlegenden Arten von Sachverhalten und Dingen in der Welt und unser deskriptiv/normatives Selbstverständnis kohärent in einem metaphysischen Panorama zusammenbringen.
3. Da die grundlegenden deskriptiven philosophischen Anschauungen von der Welt mit seinen normativen Vorstellungen interferieren, sind dem Philosophen bestimmte philosophische Grundsätze wegen ihrer normativen Konsequenzen sehr wichtig.
4. Konfrontiert mit Einwänden kann ein Philosoph in Befolgung der Quineschen Maxime jeweils grundsätzlich an seiner Vision der Welt festhalten und dem Einwand an einer für ihn weniger bedeutsamen Stelle innerhalb seines Meinungsnetzes Rechnung tragen.
5. Insbesondere lassen sich fundamentale metaphysische Rahmenannahmen immer mit den Forschungsresultaten der empirischen Wissenschaften in Einklang bringen, sie müssen und können immer im Licht der metaphysischen Rahmenannahmen interpretiert werden.
6. Nutzt ein Philosoph mit viel theoretischer Phantasie den Spielraum, um die Überzeugungen, die ihm unverzichtbar erscheinen, zu verteidigen, so antwortet er argumentativ auf die ihm entgegengehaltenen Einwände.
7. Je wichtiger jemandem eine These ist, desto stärker wird er an ihr festhalten und die Einwände gegen sie durch Preisgabe anderer Überzeugungen abwehren.

---

8. Also steht nicht zu erwarten, dass Philosophen ihren Streit über ihre grundlegenden philosophischen Überzeugungen jemals beilegen werden, obwohl sie den Einwänden durchaus mit Argumenten Rechnung tragen.

Also keine Aussicht auf ein Ende des Streits der Philosophen! Erhofft man sich von einer Wissenschaft die eine große, vom Konsens aller Experten getragene Wahrheit, muss der Streit der Philosophen ein dauerndes Ärgernis sein. Aber sollen wir Philosophen uns wirklich über unsere Dauerdispute grämen? Müssen sie uns gar peinlich sein?

Wir Menschen können gar nicht anders, als uns einen Reim auf die Welt und unseren Platz in ihr zu machen. Warum nehmen wir es nicht selber als eine faszinierende Tatsache über die Welt: In dieser Welt gibt es uns, die wir mit- und gegeneinander argumentierend die unterschiedlichsten Perspektiven auf die Welt im Großen und Ganzen und unsere eigene Stellung in ihr entdecken. Philosophische Argumente, so unsere Denkerfahrung, lotsen uns einfach nicht in den sicheren Hafen der einen großen unbedingten metaphysischen Wahrheit. Akzeptieren wir das doch als Teil der intellektuellen *condition humaine*. Wir sind neugierig, mit theoretischer Phantasie begabt und wir bedürfen weit ausholender metaphysischer Ausblicke auf die Welt. Lebten wir besser und zufriedener, bräuchten wir eines Tages nur einfach die eine große, von allen geteilte metaphysische Wahrheit in dem einen Standardlehrbuch der Philosophie nachzulesen?

Teil 5:

Anhang

20. Ein kurzer Einblick in die klassische formale Logik

20.1 Die drei Prinzipien der klassischen formalen Logik

Die formale Logik untersucht die Schlüssigkeit von Argumenten. Beginnend mit Aristoteles hat sich im Laufe der Philosophiegeschichte eine Gestalt der formalen Logik herausgebildet, die von den Logikern und Philosophen als «*klassisch*» bezeichnet wird und sich auf ihrem Höhepunkt vor allem mit dem Namen Gottlob Frege verbindet. Die klassische formale Logik lässt sich durch drei Merkmale charakterisieren.

Das erste Merkmal betrifft den Anwendungsbereich. Die klassische formale Logik lässt sich auf deskriptive Aussagen anwenden, die entweder wahr oder falsch sind. Ob alle deskriptiven Aussagen immer wahr oder falsch sind, ist unter Logikern und Philosophen umstritten. Manche halten diese Annahme für so ungerechtfertigt, dass sie die formale Logik revidieren wollen. Wir können und müssen diese höchst komplizierten Fragen hier nicht erörtern. Wir halten als Voraussetzung der klassischen Logik fest:

Zweiwertigkeitsprinzip der klassischen formalen Logik

Jede deskriptive Aussage, auf die die klassische formale Logik anwendbar ist, ist entweder wahr oder falsch; eines von beiden, aber nicht beides zugleich.

Das zweite Merkmal der klassischen formalen Logik bezieht sich auf die zugelassenen inhaltlichen Ausdrücke in den Schlussregeln. In 4.2–4.4 haben wir ausführlich dargelegt, dass die Schlüssigkeit eines Arguments nicht vom gesamten Inhalt seiner Prämissen und seiner Konklusion abhängt. In der Schlussregel fehlen deshalb inhaltliche Ausdrücke aus den Prämissen und der Konklusion, und ihren Platz nehmen dafür Buchstaben ein, die bei der Anwendung der Regel wieder gegen inhaltliche Ausdrücke ausgetauscht werden. In jeder Schlussregel kommen aber auch gewisse inhaltliche Ausdrücke vor, die man in den Prämissen und Konklusionen der Argumente wiedertrifft, auf die die betreffende Schlussregel angewendet wird. Diese inhaltlichen Ausdrücke entscheiden über die Gültigkeit der Schlussregel. In unseren Beispielen waren das Ausdrücke wie zum Beispiel «alle» oder «wenn-dann». Die klassische formale Logik beschränkt sich für die von ihr untersuchten Schlussregeln auf ganz wenige inhaltliche Ausdrücke. Man bezeichnet sie deshalb auch als «*logische Ausdrücke*».

Die in Schlussregeln der klassischen formalen Logik zulässigen logischen Ausdrücke

Die Gültigkeit einer Schlussregel der klassischen formalen Logik ist nur abhängig von der Bedeutung der Ausdrücke «nicht», «und», «oder», «wenn-dann», «genau dann, wenn», «alle Gegenstände», «es gibt mindestens einen Gegenstand».

Das dritte Merkmal der klassischen Logik handelt von den Definitionen der logischen Ausdrücke. Eine gültige Schlussregel führt von wahren Prämissen stets zu einer wahren Konklusion. Dieser Erhalt der Wahrheit beim Übergang von Prämissen zur Konklusion ist allein durch die Bedeutung der logischen Ausdrücke in der Schlussregel zu sichern. Die formale Logik muss deshalb die logischen Ausdrücke so analysieren, dass nachvollzogen und entschieden werden kann, welche Schlussregeln gültig sind und welche nicht. Nun gehören die logischen Ausdrücke unserer Umgangssprache an. Die klassische formale Logik müsste daher eigentlich untersuchen, wie wir umgangssprachlich Ausdrücke wie «alle» oder «wenn-dann» tatsächlich verwenden. Aber wir gebrauchen diese Ausdrücke in der Umgangssprache außerordentlich vielfältig und uneinheitlich. Der faktische Gebrauch der logischen Ausdrücke lässt sich nicht verbindlich und für alle Anwendungen einheitlich definieren. Die klassische formale Logik umgeht diese Schwierigkeit, indem sie *normativ* vorschreibt, wie wir die logischen Wörter verwenden *sollen*.[96] Die logischen Ausdrücke werden in der klassischen formalen Logik so definiert, dass weitergehende inhaltliche Bezüge der Aussagen, in denen die logischen Ausdrücke vorkommen, überhaupt keine Rolle spielen. So legen die Logiker für den logischen Ausdruck «und» etwa fest: Eine Aussage der Form «p und q» ist genau dann wahr, wenn beide Teilaussagen p und q wahr sind, und falsch genau dann, wenn mindestens eine der beiden Teilaussagen falsch ist. Inhaltlich müssen die beiden Teilaussagen hingegen nichts miteinander zu tun haben. Die Aussagenverbindung «Sokrates war der Lehrer Platons, und Gerhard Schröder ist verheiratet» macht inhaltlich zwar keinen Sinn, ist aber vom Standpunkt der formalen Logik trotzdem wahr, weil beide Teilaussagen wahr sind. Was eben am Beispiel von «und» erläutert wurde, wird entsprechend für die übrigen logischen Ausdrücke durchexerziert. Die Logiker sprechen von einer «*extensionalen*» Bedeutungsfestlegung.

Das Prinzip der extensionalen Bedeutungsfestlegung für die logischen Ausdrücke

Die Wahrheit der Aussagen, in denen die logischen Ausdrücke vorkommen, hängt nur davon ab, ob bestimmte ihrer Teilaussagen wahr sind oder in ihnen vorkommende Ausdrücke sich auf dieselben oder verschiedene Gegenstände beziehen. Darüber hinausgehende inhaltliche Bezüge spielen überhaupt keine Rolle.

20.2 Die extensionale Bedeutungsfestlegung der Junktoren

Die Logiker deuten Wenn-Dann-Aussagen in folgender Weise: Sind p und q zwei Aussagen, die entweder wahr oder falsch sind, dann ist die Aussage der Form «wenn p, dann q» genau dann wahr, wenn p und q beide wahr, p falsch und q wahr ist oder wenn schließlich p und q beide falsch sind; und sie ist falsch genau dann, wenn p wahr, q aber falsch ist. Eine Tabelle, die die Logiker als «*Wahrheitstafel*» bezeichnen, bringt die Bedeutungsanalyse einer Wenn-Dann-Aussage einprägsam auf den Punkt. Den Ausdruck «wenn …, dann …» kürzen die Logiker durch einen Pfeil ab. Warum das Sinn macht, werden wir gleich noch sehen. Im Übrigen bezeichnen die Logiker Wenn-Dann-Aussagen auch als «*Subjunktionen*».

p	q	**Wenn p, dann q (p→q)**
wahr	wahr	wahr
wahr	falsch	falsch
falsch	wahr	wahr
falsch	falsch	wahr

Der Ausdruck «und» verbindet ebenfalls verschiedene Aussagen zu einer neuen Aussage. Wie im Fall der Subjunktion wird erneut die Wahrheit und Falschheit einer Aussage, in der verschiedene Teilaussagen durch «und» miteinander verknüpft werden, in Abhängigkeit von der Wahrheit und Falschheit ihrer Teilaussagen durch eine entsprechende Wahrheitstafel festgelegt. Bildet man aus den Aussagen p und q eine neue Aussage der Form «p und q», sprechen die Logiker von einer *«Konjunktion»* und benutzen als abkürzendes Symbol ∧. Eine Konjunktion ist wahr, wenn jede ihrer Teilaussagen wahr ist, sonst ist sie falsch. Das ergibt die folgende Wahrheitstafel für die Konjunktion.

p	q	**p und q (p∧q)**
wahr	wahr	wahr
wahr	falsch	falsch
falsch	wahr	falsch
falsch	falsch	falsch

Aussagen lassen sich auch durch die Ausdrücke «oder» und «genau dann, wenn» miteinander verknüpfen. Die Logiker sprechen von *«Adjunktion»* (*Disjunktion*) und *«Bisubjunktion»* (*Äquivalenz*). Hier die Wahrheitstafeln:

p	q	p oder q (p∨q)
wahr	wahr	wahr
wahr	falsch	wahr
falsch	wahr	wahr
falsch	falsch	falsch

p	q	p genau dann, wenn q (p↔q)
wahr	wahr	wahr
wahr	falsch	falsch
falsch	wahr	falsch
falsch	falsch	wahr

Die Logiker rechnen auch den Ausdruck «nicht» zu den logischen Ausdrücken. Der Ausdruck «nicht» dient dazu, eine Aussage zu verneinen. Die Aussage «Herr Schmidt-Biggemann ist verheiratet» wird verneint, indem man behauptet «Herr Schmidt-Biggemann ist nicht verheiratet» oder auch «Es ist nicht der Fall, dass Herr Schmidt-Biggemann verheiratet ist». Man nennt die Aussage «Herr Schmidt-Biggemann ist nicht verheiratet» die *Negation* der Aussage «Herr Schmidt-Biggemann ist verheiratet». Wenn Herr Schmidt-Biggemann tatsächlich verheiratet ist, so ist die Behauptung falsch, dass er nicht verheiratet ist, und umgekehrt; ist es aber falsch, dass Herr Schmidt-Biggemann verheiratet ist, so ist die Negation, dass er nicht verheiratet ist, wahr und umgekehrt. Genau das sagt die Wahrheitstafel der Negation aus:

p	nicht p (¬p)
wahr	falsch
falsch	wahr

Die Ausdrücke «nicht», «und», «oder», «wenn ..., dann ...», «genau dann, wenn» und synonyme Ausdrücke heißen in der formalen Logik *«Junktoren»*.

Mit Hilfe der Junktoren lassen sich beliebig komplexe Aussagen zusammensetzen. Betrachten wir die Aussage «Wenn Albrecht Mayer Mitglied der Berliner Philharmoniker und wenn er Oboist ist, dann ist Albrecht Mayer ein ausgezeichneter Instrumentalist». Diese Aussage ist eine komplexe Wenn-Dann-Aussage, deren Wenn-Teil eine Konjunktion ist. Sie entsteht aus der Aussageform «wenn p und q, dann r». Die Logiker notieren diese Aussageform in ihrer besonderen Notationsweise als $(p \wedge q) \rightarrow r$ und machen auf diese Weise den logischen Aufbau der Aussageform besonders transparent. Wann ist die Aussage über Albrecht Mayer wahr? Man muss nur die Wahrheitstafeln für die Konjunktion und die Subjunktion entsprechend anwenden: Die Aussageform $(p \wedge q) \rightarrow r$ wird nur dann zu einer falschen Aussage, wenn man für p und q jeweils eine wahre und für r eine falsche Aussage einsetzt, in allen anderen Fällen wird sie zu einer wahren Aussage.

p	q	r	$p \wedge q$	$(p \wedge q) \rightarrow r$
wahr	wahr	wahr	wahr	wahr
wahr	wahr	falsch	wahr	falsch
wahr	falsch	wahr	falsch	wahr
wahr	falsch	falsch	falsch	wahr
falsch	wahr	wahr	falsch	wahr
falsch	wahr	falsch	falsch	wahr
falsch	falsch	wahr	falsch	wahr
falsch	falsch	falsch	falsch	wahr

An diesem Beispiel können wir noch etwas anderes demonstrieren. Betrachten wir die Aussage: «Albrecht Mayer ist Mitglied der Berliner Philharmoniker, und er ist ein ausgezeichneter Instrumentalist, wenn er Oboist ist.» Diese Aussage ist keine Subjunktion, sondern eine Konjunktion, deren eine Teilaussage eine Subjunktion ist. Die Notationsweise der Logiker ist hier, anders als unsere umgangssprachlichen Formulierungen, eindeutig und macht den Aufbau komplexer Aussagen sofort durchsichtig: $p \wedge (q \rightarrow r)$. Die Wahrheitstafel für diese Aussageform sieht folgendermaßen aus:

p	q	r	$q \rightarrow r$	$p \wedge (q \rightarrow r)$
wahr	wahr	wahr	wahr	wahr
wahr	wahr	falsch	falsch	falsch
wahr	falsch	wahr	wahr	wahr
wahr	falsch	falsch	wahr	wahr
falsch	wahr	wahr	wahr	falsch
falsch	wahr	falsch	falsch	falsch
falsch	falsch	wahr	wahr	falsch
falsch	falsch	falsch	wahr	falsch

Ihr lässt sich unmittelbar entnehmen, dass sich die beiden Aussageformen $(p \wedge q) \rightarrow r$ und $p \wedge (q \rightarrow r)$ unterscheiden. Setzt man zum Beispiel in beide Aussageformen für p eine falsche, für q eine wahre und für r eine wahre Aussage ein, so entsteht aus der Aussageform $(p \wedge q) \rightarrow r$ eine wahre Aussage und aus $p \wedge (q \rightarrow r)$ eine falsche Aussage. Zwei Aussageformen unterscheiden sich vom logischen Standpunkt, wenn bei mindestens einer Einsetzung derselben Aussagen in die durch dieselben Buchstaben freigehaltenen Stellen aus der einen Aussageform eine wahre und aus der anderen Aussageform eine falsche Aussage entsteht. Deshalb ist es so wichtig zu erkennen, wie eine komplexe Aussage aus Teilaussagen mit Hilfe der Junktoren zusammengesetzt ist. Die symbolische Notation zusammen mit den Hilfsklammern leistet hierzu hervorragende Dienste.

20.3 Aussagenlogische Gesetze

Betrachten wir die Wahrheitstafel für $\neg(p\wedge\neg p)$. Sie entsteht, wenn man eine Aussage p negiert, dann aus p und der Negation von p die Konjunktion bildet und anschließend diese Konjunktion negiert.

p	$\neg p$	$p\wedge\neg p$	$\neg(p\wedge\neg p)$
wahr	falsch	falsch	wahr
falsch	wahr	falsch	wahr

Die Tabelle beweist, dass, gleichgültig welche Aussage man für den Buchstaben p einsetzt, stets eine wahre Aussage entsteht. Es gibt sehr viele Aussageformen mit dieser bemerkenswerten Eigenschaft. Nachfolgend zeigen wir drei weitere Beispiele für solche Aussageformen.

p	$\neg p$	$p\vee\neg p$
wahr	falsch	wahr
falsch	wahr	wahr

p	q	$(p\rightarrow q)$	$((p\rightarrow q)\wedge p)$	$((p\rightarrow q)\wedge p)\rightarrow q)$
wahr	wahr	wahr	wahr	wahr
wahr	falsch	falsch	falsch	wahr
falsch	wahr	wahr	falsch	wahr
falsch	falsch	wahr	falsch	wahr

p	q	¬p	¬q	p→q	¬q∧(p→q)	(¬q∧(p→q))→¬p)
wahr	wahr	falsch	falsch	wahr	falsch	wahr
wahr	falsch	falsch	wahr	falsch	falsch	wahr
falsch	wahr	wahr	falsch	wahr	falsch	wahr
falsch	falsch	wahr	wahr	wahr	wahr	wahr

Eine nur mit den Junktoren gebildete Aussageform ist ein *aussagenlogisches Gesetz* genau dann, wenn bei jeder Einsetzung von wahren oder falschen Aussagen für die Buchstaben eine wahre Aussage entsteht. Man kann mit Hilfe der Wahrheitstafel nachprüfen, ob eine Aussageform ein aussagenlogisches Gesetz ist. Bei aussagenlogischen Gesetzen ist durch die Bedeutung der Junktoren garantiert, dass bei jeder Ersetzung ihrer Buchstaben durch inhaltliche wahre oder falsche Aussagen insgesamt eine wahre komplexe Aussage entsteht. Liegt einem Argument als Schlussregel eine Subjunktion zugrunde, die ein aussagenlogisches Gesetz ist, so wird die Schlussregel auch als *«aussagenlogisch gültige Schlussregel»* bezeichnet. In einem Argument mit einer aussagenlogisch gültigen Schlussregel *folgt* die Konklusion des Arguments *aussagenlogisch* aus den Prämissen.

20.4 Singuläre und generelle Termini

Nicht nur mit Junktoren gebildete Aussageformen liefern logische Gesetze und deduktiv gültige Schlussregeln. Um die andere Klasse von logischen Gesetzen zu erfassen, muss man allerdings den internen Aufbau von Aussagen berücksichtigen. In den aussagenlogischen Aussageformen bleibt der interne Aufbau der Aussagen, die mit Hilfe der Junktoren zu komplexen Aussagen zusammengesetzt sind, unanalysiert.

Eine Aussage, die keine Junktoren und damit keine Teilaussagen enthält, beinhaltet, dass etwas der Fall ist bzw. nicht der Fall ist, zum Beispiel, dass Friedrich II. König von Preußen gewesen ist; oder dass Gerhard Krüger der Vater von Lorenz Krüger ist; oder dass in meinem Arbeitszimmer gerade die Schreibtischlampe brennt; oder dass die Schießerei am 12.12.1912 um 12 Uhr nachts auf der Rosenthaler Straße in Berlin den schlafenden Portier am Eingang zu den Hackeschen Höfen geweckt hat. Bei all den aufgeführten Beispielen handelt es sich um *singuläre Sachverhalte*. Ein singulärer Sachverhalt liegt vor, wenn ein bestimmter *Einzelgegenstand* (Einzelding oder Einzelereignis) eine *Eigenschaft* hat bzw. wenn mehrere Einzelgegenstände in einer bestimmten Beziehung oder *Relation* zueinander stehen.

Sachverhalte werden durch Aussagen beschrieben. Man muss zunächst den oder die Einzelgegenstände benennen oder kenntlich machen, die in dem Sachverhalt vorkommen. Wir beziehen uns mit verschiedenen Arten von Ausdrücken auf Einzelgegenstände: erstens mit Ausdrücken wie «Lorenz Krüger», die Logiker *«Eigennamen»* nennen; zweitens mit Ausdrücken wie «die Schießerei am 12.12.1912 um 12 Uhr nachts auf der Rosenthaler Straße in Berlin», die in der Logik *«Kennzeichnungen»* heißen; drittens mit situationsgebundenen Ausdrücken wie «dies», «das Ding dort», für die sich bei den Logikern die Bezeichnung *«Indikatoren»* eingebürgert hat. Eigenamen, Kennzeichnungen, Indikatoren sind *singuläre Termini*.

Auf Eigenschaften, die ein Einzelgegenstand hat, oder auf Relationen, die zwischen Einzelgegenständen bestehen, beziehen wir uns mit Ausdrücken wie «König von Preußen», «Vater von», «aufwecken». Es sind grammatikalisch betrachtet ganz unterschiedliche Ausdrücke, nämlich Substantive, Verben, Adjektive, Attribute. Auch Tätigkeiten von Personen oder Tieren z.B. werden in diesem Sinne von den Logikern und Semantikern als Eigenschaften aufgefasst. Wenn Albrecht Mayer spazieren geht, so kann man schließlich im Deutschen, wenn auch sprachlich wenig schön, sagen «Albrecht Mayer ist ein Spazierengehender», und damit spricht man Albrecht Mayer genauso eine Eigenschaft zu, als würde man von ihm behaupten, er sei musikalisch. Alle diejenigen Ausdrücke bezeichnen die Logiker und Semantiker zusammenfassend als *«generelle Termini»*.

Mit diesen Unterscheidungen lässt sich die einfachste Form einer wahrheitsfähigen Aussage angeben: Einem Einzelgegenstand, auf den sich die Aussage durch einen singulären Terminus bezieht, wird eine Eigenschaft zu- oder abgesprochen, auf die in der Aussage durch einen generellen Terminus Bezug genommen wird; bzw. mehreren Einzelgegenständen, die in der Aussage durch entsprechende singuläre Termini benannt werden, wird eine Relation zu- oder abgesprochen, auf die in der Aussage durch einen generellen Terminus bzw. einen Prädikator referiert wird. Aussagen dieser Form nennen die Logiker und Semantiker *«Elementaraussagen»*.[97] In der Elementaraussage «Peter Bieri ist Philosoph» ist der Ausdruck «Peter Bieri» der singuläre Terminus, der Teil «ist Philosoph» der generelle Terminus; in der Elementaraussage «Wolfram Christ verlässt unerwartet das Berliner Philharmonische Orchester» sind die beiden Ausdrücke «Wolfram Christ» und «das Berliner Philharmonische Orchester» jeweils singuläre Termini und der Ausdruck «verlässt unerwartet» ist ein genereller Terminus; in der Elementaraussage «Marburg liegt näher bei Gießen als bei Kassel» sind die Ausdrücke «Marburg», «Gießen» und «Kassel» singuläre Termini und der Ausdruck «... liegt näher bei ... als bei ...» ist der generelle Terminus.

20.5 Quantoren

Nicht immer wollen wir nur singuläre Sachverhalte beschreiben. In vielen Zusammenhängen ist es nicht nur wichtig zu wissen, dass Sokrates sterblich ist, sondern dass alle Menschen sterblich sind. Statt zu formulieren «Alle Menschen sind sterblich» können wir auch formulieren «Jeder Mensch ist sterblich» oder auch «Wer immer Mensch ist, ist sterblich» oder sogar «Der Mensch ist sterblich». Aus der Sicht der Logiker und Semantiker sind das nur Formulierungsvarianten, um sprachlich darzustellen, dass alle Einzelgegenstände eines bestimmten Bereichs eine bestimmte Eigenschaft besitzen bzw. dass alle Gegenstände eines bestimmten Bereichs in bestimmten Relationen zu anderen Einzelgegenständen stehen. Deshalb nennen die Logiker solche Aussagen naheliegenderweise *«Allaussagen»*, und Ausdrücke wie zum Beispiel «alle», «jeder», «wer auch immer» und andere bezeichnen die Logiker und Semantiker einheitlich als *«Allquantor»*.

Manchmal trifft etwas nicht für alle Einzelgegenstände eines bestimmten Bereichs zu, aber immerhin auf einige. Nicht alle Menschen sind mathematische Genies, aber immerhin einige unter uns. Oftmals kennt man zufällig kein mathematisches Genie mit Namen, weiß aber trotzdem, dass es mathematische Genies gibt. Das bringt man durch Sätze wie «Es gibt mathematische Genies» oder «Manche Menschen sind mathematische Genies» oder «Der eine oder andere ist ein mathematisches Genie» oder «Es existieren mathematische Genies» und ähnliche zum Ausdruck. Wieder handelt es sich nur um Formulierungsvarianten, dass es mindestens einen Einzelgegenstand eines bestimmten Bereichs gibt, auf den etwas zutrifft. Eine solche Aussage wird *«Existenzaussage»* genannt. Der Ausdruck «es gibt mindestens ein ...» und ähnliche Ausdrücke, mit denen man zum Ausdruck bringt, dass für mindestens einen Einzelgegenstand eines bestimmten Bereichs etwas Bestimmtes der Fall ist, heißen *«Existenzquantoren»*.

Für Allquantoren und Existenzquantoren ist in der Logik die Sammelbezeichnung *«Quantor»* gebräuchlich. All- und Existenzaussagen sind keine Elementaraussagen; die Logiker fassen sie und die mit den durch Junktoren zusammengesetzten Aussagen zu den *logisch komplexen Aussagen* zusammen.

Selbstverständlich können in einer Aussage sowohl All- und Existenzquantoren gleichzeitig, ja darüber hinaus auch Junktoren vorkommen. Ein Beispiel: «Jeder Mensch hat einen Vater, aber es gibt keinen Menschen, der der Vater aller Menschen ist.» Die Form und die einzelnen Bestandteile dieser Aussage zu identifizieren, ist gar nicht so einfach. Um den Aufbau einer Aussage mit Hilfe von singulären und generellen Termini und mit Quantoren und Junktoren eindeutig darzustellen, haben die Logiker normierte Notationen für Elementaraussagen, All- und Existenzaussagen eingeführt. Die Tabelle zeigt die Notationsweise und wie sie anzuwenden ist.

Umgangssprachliche Formulierung	**Normierte Notation**
Der Einzelgegenstand a hat die Eigenschaft E	E(a)
Zwischen den Einzelgegenständen $a_1, \ldots, a_n$ besteht die Relation R	$R(a_1, \ldots, a_n)$
Alle Gegenstände haben die Eigenschaft E	$\forall x(E(x))$
Es gibt mindestens einen Gegenstand, der die Eigenschaft E hat.	$\exists x(E(x))$

Jeder Gegenstand steht zu mindestens einem Gegenstand in der Relation R	$\forall x \exists y(R(x,y))$
Es gibt einen Gegenstand, der zum Einzelgegenstand a in der Relation R steht.	$\exists x(R(x,a))$
Für den Einzelgegenstand a gibt es einen Gegenstand, sodass a zu ihm in der Relation R steht.	$\exists x(R(a,x))$
Jeder Gegenstand steht zu jedem anderen Gegenstand in der Relation R	$\forall x \forall y(R(x,y))$
Jeder Gegenstand steht zu sich selbst in der Relation R	$\forall x(R(x,x))$
Jeder F-Gegenstand besitzt die Eigenschaft G	$\forall x(F(x) \rightarrow G(x))$
Zu jedem Gegenstand gibt es mindestens einen Gegenstand, sodass er mit ihm zusammen in der Relation R zum bestimmten Gegenstand a steht	$\forall x \exists y(R(x,y,a))$
Kein Gegenstand hat die Eigenschaft E	$\neg \exists x(E(x))$
Nicht alle Gegenstände stehen zu keinem Gegenstand in der Relation R	$\neg \forall x \neg \exists y(R(x,y))$
Jeder Gegenstand, der die Eigenschaft E hat, steht zu mindestens einem Gegenstand in der Relation R.	$\forall x((E(x) \rightarrow \exists y(R(x,y))))$

Unser obiger Beispielsatz «Jeder Mensch hat einen Vater, aber es gibt keinen Menschen, der der Vater aller Menschen ist» hat die Form: $\forall x \exists y(R(y,x)) \wedge \neg \exists y \forall x(R(y,x))$. Logiker könnten sie auch schreiben: $\forall x \exists y(\text{Vater}(y,x)) \wedge \neg \exists y \forall x(\text{Vater}(y,x))$. Es ist eine Konjunktion, deren eine Teilaussage eine gemischte All- und Existenzaussage und deren andere Teilaussage die Negation einer gemischten Existenz- und Allaussage ist.

20.6 Quantorenlogische Gesetze

Neben den aussagenlogischen Aussageformen haben wir jetzt *quantorenlogische Aussageformen* kennen gelernt. ∀x(F(x))→F(a) ist eine solche quantorenlogische Aussageform. Sie heißt deshalb so, weil in ihr neben den Junktoren auch ein Quantor, genauer: der Allquantor vorkommt. Die Aussageform ist wie jede Aussageform weder wahr noch falsch. Eine Aussage wird aus ihr erst, wenn der Buchstabe F durch einen generellen Terminus und der Buchstabe a durch einen singulären Terminus ersetzt wird und wenn außerdem der Bereich («Redebereich» genannt) von Gegenständen festgelegt worden ist, von dem die Aussage handeln und dem der Einzelgegenstand angehören soll, auf den der singuläre Terminus, der an die Stelle von a in die Aussageform eingesetzt wird, Bezug nimmt. Setzt man für F zum Beispiel den generellen Terminus «sterblich», für a den singulären Terminus «Sokrates» ein und legt als Redebereich die Menge aller Menschen fest, so ergibt das in der normierten Notation der Logiker: ∀x(sterblich(x))→sterblich(Sokrates) oder in gewöhnlichem Deutsch den Satz: Wenn alle Menschen sterblich sind, dann ist auch der Mensch Sokrates sterblich.

Wann ist eine Allaussage «Für alle x gilt F(x)» wahr? Eine Allaussage ist wahr genau dann, wenn jede der Aussagen «Auf den Einzelgegenstand a trifft F zu» wahr ist, also jede der Aussagen, die über einen bestimmten Einzelgegenstand des Redebereichs, auf den sich die Allaussage bezieht, aussagt, dass auf ihn F zutrifft; und sie ist falsch genau dann, sobald auch nur eine dieser möglichen Aussagen über einen bestimmten Einzelgegenstand falsch ist. Bleiben wir gleich bei unserem Beispiel. Die Aussage «Alle Menschen sind sterblich» ist wahr genau dann, wenn jeder einzelne Mensch sterblich ist; und sie wäre falsch genau dann, wenn es mindestens einen unsterblichen Menschen gäbe. Das heißt aber auch: Jede Aussage ist wahr, die dadurch entsteht, dass man irgendeinen beliebigen Redebereich festsetzt und dann in der Aussageform ∀x(F(x))→F(a) den Buchstaben F durch einen beliebigen generellen Terminus und den Buchstaben a durch einen beliebigen singulären Terminus ersetzt, der sich auf einen Einzelgegenstand aus dem Redebereich bezieht. Dies ergibt sich unmittelbar aus der Bedeutung des Allquantors und einer mit ihm gebildeten Allaussage. In diesem Sinne ist die Aussageform $\forall x(F(x)) \rightarrow F(a)$ ein *quantorenlogisches Gesetz*. Deshalb ist die Aussage «Wenn alle Menschen sterblich sind, dann ist auch der Mensch Sokrates sterblich» wahr; und wahr ist sie nicht, weil sie von sterblichen Menschen handelt und weil zufälligerweise auch Sokrates sterblich ist, sondern allein aufgrund der Bedeutung des Allquantors.

Die Bedeutung des Allquantors lässt sich nicht so einfach angeben, wie sich die Bedeutung eines Junktors durch die Wahrheitstafel fixieren lässt. Eine mit einem Junktor gebildete Aussage hängt nur von der Wahrheit oder Falschheit der endlich vielen Teilaussagen ab, aus denen die komplexe Aussage gebildet ist. Es gibt nur endlich viele Möglichkeiten, wie Wahrheit und Falschheit auf die endlich vielen Teilaussagen verteilt sein können. Wenn man für diese endlich vielen Wahr-Falsch-Kombinationen jeweils festgelegt hat, wann die mit dem Junktor gebildete Aussage wahr, wann sie falsch ist, hat man die Wahrheitsfrage für die mit dem Junktor gebildete komplexe Aussage erschöpfend behandelt. Die Wahrheit einer Allaussage hängt auch von der Wahrheit anderer Aussagen ab, nämlich von jeder Aussage, in der über einen Einzelgegenstand des Redebereichs das ausgesagt wird, was in der Allaussage von allen Einzelgegenständen des Redebereichs behauptet wird. Da verschiedene Redebereiche aber unterschiedlich viele Einzelgegenstände umfassen, manche sogar unendlich viele, kann die Wahrheit oder Falschheit einer Allaussage oftmals von sehr vielen oder sogar unendlich vielen Einzelaussagen abhängen, sodass nicht nur endlich viele überschaubare Fälle zu berücksichtigen sind. Damit entfällt die Möglichkeit, eine Aussageform anhand einer übersichtlichen Wahrheitstafel als quantorenlogisches Gesetz nachzuweisen. Für einen solchen Nachweis gibt es kein Entscheidungsverfahren, so wie die Methode mit der Wahrheitstafel ein einfaches Verfahren ist, nach endlich vielen Schritten von einer aussagenlogischen Aussageform zu entscheiden, ob sie ein aussagenlogisches Gesetz ist. Wie die Logiker mit diesem Problem fertig werden, können wir hier nicht weiterverfolgen. Ich muss auf die Lehrbücher der Logik verweisen, die im Literaturverzeichnis empfohlen werden. Unser Beispiel $\forall x(F(x)) \rightarrow F(a)$ lehrt uns allerdings auch, dass man sich in manchen Fällen auf einfache Weise quantorenlogischer Gesetze versichern kann.

Wann ist eine Existenzaussage «$\exists x(F(x))$» wahr? Sie ist genau dann wahr, wenn mindestens eine der Aussagen «$F(a)$» wahr ist, die von einem ganz bestimmten Einzelgegenstand a aus dem Redebereich aussagen, dass auf ihn F zutrifft. Die Existenzaussage ist falsch genau dann, wenn keine der entsprechenden Aussagen über einen der Einzelgegenstände wahr ist. Aus dieser Bedeutungsanalyse des Existenzquantors ergibt sich unmittelbar, dass die Aussageform $F(a) \rightarrow \exists x(F(x))$ ein quantorenlogisches Gesetz ist. Denn immer, wenn man relativ zu einem vorgegebenen Redebereich für den Buchstaben F einen generellen Terminus und für a einen singulären Terminus einsetzt, der sich auf einen Einzelgegenstand aus dem Redebereich bezieht, und dadurch eine wahre Aussage über eben diesen Einzelgegenstand entsteht, ist auch die Existenzaussage wahr, wie die Analyse der Wahrheitsbedingungen für eine Existenzaussage gerade gezeigt hat.

Wenn auf alle Gegenstände eines bestimmten Redebereichs F zutrifft, dann gibt es keinen Gegenstand, auf den F nicht zutrifft; und gibt es keinen Gegenstand, auf den F nicht zutrifft, so trifft F auf alle Gegenstände des Redebereichs zu. Daraus ergibt sich unmittelbar, dass die Aussageform $\forall x(F(x)) \leftrightarrow \neg\exists x \neg(F(x))$ ein quantorenlogisches Gesetz ist. Wenn es mindestens einen Gegenstand gibt, auf den F zutrifft, so kann nicht auf alle Gegenstände des Redebereichs F nicht zutreffen; und trifft nicht auf alle Gegenstände F nicht zu, so gibt es mindestens einen Gegenstand, auf den F zutrifft. Das heißt wiederum, dass die Aussageform $\exists x(F(x)) \leftrightarrow \neg\forall x \neg(F(x))$ ein quantorenlogisches Gesetz ist.

Fassen wir zusammen: Eine Aussageform ist ein *quantorenlogisches Gesetz* genau dann, wenn aufgrund der Wahrheitsbedingungen für den All- und den Existenzquantor und gegebenenfalls aufgrund der Wahrheitstafeln für die Junktoren in Bezug auf jeden Redebereich immer eine wahre Aussage entsteht, gleichgültig, welche generellen Termini und welche singulären Termini man an den entsprechend durch Buchstaben markierten Stellen einsetzt. Liegt einem Argument eine Subjunktion, die ein quantorenlogisches Gesetz ist, als Schlussregel zugrunde, so wird eine solche Schlussregel auch eine *«quantorenlogisch gültige Schlussregel»* genannt.

20.7 Liste einiger fundamentaler logischer Gesetze

In der folgenden Liste sind einige fundamentale logische Gesetze zusammengestellt. Oft haben sich für diese Gesetze eigene Namen (manchmal lateinische) eingebürgert, sie sind in der linken Spalte aufgeführt. In der mittleren Spalte ist das logische Gesetz in der symbolischen Schreibweise der Logiker notiert, in der rechten ist es umgangssprachlich formuliert.

Logisches Gesetz	Symbolische Notation	Umgangssprachliche Formulierung
Satz vom ausgeschlossenen Widerspruch	$\neg(p\wedge\neg p)$	Es ist nicht zugleich p und nicht-p der Fall.
Tertium non datur	$p\vee\neg p$	Es ist p der Fall oder p ist nicht der Fall.
Duplex Negatio Affirmat (Doppelte Verneinung bejaht)	$\neg\neg p\rightarrow p$	Wenn nicht der Fall ist, dass p nicht der Fall ist, dann ist p der Fall.
Modus ponens	$(p\wedge(p\rightarrow q))\rightarrow q$	Wenn p und wenn q, falls p, dann q.
Modus tollens	$((p\rightarrow q)\wedge\neg q)\rightarrow\neg p$	Wenn gilt: wenn p, dann q, und nicht q, dann gilt: nicht-p.
Transitivität der Subjunktion	$((p\rightarrow q)\wedge(q\rightarrow r))\rightarrow(p\rightarrow r)$	Wenn gilt: wenn p, dann q, und wenn q, dann r, dann gilt: wenn p, dann r.
Adjunktiver Syllogismus	$((p\vee q)\wedge\neg p)\rightarrow q$	Wenn gilt: p oder q und nicht-p, dann gilt q.
Definitorischer Zusammenhang zwischen Subjunktion und Adjunktion	$(p\rightarrow q)\leftrightarrow(\neg p\vee q)$	Es gilt, dass wenn p, dann q, genau dann, wenn nicht-p oder q der Fall ist.

Definitorischer Zusammenhang zwischen Subjunktion und Konjunktion	$(p \rightarrow q) \leftrightarrow \neg(p \wedge \neg q)$	Es gilt, dass wenn p, dann q, genau dann, wenn nicht der Fall ist, dass p und zugleich nicht-q.
Definitorischer Zusammenhang zwischen Konjunktion und Adjunktion	$(p \wedge q) \leftrightarrow \neg(\neg p \vee \neg q)$	p und q ist genau dann der Fall, wenn nicht der Fall ist, dass nicht-p oder nicht-q.
Definitorischer Zusammenhang zwischen Adjunktion und Konjunktion	$(p \vee q) \leftrightarrow \neg(\neg p \wedge \neg q)$	p oder q ist genau dann der Fall, wenn nicht zugleich nicht-p und nicht-q der Fall sind.
Widerlegung durch Widerspruch	$(p \rightarrow (q \wedge \neg q)) \rightarrow \neg p$	Wenn gilt, dass wenn p, dann zugleich q und nicht-q der Fall sind, dann gilt p nicht.
Allspezialisierung	$\forall x(F(x)) \rightarrow F(a)$	Trifft F auf alle x eines Bereichs zu, dann auch auf den speziellen Einzelgegenstand a.
Existenzeinführung	$F(a) \rightarrow \exists x(F(x))$	Wenn F auf den speziellen Gegenstand a zutrifft, dann gibt es mindestens einen Gegenstand, auf den F zutrifft.
Definitorischer Zusammenhang zwischen All- und Existenzquantor	$\forall x(F(x)) \leftrightarrow \neg \exists x \neg(F(x))$	F trifft auf alle Gegenstände genau dann zu, wenn es keinen Gegenstand gibt, auf den es nicht zutrifft.
Definitorischer Zusammenhang zwischen Existenz- und Allquantor	$\exists x(F(x)) \leftrightarrow \neg \forall x \neg(F(x))$	Es gibt einen Gegenstand, auf den F zutrifft, genau dann, wenn nicht auf alle Gegenstände F nicht zutrifft.

Literaturverzeichnis

(a) Zitierte oder erwähnte Texte

Anselm von Canterbury (1961) *Proslogion.* Übersetzt von F.S. Schmitt. Stuttgart – Bad Cannstatt.

Apel, Karl-Otto (1973) *Transformation der Philosophie.* Band II: *Das Apriori der Kommunikationsgemeinschaft.* Frankfurt am Main.

Apel, Karl-Otto (1976) «*Sprechakttheorie und transzendentale Sprachpragmatik zur Frage ethischer Normen*». In: Apel (1976a), S. 10–173.

Apel, Karl-Otto (Hrsg.) (1976a) *Sprachpragmatik und Philosophie.* Frankfurt am Main.

Aristoteles (1978) *Metaphysik.* Hamburg.

Aristoteles (1991) *Nikomachische Ethik.* München.

Beckermann, Ansgar (1999) *Analytische Einführung in die Philosophie des Geistes.* Berlin/New York.

Birnbacher, Dieter (2003) *Analytische Einführung in die Ethik.* Berlin/New York.

Böhler, Dietrich (1985) *Rekonstruktive Pragmatik – Von der Bewusstseinsphilosophie zur Kommunikationsreflexion: Neubegründung der praktischen Wissenschaften und Philosophie.* Frankfurt am Main.

Carnap, Rudolf (1975) «*Überwindung der Metaphysik durch logische Analyse der Sprache*». In: Schleichert (1975), S. 149–171.

Churchland, Paul M. (1979) *Scientific Realism and the Plasticity of Mind.* Cambridge e. a.

Churchland, Paul und Patricia (1994) «*Ist eine denkende Maschine möglich?*». In: *Gehirn und Bewusstsein*, Spektrum Verständliche Forschung. Berlin/Oxford, S. 155–161.

Descartes, René (1959) *Meditationen über die Grundlagen der Philosophie.* Hamburg.

Dingler, Hugo (1933) *Die Grundlagen der Geometrie – Ihre Bedeutung für Philosophie, Mathematik, Physik und Technik.* Stuttgart.

Field, Hartry (1990) *Science without Numbers – A Defence of Nominalism.* Princeton (New Jersey).

Fraassen, Bas van (1980) *The Scientific Image.* Oxford.

Fuhrmann, Manfred (1995) *Die antike Rhetorik.* Zürich.

Gamut, L. T. F. (1991) *Logic, Language, and Meaning.* Volume 2: *Intensional Logic and Logical Grammar.* Chicago/London.

Girle, Rod (2000), *Modal Logics and Philosophy.* Chesham.
Girle, Rod (2003), *Possible Worlds.* Chesham.
Gray, John (2004), *Die Geburt al-Qaidas aus dem Geist der Moderne.* München.
Habermas, Jürgen (1983) *Moralbewusstsein und kommunikatives Handeln.* Frankfurt am Main.
Heidegger, Martin (1992) *Was ist Metaphysik?*. Frankfurt am Main.
Hegel, Georg W. F. (1952) *Phänomenologie des Geistes.* Hamburg.
Hoerster, Norbert (1971) *Utilitaristische Ethik und Verallgemeinerung.* Freiburg/München.
Hoerster, Norbert (2002) *Ethik des Embryonenschutzes – Ein rechtsphilosophischer Essay.* Stuttgart.
Hoerster, Norbert (2003) *Ethik und Interesse.* Stuttgart.
Hossenfelder, Malte (1991) *Epikur.* München.
Hübner, Kurt (1978) *Kritik der wissenschaftlichen Vernunft.* Freiburg/München.
Hume, David (1968) *Dialoge über natürliche Religion* (vierte Auflage). Hamburg.
Janich, Peter (1992) *«Die technische Erzwingbarkeit der Euklidizität».* In: Janich (1992a), S. 68–84.
Janich, Peter (Hrsg.) (1992a) *Entwicklungen der methodischen Philosophie.* Frankfurt am Main.
Inhetveen, Rüdiger (1983) *Konstruktive Geometrie – Eine formentheoretische Begründung der euklidischen Geometrie.* Mannheim/Wien/Zürich.
Kamlah, Wilhelm/Lorenzen, Paul (1986) *Logische Propädeutik – Vorschule des vernünftigen Redens.* Stuttgart.
Kamlah, Wilhelm (1972) *Philosophische Anthropologie – Sprachkritische Grundlegung der Ethik.* Mannheim/Wien/Zürich.
Kant, Immanuel (1960) *Werke*, 6 Bände, herausgegeben von Wilhelm Weischedel. Frankfurt am Main.
Kierkegaard, Sören (1988) *Entweder – Oder.* München.
Kripke, Saul (1981) *Name und Notwendigkeit.* Frankfurt am Main.
Kutschera, Franz von (1973) *Einführung in die Logik der Normen, Werte und Entscheidungen.* Freiburg/München.
Kutschera, Franz von (1976) *Einführung in die intensionale Semantik.* Berlin/New York.
Kutschera, Franz von (2003) *Jenseits des Materialismus.* Paderborn.
Leibniz, Gottfried Wilhelm (1986) *Philosophische Schriften 1. Kleine Schriften zur Metaphysik.* Herausgegeben und übersetzt von Hans Heinz Holz (2. Auflage). Frankfurt am Main.
Lem, Stanislaw (2000) *Die Technologiefalle.* Frankfurt am Main.
Locke, John (1981) *Versuch über den menschlichen Verstand.* Hamburg.

Lorenzen, Paul (1981) «*Die Geometrie als meßtheoretisches Apriori der Physik*». In: Schwemmer (1981), S. 49–63.
Mackie, John L. (1985) *Das Wunder des Theismus – Argumente für und gegen die Existenz Gottes*. Stuttgart.
Mill, John St. (1976) *Der Utilitarismus*. Stuttgart.
Platon (1974) *Werke* III (Deutsche Übersetzung Friedrich Schleiermacher). Darmstadt.
Priest, Graham (1987) *In Contradiction – A Study of the Transconsistent*. The Hague.
Priest, Graham (1998) *Dialethism*. In: *Stanford Internet Encyclopedia of Philosophy*. http://plato.stanford.edu/entries/dialethism/.
Putnam, Hilary (1982) *Vernunft, Wahrheit, Geschichte*. Frankfurt am Main.
Putnam, Hilary (1994) «*Geist und Maschine*». In: Zimmerli/Wolf (1994), S. 146–183.
Quine, Willard V. O. (1979) «*Zwei Dogmen des Empirismus*». In: Quine (1979a).
Quine, Willard V. O. (1979a) *Von einem logischen Standpunkt*. Frankfurt am Main/Berlin/Wien.
Quine, Willard V. O. (1995) *Unterwegs zur Wahrheit*. Paderborn.
Ryle, Gilbert (1969) Der Begriff des Geistes. Stuttgart.
Savigny, Eike von (1994) *Philosophie der normalen Sprache* (3. Auflage). Frankfurt am Main.
Schickel, Joachim (Hrsg.) (1980) *Grenzbeschreibungen – Gespräche mit Philosophen*. Hamburg.
Schleichert, Hubert (Hrsg.) (1975) *Logischer Empirismus – Der Wiener Kreis*. München.
Schwemmer, Oswald (Hrsg.) (1981) *Vernunft, Handlung und Erfahrung – Über die Grundlagen und Ziele der Wissenschaften*. München.
Searle, John (1986) *Geist, Hirn und Wissenschaft*. Frankfurt am Main.
Stegmüller, Wolfgang (1979) *Hauptströmungen der Gegenwartsphilosophie – Eine kritische Einführung*. Band II. 6. erweiterte Auflage. Stuttgart.
Strawson, Peter F. (1972) *Einzelding und logisches Subjekt – Ein Beitrag zur deskriptiven Metaphysik*. Stuttgart.
Tillich, Paul (1953) *Der Mut zum Sein*. Stuttgart.
Tugendhat, Ernst/Wolf, Ursula (1986) *Logisch-semantische Propädeutik*. Stuttgart.
Weizsäcker, Carl F. von (1980) «Gespräch mit Carl Friedrich von Weizsäcker». In: Schickel (1980), S. 195–217.
Wittgenstein, Ludwig (1989) *Logisch-philosophische Abhandlung – Tractatus logico-philosophicus*. Kritische Edition. Herausgegeben von Brian McGuiness und Joachim Schulte. Frankfurt am Main.
Wolf, Ursula (1990) *Das Tier in der Moral*. Frankfurt am Main.

Wolf, Ursula (1991) *Die Suche nach dem guten Leben – Platons Frühdialoge.* Reinbeck b. Hamburg.
Zimmerli, Walter/Wolf, Stefan (Hrsg.) (1994) *Künstliche Intelligenz – Philosophische Probleme.* Stuttgart.

(b) Empfehlungen zur ergänzenden und vertiefenden Lektüre

Essler, Wilhelm K./Martinez Crusado, Rosa (1991) *Grundzüge der Logik.* Band 1: *Das logische Schließen.* (4. Auflage) Frankfurt am Main.
Hoyningen-Huene, Paul (1998) *Formale Logik – Eine philosophische Einführung.* Stuttgart.
Kolmer, Lothar/Rob-Santer, Carmen (2002) *Studienbuch Rhetorik.* Paderborn/München/Wien/Zürich.
Kopperschmidt, Josef (2000) *Argumentationstheorie – Zur Einführung.* Hamburg.
Lueken, Geert-Lueke (Hrsg.) (2000) *Formen der Argumentation.* Leipzig.
Lumer, Christoph (1990) *Praktische Argumentationstheorie.* Braunschweig.
Perelman, Chaim (1980) *Das Reich der Rhetorik – Rhetorik und Argumentation.* München.
Priest, Graham (2001) *An Introduction to Non-Classical Logic.* Cambridge.
Priest, Graham (2001) *Logic: A very short Introduction.* Oxford.
Rescher, Nicholas (2001) *Philosophical Reasoning – A Study in the Methodology of Philosophizing.* Oxford.
Salmon, Wesley C. (1983) *Logik.* Stuttgart.
Schleichert, Hubert (1997) *Wie man mit Fundamentalisten diskutiert, ohne den Verstand zu verlieren – Anleitung zum subversiven Denken.* München.
Seebohm, Thomas M. (1991) *Elementare formalisierte Logik.* Freiburg/München.
Stuhlmann-Laeisz, Rainer (2002) *Philosophische Logik – Eine Einführung mit Anwendungen.* Paderborn.
Thomson, Anne (2001) *Argumentieren – und wie man es gleich richtig macht.* Stuttgart.
Toulmin, Stephen (1958) *The Uses of Argument.* (Dtsch: Der Gebrauch der Argumente, 1975). Cambridge e. a.
Walton, Douglas N. (1989) *Informal Logic – A Handbook for Critical Argumentation.* Cambridge e. a.
Walton, Douglas N. (1996) *Argument Structure – A Pragmatic Theory.* Toronto/Buffalo/London.
Warburton, Nigel (1996) *Thinking from A to Z.* London.

Anmerkungen

1 Henrich (1987), S. 16.
2 Vgl. Rosenberg (1986), S. 17f.
3 Ein wunderbar klares Buch zu dieser Thematik und eine Fundgrube für philosophisches Argumentieren ist Mackie (1985).
4 Das begründet Descartes mit einem kausalitätstheoretischen Prinzip, demzufolge «mindestens ebensoviel Sachgehalt in der gesamten wirkenden Ursache vorhanden sein muss wie in der Wirkung eben dieser Ursache. [...] Hieraus folgt aber, dass weder etwas aus dem Nichts, noch auch etwas Vollkommeneres – d. h. was einen größeren Sachgehalt besitzt – aus dem weniger Vollkommenen entstehen kann ...» Für unsere Zwecke müssen wir hierauf nicht näher eingehen; vgl. zur Rekonstruktion von Descartes' Argument die dritte Meditation «Über das Dasein Gottes» in Descartes (1959), S. 35–97.
5 Viele verwenden das Wort «gültig» für die Eigenschaft von Argumenten, die wir mit dem Ausdruck «schlüssig» bezeichnen. «Schlüssig» hingegen nennen sie ein gültiges Argument mit wahren Prämissen. Doch wenn der Ausdruck «schlüssig» guten Sinn macht, dann den, dass man wahrheitserhaltend von den Prämissen auf die Konklusion schließen kann, unabhängig von der Frage, ob die Prämissen wahr sind. Daher schlage ich die obige Verwendung des Ausdrucks «schlüssig» vor. Diese Verwendungsweise steht nicht im Widerspruch dazu, dass ich weiter unten Schlussregeln «gültig» nenne. Schlussregeln sind Prinzipien des Schließens, und man kann sie «gültig» in demselben guten Sinne nennen, indem man generell von der «Gültigkeit» von Prinzipien spricht. Nach meinem terminologischen Vorschlag gilt also: Gültige Schlussregeln machen Argumente schlüssig. Schlüssige Argumente mit wahren Prämissen mag man «wahr» oder «gültig» nennen. Wir führen für sie keine besondere Terminologie ein, da wir die Wahrheit der Prämissen der in diesem Buch analysierten Argumente in der Regel offen lassen und weil, wie wir im letzten Teil begründen werden, es philosophische Argumente mit ausschließlich unstrittig wahren Prämissen wohl kaum gibt.
6 Der Ausdruck leitet sich von dem lateinischen Wort für «folgern» («inferre») ab.
7 Platon (1974), 72e.
8 Zum Projekt dieser philosophischen Logiken vgl. Stegmüller (1979), S. 147–220.

9 Locke (1981), S. 429.
10 Induktiv sind vor allem alle Argumente, in denen im Gegensatz zu den Prämissen für die Konklusion nur eine Wahrscheinlichkeit angegeben wird, wie überhaupt alle Formen statistischen Schließens zu den induktiven Argumenten zu rechnen sind. Es bedarf gesonderter Überlegungen, ob und welche Rolle das statistische Schließen in der Philosophie spielt.
11 Descartes (1959), S. 43f.
12 Kant, *Kritik der reinen Vernunft*, B 39.
13 Vgl. Fuhrmann (1995).
14 Vgl. Dingler (1933), Lorenzen (1981), Janich (1992), Inhetveen (1983).
15 Meines Erachtens ist die These nicht zu halten.
16 Strawson (1972), S. 48f.
17 Vgl. 13.4.
18 Aristoteles (1978), S. 139f.
19 a.a.O., S. 151f.
20 a.a.O., S. 153.
21 Kutschera (2003), S. 88f.
22 Für eine genauere «Definition» der Modalwörter mit Hilfe des Begriffs der möglichen Welt vgl. Girle (2000).
23 Zur Diskussion um den Begriff der möglichen Welt vgl. Girle (2003).
24 Lewis (1973), S. 84 (eigene Übersetzung).
25 a.a.O, S. 85.
26 a.a.O., S. 86.
27 Zur Kritik des Begriffs der möglichen Welten und zur Rekonstruktion der Modalwörter vgl. auch Tugendhat/Wolf (1983), Kapitel 14.
28 Vgl. Kripke (1981).
29 a.a.O., S. 172.
30 a.a.O., S. 172f.
31 Beckermann (1999), S. 210.
32 a.a.O., S. 211.
33 Churchland (1979), S. 8ff., Übersetzung von mir.
34 Putnam (1982), besonders S. 15–41; dort findet man auch die Zitate.
35 Die Rekonstruktion geht im Wesentlichen auf Gregor Betz zurück.
36 Zur Logik intensionaler Ausdrücke vgl. Kutschera (1976) und Gamut (1991).
37 Allerdings ist nur aus der Warte der formalen Logik klar, dass nicht vom Sein auf ein Sollen geschlossen werden kann. Ist es vielleicht unter bestimmten Bedingungen doch möglich? Einige Philosophen jedenfalls geben sich nicht geschlagen und versuchen, Sein-Sollen-Schlüsse zu rechtfertigen. Die überwältigende Mehrheit der Philosophen hingegen hütet sich vor jedem Sein-Sollen-Schluss und betrachtet ihn als Fehlschluss.

38 Vgl. zur deontischen Logik Kutschera (1973).
39 Hoerster (2002), S. 77–83.
40 Aristoteles (1991), 1097b.
41 Kant, *Kritik der praktischen Vernunft*, A 54.
42 Mill (1976), S. 13.
43 Kamlah (1972), S. 99.
44 Wolf (1990), S. 76.
45 Vgl. Hoerster (1971), S. 108ff.
46 Vgl Birnbacher (2003), S. 136ff. und Hoerster (Stuttgart 2003), S. 105–122.
47 Vgl. Apel (1973), S. 358–435; Apel (1976); Habermas (1983), S. 53–127; Böhler (1985).
48 Nach Kant ist Urteilskraft die Fähigkeit, Einzelfälle unter eine allgemeine Regel zu subsumieren; und es ist ziemlich offensichtlich, dass die Ausübung dieser Fähigkeit ihrerseits nicht mehr darin bestehen kann, allgemeinen Regeln zu folgen, sprich: allgemeine Regeln auf Einzelfälle anzuwenden.
49 Leibniz (1986), S. 243–247 (Hervorhebungen im Original).
50 Dass wir hier die ganze Zeit die Existenz und Allmacht Gottes unterstellen, müssen wir Leibniz zugestehen. Im 17. und 18. Jahrhundert waren theistische Annahmen selbstverständlich, und wir müssen die Plausibilität des Arguments aus der Perspektive der damaligen Zeit betrachten.
51 Hume (1968), S. 19f.
52 Für die drei Gesprächspartner in Humes Dialog stehen erklärtermaßen weder die Existenz Gottes noch die Natur als Schöpfung Gottes (beides wird ausdrücklich von allen zugestanden und vorausgesetzt), sondern nur die Eigenschaften Gottes und deren Erkennbarkeit zur Debatte.
53 Die inferentielle Dichte in einer Menge M von Sätzen ist umso größer, je mehr Sätze in M aus anderen Sätzen aus M logisch gefolgert werden können.
54 Diese These hat die geballte Erfahrung der fast 400-jährigen Geschichte der Naturwissenschaften hinter sich.
55 Kant, *Kritik der reinen Vernunft*, B XII–XIV; B VI–VII.
56 Putnam (1994), S. 179f.
57 Kant, *Kritik der reinen Vernunft*, B 626.
58 Anselm von Canterbury (1961), S. 85f.
59 Vgl. Ryle (1969).
60 Hier zitiere ich von Savigny, der das Bild zusammenfasst, das Ryle von der Cartesianischen Geisttheorie entwirft; Savigny (1994), S. 93.
61 Carnap (1975).
62 a. a. O., S. 220/232.
63 a. a. O., S. 152
64 Heidegger (1992), S. 32f.

65 a. a. O., S. 24.
66 Tillich (1953), S. 31.
67 Wittgenstein (1989), S. 56 und S. 176.
68 Searle (1986), S. 37ff.
69 Churchland (1994), S. 158.
70 a. a. O., S. 155–161.
71 Vgl. von Weizsäcker (1980), S. 195.
72 Vgl. Kant, *Kritik der reinen Vernunft*, B 366–398.
73 Vgl. Kant, *Kritik der reinen Vernunft*, B 452–461.
74 Hegel (1952), S. 10.
75 Vgl. Priest (1987) und Priest (1998).
76 Gray (2004), S. 42 und S. 12.
77 Lem (2000), S. 135.
78 Vgl. Kierkegaard (1988).
79 Kant, *Kritik der reinen Vernunft*, B XXX.
80 Vgl. Kant, *Kritik der praktischen Vernunft*, A 223–238.
81 Ich verdanke Gregor Betz Vorschläge, das Argument auf eine möglichst leicht nachvollziehbare Weise darzustellen.
82 Kant, *Kritik der praktischen Vernunft*, A 258.
83 Wolf (1996), S. 15.
84 Vgl. Hossenfelder (1991), S. 27.
85 So der Anti-Realismus, wie ihn Bas van Fraassen vertritt; vgl. Fraassen (1980).
86 Quine (1979), S. 47.
87 a. a. O., S. 47.
88 Das ist Quines Überzeugung und sie folgt auch aus dem Begriff der bedingten Notwendigkeit, wie er in Abschnitt 11 vorgestellt wurde. Eine Aussage ist «absolut» notwendig, wenn sie aus jeder Satzmenge folgt. Das Letztere ist bei logischen Gesetzen der Fall.
89 Quine (1995), S. 151.
90 a. a. O., S. 158.
91 a. a. O., S. 153 (Hervorhebungen im Original).
92 Vgl. Field (1980).
93 Kant, *Kritik der reinen Vernunft*, B XIVf.
94 Darin liegen Probleme für die Rolle der Philosophie innerhalb des Wissenschaftssystems und für ihren Platz in der intellektuellen Öffentlichkeit unserer Kultur, die hier leider nicht diskutiert werden können.
95 Leider ist hier nicht der Ort, sich mit den hochinteressanten Überlegungen zur Struktur wissenschaftlicher Aussagen von Kurt Hübner auseinanderzusetzen, die viel Ähnlichkeit mit den hier vorgetragenen Überlegungen zur Struktur philosophischer Aussagen haben. Wichtig wäre, die Unterschiede zwischen empirischen Wissenschaften und der Philosophie zu sehen; vgl. Hübner (1978), Kapitel III.

96 Frege hat die logischen Ausdrücke anhand der mathematischen Beweise analysiert. Im Anschluss daran schlagen die Logiker heutzutage vor, die logischen Wörter so zu verwenden wie die Mathematiker. Diese normativen Vorschläge weichen von dem Gebrauch der logischen Wörter außerhalb der Mathematik mehr oder weniger ab, und aus dieser Diskrepanz zwischen der Verwendung der logischen Ausdrücke innerhalb und außerhalb der Mathematik erwächst eine Fülle von Problemen und Schwierigkeiten für jede Argumentationstheorie, nicht zuletzt für die Analyse des philosophischen Argumentierens.

97 Zu der wichtigen Unterscheidung zwischen singulären und generellen Termini, der Einteilung der singulären Termini und der Form der Elementaraussagen vgl. Tugendhat/Wolf (1986), Kapitel 8 und 9; und Kamlah/Lorenzen (1996), S. 23–44.

Sachregister

Personenregister

Reihe Denker
Herausgegeben von Otfried Höffe

Otfried Höffe
Thomas Hobbes
2010. 251 Seiten. Paperback
Beck'sche Reihe Band 580

Verena Mayer
Edmund Husserl
2009. 192 Seiten. Paperback
Beck'sche Reihe Band 579

Kai Hammermeister
Jacques Lacan
2008. 128 Seiten. Paperback
Beck'sche Reihe Band 578

Gregor Schiemann
Werner Heisenberg
2008. 158 Seiten. Paperback
Beck'sche Reihe Band 577

Günther Grewendorf
Noam Chomsky
2006. 255 Seiten. Paperback
Beck'sche Reihe Band 574

Peter König
Giambattista Vico
2006. 156 Seiten. Paperback
Beck'sche Reihe Band 571